"写作能力指向"系列教材

PRACTICAL WRITING
TRAINING COURSE (2ND EDITION)

应用写作实训教程（第二版）

何宝梅　编著

图书在版编目（CIP）数据

应用写作实训教程 / 何宝梅编著. —2版. —杭州：浙江大学出版社，2018.11
ISBN 978-7-308-18719-0

Ⅰ. ①应… Ⅱ. ①何… Ⅲ. ①汉语—应用文—写作—教材 Ⅳ. ①H152.3

中国版本图书馆 CIP 数据核字（2018）第 242771 号

应用写作实训教程（第二版）
何宝梅 编著

责任编辑 曾 熙
责任校对 杨利军 郑成业
封面设计 春天书装
出版发行 浙江大学出版社
（杭州市天目山路 148 号 邮政编码 310007）
（网址：http：//www. zjupress. com）
排 版 杭州朝曦图文设计有限公司
印 刷 杭州高腾印务有限公司
开 本 787mm×1092mm 1/16
印 张 14.25
字 数 330 千
版 印 次 2018 年 11 月第 2 版 2018 年 11 月第 1 次印刷
书 号 ISBN 978-7-308-18719-0
定 价 39.00 元

浙江大学出版社市场运营中心联系方式：0571—88925591；http：//zjdxcbs. tmall. com

修订说明

为了切实提高教学质量，编者在总结多年应用写作教学经验的基础上编写了《应用写作实训教程》，该教材于2010年被列入浙江省“十一五”重点建设教材项目，并于2011年12月由浙江大学出版社正式出版并投入使用。由于2012年7月新的《党政机关公文处理工作条例》的发布，加之原教材在多年使用实践中发现的问题，编者决定修订《应用写作实训教程》。

这次修订以新的《党政机关公文处理工作条例》为依据，通盘斟酌，调整了章节，更新了知识。凡学理不当、例文欠妥、练习不足之处，悉予尽力修正，使全书更能切合应用。

由于学识有限，错误在所难免，敬希读者指正。

编　者

2018年8月

前　言（第一版）

近年来，应用写作教学作为高等教育适应社会发展的重要组成部分，已直接与高校人才培养模式、人才素质教育、人才与社会适应等重大话题紧密联系在一起。为了切实提高教学质量，我们在总结多年应用写作教学实践经验的基础上编写了本教材。2010年，本教材被列入浙江省“十一五”普通本科重点建设教材项目，同时，本教材也是2010年浙江省教育科学规划课题的成果之一。

本教材的主要特点是：第一，注重文种适用的普遍性。应用文种类繁多，但教学课时有限。本着应用文适用的普遍性原则，我们对文种进行了精心筛选，将普遍使用的行政文书和事务文书作为学习的重点，放弃了专业性较强的司法文书和某些经济文书，使教材更具有针对性和适用性。第二，注重例文的时代性，并努力贴近基层。例文评析是应用写作教学的一个重要环节，具有无可替代性。本教材在保证知识性和规范性的前提下，在例文的选择上更贴近社会基层组织，特别注重在空间和时间上拉近与学生的距离。第三，注重实训性。应用写作教学的过程是培养和提高应用写作能力的过程，这个过程必须紧扣现实，通过实践才能完成。本教材在编写过程中突出了实训性，除了在行政文书部分增加病文评改环节外，特别充实了章后实训练习部分的内容，将训练范围覆盖至每一文种，并且在最后用案例的形式设置了综合训练。

需要特别说明的是本教材的编写不是按应用文的类型如党政公文、事务文书、经济文书、诉讼文书、礼仪文书等分类来编写，除了对行政公文这一法定文种作专章概述外，其他均直接以文种为单位展开。这样做可以直接取舍各类文种，将学习和训练的重点直接落在常用文种的学习上。

本教材在编写过程中借鉴了近年来应用写作的相关研究成果，除了尽可能采用脚注及书后参考文献方式列出外，还要借此机会向这些成果的作者及例文的作者表示衷心的感谢。

编　者

2009年8月

目录

第一章

应用文概述

第一节　应用文的含义和分类

一、应用文的含义

写作，是以书面语言为工具表达作者对客观事物的认识和感受的复杂和创造性的精神劳动。写作学科是一门综合性、实践性很强的学科。应用写作学是写作学的一门分支学科，它研究的是应用文写作的特点、规律、过程和技法。因此，我们首先要对应用文这一概念作出界定。

应用文一词，最早出现于宋代。北宋苏轼在《答刘巨济书》中曾说：“向在科场时，不得已作应用文，不幸为人传写，深为羞愧。”虽然宋代使用过应用文这一名称，但并没有把它作为专用的文体概念，并未对其内涵外延做出科学的界定。

清代学者刘熙载在其《艺概·文概》中使用了应用文这一术语。他说：“辞命体，推之可为一切应用之文。应用文有上行，有平行，有下行，重其辞乃所以重其实也。”刘熙载虽没有阐述应用文的概念，但他指出了应用文重实用讲求实效的特点。

20 世纪 20 年代以后，出版了不少关于应用文的著作，如徐望之的《公牍通论》、陈子展的《应用文作法讲话》等，对应用文做了进一步阐述，对应用文概念的认识已近于我们今天对应用文的界定。

中华人民共和国成立后，应用文这一概念被广泛使用。对应用文的含义，大家也有了比较一致的看法，即应用文是指国家机关、企事业单位、社会团体、人民群众在日常生活、学习、工作中处理公共事务或私人事务所使用的具有某种惯用格式和直接应用价值的文章，包括公务应用文和私人应用文两类，或称为公务文书与私务文书。

值得注意的是，“五四”前后有些学者把文章分为美文（文学文体）和实用文两类。那么如何理解实用文和应用文这两个概念呢？研究者有主张把二者作为同一概念使用的，也有主张严格区分二者的使用的。

我们认为实用文和应用文都不属于文学文体，但应用文并不等同于实用文。实用文这一概念，采用它产生时的意义，作为和文学文体相对而言的一个概念，也就是说，一切非文学作品的文章都是实用文，实用文体包含应用文体、新闻文体、学术文体、史传文体等。而应用文，作为人们处理公私事务常用的文体，其概念的外延要小于实用文。由此，我们认为实用文和应用文这两个概念属于包含和被包含的关系。

二、 应用文与文学作品的区别

尽管应用文和文学作品都属于文章范畴，都属于写作学的研究对象，但是由于两者分属于不同文体，呈现出各自不同的特征。

从内容上看，文学作品的内容追求的是艺术的真实，所反映的客观事物是经过艺术加工的，人物、事件、地点等都可虚拟；应用文所反映的内容是真实、准确的，遵守的是事实的真实原则，所写的人、事、地、物等都应该是真实的，是经过调查并能经得起验证的，不允许有任何艺术加工。

从思维模式上看，文学作品主要运用形象思维，致力于塑造生动鲜明乃至栩栩如生的艺术形象；应用文主要运用逻辑思维，以抽象的概念和确凿的事实为基础，进行判断和推理。文学作品诉诸读者的是情感和想象；应用文诉诸读者的则是无可辩驳的事实和真理。

从表现形式上看，文学作品重视创新，忌讳雷同；应用文却往往采用稳定的、常见的甚至通用的结构和固定的格式。在文学创作中，想象、夸张、抒情等手法都可以运用；而应用文一般只能用记叙、说明、议论等方法。文学作品的语言讲究优美、含蓄；应用文语言要求朴实、简洁。

从社会作用上看，文学作品对社会生活的作用不是直接的，而是通过潜移默化的影响，发挥认识作用、教育作用和美感作用；应用文需要处理的事务是具体的，需要解决的问题是实际的，因此，它对社会生活的作用是直接的。文学作品可以把思想情感委婉地表现出来；应用文要把看法、主张、措施直截了当、明白清楚地表现出来。

从时效性上看，文学作品可以从容地塑造典型形象，刻画人物；应用文的写作和实施有时间上的要求，必须在一定的时限内完成。优秀的文学作品可以反复欣赏；应用文的时效性很强，过了这个阶段，发挥完应用文的现行价值后，只能作存档备查之用。

三、 应用文的分类

应用文体多种多样，除通用公文外，不同领域、不同行业、不同部门又有不同的专业文种。一般来说，应用文体按照不同的标准划分就有不同的类别。

按应用文体的内容和使用范围，我们可以把它分为以下几类。

（一）党政公文

根据中共中央办公厅和国务院办公厅 2012 年发布的《党政机关公文处理工作条例》规定，党政公文的种类主要包括：决议、决定、命令（令）、公报、公告、通告、意见、通知、通报、报告、请示、批复、议案、函、纪要。党政公文的类型具有法定性。

（二）事务文书

事务文书是党政机关、企事业单位以及社会团体为反映事实、解决问题、处理工作事务所使用的一种具有很强的实用性、务实性和某种惯用体式的应用文。主要有计划、总结、调查报告、简报和信息、规章制度、会议记录等。

（三）经济文书

经济文书是经济活动领域中使用的专业文书。主要有经济活动分析报告、市场调查报告、市场预测报告、可行性研究报告、经济合同、协议书、招标书、投标书、商品广告、商品说明书等。由于这类文书具有较强的专业性，大部分经济文书本教材将不予讨论。

（四）诉讼文书

诉讼文书是指公安机关、检察院、法院和诉讼当事人，按照法律规定的诉讼程序，为解决各类刑事、民事案件和行政诉讼案件所制作的文书。主要有起诉状、上诉状、申诉状、答辩状、判决书、裁定书、抗诉书等。同样，由于专业性问题，本教材不涉及该类文书。

（五）礼仪文书

礼仪文书是指个人或单位为了处理事务或者社会交往的需要而制作的文书。主要有社交礼仪类文书，如请柬、聘书、欢迎词、欢送词、答谢词、讣告、悼词、表扬信、感谢信等；求职类文书，如求职信、个人简介等；告启类文书，如声明、启事、海报等。

另外，根据对应用文的不同理解，有些教材将学术文体和新闻文体划入应用文的范围之内。

四、 应用文的学习

（一）认真掌握应用文的语体规律

与文学创作相比，应用文的语体规律更为明显。因此，要学好应用文，首先要从理论上认识应用文的语体规律。了解各类常用应用文的适用范围和特点，掌握其写作体式。认真学习和掌握应用写作的理论，用它来指导自己的写作实践，可以避免盲目性，增强自觉性，少走弯路，取得事半功倍的效果。

（二）要善于借鉴和分析，从中获益

通过范文的阅读，可以潜移默化提高自己的写作水平。对于初学者来说，在掌握了各类应用文的语体特征后，可以以范文为桥梁，通过对范文的阅读和借鉴，病文的剖析

和修正，更好地掌握该类应用文的写作。除了教材列举的范文外，各级机关、各行各业的“文件汇编”里，各网站的“信息公开”栏目中都不乏佳作，也是我们学习的好资料。

（三）坚持不懈苦练应用文写作基本功

应用文写作是一门实践课，要提高应用文写作能力，关键在于动手多写，坚持不懈苦练应用文写作基本功。只有通过写作实践，才能使自己的文章内容扎实，文从字顺，符合体式规范。

（四）具备相关的背景知识

客观需要是应用文写作的起因，这种需要可以是行政管理的需要、处理事务的需要、专门业务的需要、人际交流的需要等，客观需要制约着整个应用文写作的过程。因此，我们除了掌握各类应用文体的特征、结构、表达方式以外，还应对该客观需要有所了解和把握，知晓该需要的相关知识（包括相关的法律法规、政策等），这是应用文写作的基本前提。

第二节　主旨与材料

文章都是由主旨、材料、结构、语言等要素构成的。其中主旨和材料是内容要素，结构和语言是形式要素，这些要素相互作用，形成有机整体。与其他文体相比，应用文的构成要素呈现出典型的应用文文体特征。

本节介绍应用文的内容要素——主旨和材料。

一、主　旨

主旨在应用文中是作者通过文章的内容所反映出来的基本思想、基本观点或者基本意图。应用文的主旨在撰稿前就已形成，即“意在笔先”。

（一）主旨的作用

主旨对应用文的成篇、成文起着“规范全篇”“制约全文”的统领作用。主旨决定材料取舍、结构安排、语言锤炼，也决定表达方式的运用。

1. 主旨是文章的灵魂和生命

应用文的主旨一经确立，就成了全文的中心，全篇文章也有了灵魂和生命。主旨决定应用文质量的高低、价值的大小、作用的强弱和影响的好坏。朱光潜在《选择与安排》一文中写道：“每篇文章必有一个主旨，你须把着重点完全摆在这主旨上，在这上面鞭辟入里，烘染尽致，使你所写的事理情态成一个世界，突出于其他一切世界之上，像浮雕突出于石面一样。”

2. 主旨对行文起制约作用

"意犹帅也"，主旨即应用文的"帅"。应用文的其他构成要素，如材料、结构、语言等，都要服从主旨的需要。每一篇应用文书的材料取舍、布局谋篇、技巧运用，遣词造句等，都受到主旨的制约，并服从于主旨的需要。南宋洪迈在《东坡诲葛延之》曾说过："儋州虽数百家之聚，而州人之所须，取之市而足，然不可徒得也，必有一物以摄之，然后为己用。所谓一物者，钱是也。作文亦然，天下之事，散在经子史中，不可徒使，必得一物以摄之，然后为己用。所谓一物者，意是也。不得钱不可以取物，不得意不可以用事，此作文之要也。"说明写文章先要有主旨，然后才能决定材料的取舍。

（二）应用文主旨的特点

1. 主旨的正确性

应用文的主旨必须正确。正确是指要符合国家的法律、法规，符合政府的方针、政策，正确体现出应用文主体的意图。湖北省某市政府办公室曾经发布过一份文件，题为《关于倡导公务接待使用小糊涂仙系列酒的通知》，通知要求政府各部门在公务接待时使用小糊涂仙酒，并给各部门下达了用酒指标。显然该文的主旨存在严重的错误，不久该文件就被废止。

2. 主旨的客观性

写作作为精神活动，不可能不打上作者主观的烙印。但应用文的写作意图是因客观现实的需要而形成的，且往往是一种"受命写作"，其主旨不是起草者个人可以决定的。因此，应用文主旨的提炼力求尊重事实，从客观的材料中提取，体现出客观性的特征，客观需要什么，作者就表达什么。无论是一则通知，还是一份调查报告，其主旨都应具有客观性。

3. 主旨的单一性

文学作品可以一文多义，不同的欣赏者可以从中领略到不同的主题意义，但应用文写作则要求主旨单一纯粹，即一文一旨。倘若在一篇应用文中，一题多意，主旨分散，就会使人难以把握。要使主旨单一，必须在动笔前明确写作目的和意图，写作时不枝不蔓，紧扣中心。

4. 主旨的明晰性

文学作品可以追求曲折和含蓄。应用文的主旨必须明确清晰。在文本中要用简明的语言把文章的主旨概括出来，并在文章的显要位置直接而明白地表达出来，如在标题中概括出主旨，用"主旨句"在段的首句揭示等。主旨要清晰明白，这样才能节省受文者的阅读时间，提高工作效率。

（三）应用文主旨的显示

应用文的主旨应该有明确的显示，主旨的显示方法主要有以下几种。

1. 标题点旨

用标题概括点明主旨，即题目明旨。公文大多采用标题点旨的方法，通过标题直接透视出主旨。标题点旨关键在于完整准确地概括好标题中的“事由”。如《绍兴市人民政府办公室关于印发绍兴市人民政府部门职责管理办法的通知》，该文的主旨就是“印发绍兴市人民政府部门职责管理办法”，而这一主旨表达的是发文机关的基本意图。

2. 开宗明旨

开门见山，在开端处，先用极简要的文句说明全文的目的或结论。如在题为《走活三步棋　选好“一把手”》一文中，开头就用简洁的语言显示了文章的主旨和结论：

> “群众富不富，关键在支部；支部强不强，关键在班长。”能否选配好支部“一把手”，是加强农村基层党组织建设的核心。在首期整组中，我们积极围绕支部班子建设这个重点，紧紧抓住配好支部书记这个关键，着力走好“选人”“育人”“用人”三步棋，努力把整组工作引向深入。

3. 小标题显旨

将文章主旨分解成几个部分，每个部分用一个小标题来显示。值得注意的是，各个小标题的排序，必须注意体现合理的逻辑关系。也有一些主旨是以段旨句或条旨句的形式出现。如《中共中央、国务院关于保护森林发展林业若干问题的决定》一文共列有八个小标题：

> 稳定山权林权，落实林业生产责任制；木材实行集中统一管理；对林业的经济扶持；木材综合利用和节约代用；抓紧林区的恢复和建设；大力育林造林；发展林业科学技术和教育；加强党和政府对林业的领导。

可以看出，上列小标题是从八个方面制定了如何“保护”、如何“发展”的林业政策，丝丝入扣，不枝不蔓。集中体现了全文主旨。

另外，应用文也常用篇末点旨、呼应显旨等方法表达文章主旨。需要说明的是，为了使应用文的主旨更加突出鲜明，上述表达方法可以综合使用。

二、材　料

在应用文中，材料是体现文章主旨的感性形态的具体材料和理性形态的抽象材料的总称。材料是构成应用文的基本要素之一。正如前人所云“夫立言之要在于物”（章学诚《文史通义·文理》）；“譬如大匠操斤，无土木材料，纵有成风尽垩手段，何处设施?”（刘大櫆，《论文偶记》）。没有材料，再深刻的思想也无从表达。

（一）应用文材料的要求

任何一种写作都离不开材料，但不同功能的写作对材料的要求是不相同的。应用文对材料的要求如下。

1. 材料的真实性

任何文章的材料都源于生活，但因文章功能不同，对材料的处理和加工也就不同。应用文中以事实性、概括性的材料为主，包括具体事实、基本情况和具有指导意义的理论、法规、指示等。应用文所使用的材料必须是完全真实的，这种真实既要达到整体的真实，又要达到细节的真实。这种真实既是客观的真实又是本质的真实。

所谓客观的真实材料是指材料必须是已经发生的确凿无误的事实。所谓本质的真实是指材料要反映事物的本质而不是现象。材料如果未经核实写入应用文，就会造成严重的后果。目前的文风中，材料失实的情况有一定的普遍性，比如在各种报告和总结中，内容虚假不真实、报喜不报忧、文过饰非、总结存在问题时避重就轻、不敢或者不愿暴露本质问题等。

2. 材料的典型性

真实准确是应用文材料的基本要求，但真实准确的材料未必典型深刻。典型深刻的材料是既能揭示事物本质又具有代表性与说服力的材料，能起到支撑主旨的作用，既能概括某类事物的本质属性，通过“个别”来反映“一般”，发挥以一当十的作用，又能通过“典型”来反映“共性”，发挥以小见大的作用。典型材料一般具有两个特征：其一是鲜明独特的个性特征，能给人留下深刻印象；其二是明显的共性特征，具有普遍意义。

3. 材料与主旨的对应性

应用文所表达的主旨是单一明确的，应用文的材料与文章的主旨相对应，材料的选择和运用以文章所要表达的主旨为依据，材料要能为主旨统帅，而不能游离于主旨之外。与主旨无关、离主旨甚远、与主旨不能呼应的材料，都是累赘，都应该舍弃。

（二）应用文材料的获取

不同内容和不同文体的文章，对材料的要求也不同。文学写作的题材可以“上下数千载，纵横几万里”。从获取材料的方法来看，观察和体验是文学创作获取材料最重要的手段。而应用文写作获取材料最基本的途径是阅读和调查。

1. 阅读

阅读是利用图书馆、网络、单位档案和个人藏书等条件，通过查阅书籍、报刊、网络检索以及其他各种文献资料来间接获取材料。这里的阅读包含两层意思：一是博览群书，广泛的阅读能让我们获取大量的知识，同时也获取可用于写作的大量的材料；二是针对性的阅读，为完成某篇应用文有意识地查阅资料，如背景性材料、政策性材料等。

2. 调查研究

调查研究是人们在实践中有意识地通过对客观实际的考察、分析和研究，认识事物的本质及其发展规律的自觉活动。调查和研究是互相联系的。调查研究是认识客观事物的重要方法，要想把问题说得明白无误，就必须运用科学的方法对事物进行全面、详细、系统、周密的调查，掌握大量的事实和真相。通过调查，了解情况，获得翔实的资料，然后再进行研究，找出规律性的认识，指导以后的实践，这是获取材料至关重要的方法。

（三）材料与观点的组织形式

文章无论长短，一篇须有一篇的主旨，一段须有一段的主旨。应用文在行文过程中，要处理好材料和观点的关系。材料与观点组织形式通常有以下三种。

1. 先亮观点，后举材料

先用层、段、条首先概括出观点，然后列举理论材料或事实材料来陈述观点。用这种方法安排材料的优点是观点鲜明，引人注目。

2. 先举材料，后亮观点

先举事实、列举数字或说明根据，然后推导出结论，归纳出观点。这种方法的优点是由事到理，说服力强。叙事性较强的应用文写作，常用此法。

3. 边举材料，边亮观点

一边举材料，一边亮观点，夹叙夹议。这种方法的优点是既摆事实又讲道理，行文层层深入，使人便于理解。叙事说理较强的应用文常用此法写作。

第三节　结构与语言

结构与语言是应用文的形式要素。

一、结　构

结构，指文章各个组成部分的搭配和排列，是指文章内部的组织构造。

（一）应用文结构的特点

应用文的结构与文学文本的结构显然是有不同规范的。

1. 根据文种选择结构

应用文结构选择的重要依据是符合文种需要，也就是说作者在构架文章时，不能随心所欲，自行一套，而要根据某种文体的规范选择结构、安排材料。比如章程作为规约文书一般使用条文式写作结构，全文分为总则、分则、附则三大部分。请示则通常按照请示缘由、请示事项、请示要求的顺序来编排结构。应用文在长期的写作实践中，基本形成了各体文种的外在格式和内在要素序列的规范，文种标志明确。

2. 结构程式化

程式化是文学体裁应力避的一种倾向，但却是应用文写作不能背离的写作规律。如前所述，应用文是根据文种选择结构的，而每一文种的结构都有固定的模式。结构程式化又以党政公文、规章制度、诉讼文书等最为典型。

3. 注重结构的外在衔接

文章分成若干个段落，段落之间靠内在内容的逻辑勾连和外在形式的衔接形成有机整体。应用文更多地用过渡词、序码、小标题等方法形成外在结构的衔接，使得应用文在结构上形成一种外在连接的有机性，在层次上则一目了然，便于受文者阅读和领会。

4. 注重段首撮要，归纳观点句

为了提高阅读效率，方便读者抓住中心，应用文常常使用段首撮要的结构模式，在每段的段首，以观点句归纳出整段要表达的意思。

（二）应用文的结构模式

应用文写作的结构是作者思维的条理性反映，是字、句、章、篇的次第相从，应用文的结构模式主要分为纵式、横式和纵横交叉式。

1. 纵式结构

应用文写作的叙事、议理总是遵照一定的顺序展开的。纵式结构是按时间推移或内容深化来排列层次，其思路是纵向展开的。常见的有三种情形。

（1）直叙式

直叙式以时间先后为序，按照事情发生、发展、变化过程的次序安排层次。

（2）递进式

递进式按事理变化、发展的顺序或对事物的认识过程来安排层次。

（3）因果式

因果式按前因后果或前果后因的顺序来安排层次。

2. 横式结构

横式结构是按事物的不同方面或不同类别来排列的层次，其思路是横向展开的。这种结构可具体分为两种方式。

（1）按照材料的性质或内容的特点划分层次

这种方式主要按内文的不同方面来划分层次。

（2）按照空间顺序来划分层次

这种方式主要按空间位置的变化来划分层次。

3. 纵横交叉式结构

有些内容丰富、容量较大的应用文可以采用纵向推进和横向展开综合起来交叉安排的模式。采用这种方式要注意有主有从：或是以纵向为主、横向为辅，或是以横向为主，纵向为辅，切不可杂乱无章。

【例文 1-1】

国务院关于进一步做好新形势下就业创业工作的意见

国发〔2015〕23 号

各省、自治区、直辖市人民政府，国务院各部委、各直属机构：

就业事关经济发展和民生改善大局。党中央、国务院高度重视，坚持把稳定和扩大就业作为宏观调控的重要目标，大力实施就业优先战略，积极深化行政审批制度和商事制度改革，推动大众创业、万众创新，创业带动就业倍增效应进一步释放，就业局势总体稳定。但也要看到，随着我国经济发展进入新常态，就业总量压力依然存在，结构性矛盾更加凸显。大众创业、万众创新是富民之道、强国之举，有利于产业、企业、分配等多方面结构优化。面对就业压力加大形势，必须着力培育大众创业、万众创新的新引擎，实施更加积极的就业政策，把创业和就业结合起来，以创业创新带动就业，催生经济社会发展新动力，为促进民生改善、经济结构调整和社会和谐稳定提供新动能。现就进一步做好就业创业工作提出以下意见：

一、深入实施就业优先战略

（一）坚持扩大就业发展战略。（略）

（二）发展吸纳就业能力强的产业。（略）

（三）发挥小微企业就业主渠道作用。（略）

（四）积极预防和有效调控失业风险。（略）

二、积极推进创业带动就业

（五）营造宽松便捷的准入环境。（略）

（六）培育创业创新公共平台。（略）

（七）拓宽创业投融资渠道。（略）

（八）支持创业担保贷款发展。（略）

（九）加大减税降费力度。（略）

（十）调动科研人员创业积极性。（略）

（十一）鼓励农村劳动力创业。（略）

（十二）营造大众创业良好氛围。（略）

三、统筹推进高校毕业生等重点群体就业

（十三）鼓励高校毕业生多渠道就业。（略）

（十四）加强对困难人员的就业援助。（略）

（十六）促进退役军人就业。（略）

四、加强就业创业服务和职业培训

（十七）强化公共就业创业服务。（略）

（十八）加快公共就业服务信息化。（略）

（十九）加强人力资源市场建设。（略）

（二十）加强职业培训和创业培训。（略）

（二十一）建立健全失业保险、社会救助与就业的联动机制（略）

（二十二）完善失业登记办法。（略）

五、强化组织领导

（二十三）健全协调机制。（略）

（二十四）落实目标责任制。（略）

（二十五）保障资金投入。（略）

（二十六）建立健全就业创业统计监测体系。（略）

（二十七）注重舆论引导。（略）

各地区、各部门要认真落实本意见提出的各项任务，结合本地区、本部门实际，创造性地开展工作，制定具体方案和配套政策，同时要切实转变职能，简化办事流程，提高服务效率，确保各项就业创业政策措施落实到位，以稳就业惠民生促进经济社会平稳健康发展。

国务院

2015 年 4 月 27 日

【评析】

该文属于横式结构。除开头和结尾外，主体部分按横向结构展开。全文围绕进一步做好新形势下就业创业工作提出了四个方面的工作意见，文章主体结构就将这四个方面的意见标序排列，每一方面再横向展开，四个方面呈并列关系。文章注重段首撮要，段旨句明确精练。

二、 表达方式

文章的表达方式主要有叙述、议论、说明、描写、抒情。应用文受写作目的的制约，其主要表达方式为叙述、议论和说明。这三种表达方式在不同的应用文中，或交替使用，或以一种为主。

（一）叙述

叙述是有次序地将人物的经历、言行和事件的发生、发展变化的过程叙说交代出来的一种表达方式。完整的叙述一般有六要素，即时间、地点、人物、事件、原因、结果。

在应用文中，叙述主要用来介绍情况，交代问题，说明原委。应用文的叙述主要呈现以下特点。

1. 以叙事为主

叙述包括写人和写事，应用文的叙述以写事为主。如在请示性、陈述性应用文中的情况反映，商洽性应用文中的事由，指示性应用文中提出的存在的问题等都是通过叙述方式来表达的。

2. 以概括叙述为主

叙述时文字要求简洁概括，一般不使用具体叙述。着重事件的整体勾画，不要求具体、详尽。掌握这种叙述方法的关键在于对事件要有整体而清晰的认识，否则难以把握好详略取舍的尺度。

3. 以顺序为主

叙述有顺叙、倒叙、插叙、分叙、补叙等方式，应用文一般采用顺序，讲求平铺直叙，注重事件的过程性特点，切忌多线索和跳跃式叙述。应用文的叙述必须符合读者正常的思维顺序，能让人们尽快了解所叙内容。

(二) 议论

议论即议事论理。议论是作者就某个问题、事件进行评论、分析，表明自己的立场、观点和态度的一种表达方式。完整的议论由论点、论据和论证构成。

应用文中采用的论证方法主要有例证法、引证法、对比法、因果法等。应用文中议论的特点如下。

1. 议论建立在叙事的基础上

所有提出的办法、措施和要求都必须从叙事中得出合乎逻辑的观点。

2. 评价、断定、表态、指示是应用文议论的常见语言方式

评价，即评定事物的性质、实质或价值，如表彰性通报中对被表彰的先进事迹的评价。断定是对某种事理或事实作出推断认定。表态是发文单位表明自己的态度、主张或愿望。指示是发文单位要求受文对象做什么或不做什么，或对受文对象提出主张要求等。

3. 常常采用不完整论证，且多以正面论证为主

应用文的论证不需要像议论文一样有一个完整的论证过程，而是直接正面表明论证的结果、立场、主张等。

(三) 说明

说明是用简明的文字对事物或者事理的各种属性进行客观的解释和介绍。在应用文中，说明使用较为普遍，广泛应用于因释事理、介绍情况、列举数据、引用资料、图像演示、公式计算等各个方面。

应用文中常见的说明的种类有：定义说明、分类说明、举例说明、比较说明、数字说明、图标说明等。

应用文说明的主要特点如下。

1. 客观明确

应用文在使用说明时，更强调说明的客观性，内容的科学性。如调查报告、总结中就经常使用数据说明，通过确凿的数字来说明事物或者事理。

2. 简明准确

应用文的说明，强调简明准确。不论是定义说明，还是法规性、条理性说明，都要在分寸上、界限上体现出解释的单一性和规定的确定性，法规性较强的公文更要体现出这一点。

3. 与议论、叙述结合使用

应用文行文时往往是说明与议论、叙述结合使用，这样可以相辅相成，相得益彰，使表达清楚、有力。

三、语　言

语言文字是表情达意的工具，因为表情达意的方式不一样，就形成不同的语言特征。应用文语体的特征是由应用文的功用决定的。

（一）应用文的语言特征

1. 语言的简洁庄重性

应用文是处理事务、解决实际问题的工具。为了快速、高效地传递信息，应用文的语言表达以简洁明确为原则。应摈弃一切不必要的修饰和重复，做到用词精当、语言凝练。同时，由于用于处理公文事务的文书大多带有一种庄重的风格，适当使用一些成语和文言词语，能达到言简意赅的效果。

2. 专业术语和行业用语的使用

专业术语和行业用语的使用会增加应用文语言表达的准确性，特别是专业性较强的经济文书和司法文书，语言上有明显的行业特征，如诉讼文书中经常出现的“原告”“被告”“事由”“裁决”“本案”“认定”等行业用语具有无可替代性。适当使用专业术语和行业用语，能更好地、更准确地表达特定的行业内容。

3. 语言的模式性

语言的模式性与结构的模式性是相关联的，应用文的语体特征是在长期适应文体特征的基础上形成的。多次重复使用，久而久之就形成了语言的模式性。这种模式性主要体现在相同的句式和词汇可以在不同内容、不同作者的文章中反复出现，重复使用。如在不同的通知中会反复出现“为此，特作如下通知”“特此通知”“特通知如下”等用语。在请示的结尾中我们又经常可以看到“妥否，请批示”等句子。

（二）应用文的语言习惯

1. 规范性词语的运用

（1）称谓词

称谓词，指表示人称或对单位的称谓。第一人称：“本”“我”，后面加上单位简称。如部、委、办、厅、局、厂、所等；第二人称：“贵”“你”，后面加上单位简称。一般用于平行文或涉外文书。第三人称：“该”，使用广泛，用于指代人、单位或事物。如“该厂”“该部”“该同志”“该产品”等。

（2）开端词

开端词表示行文的目的、依据、伴随情况等。借助开端词可以使应用文开宗明义。

常用的开端词有：根据、按照、为了等。

（3）承转词

承转词，指承接上文转入下文时使用的关联词或过渡用语。常用的承转词有：为此、据此、故此、鉴此、综上所述、总而言之、总之等。

（4）祈请词

祈请词又称请示词、期请词，用于向受文者表示请求与希望。常用的祈请词有：即请查照、希即遵照、希、敬希、即希、希予、请、拟请、恳请、烦请、望、务求等。

（5）商洽词

商洽词，即征询对方意见或探询对方态度的词。常用的商洽词有：当否、可否、妥否、是否可行、是否妥当、意见如何、是否同意等。

（6）命令词

命令词，即表示命令或告诫语气的词。命令词的作用在于增强公文的严肃性与权威性，引起受文者的高度注意。常用的命令词有：着令、着、特命、责成、着即、切切、严格办理等。

（7）目的词

目的词是直接交代行文目的的词语，以便受文者正确理解并加速办理。用于上行文、平行文的目的词，还需要加上期请词，常用的有：请批复、函复、批示、告知、批转、转发等。用于下行文的有：查照办理、遵照办理、参照执行等。用于知照性的文件，如周知、知照、备案、审阅等。

（8）结尾词

结尾词置于正文最后，表示正文结束的词语。这些词语，或明确行文的具体目的与要求，或表示敬意、谢意、希望等。结尾词可以使文章表述简练、严谨并富有节奏感，从而赋予文章庄重、严肃的色彩。常用的结尾词有：此致、特此报告、为要、为盼、为荷、特予公布、特此函达、谨致谢忱等。

2. 大量使用介词

公文语言中介宾词组运用的频率很高。应用文常用的介词有以下几种。

（1）表示关联、范围的有：关于。

（2）表示对象、关联的有：对、对于、将等。

（3）表示依据的有：依据、根据、遵照等。

（4）表示目的的有：为了、为等。

（5）表示状态方式的有：按照、参照、比照、通过等。

（6）表示处所、方向的有：从、向、在等。

（7）表时间的有：自从、自、于、当等。

（8）表示原因的：有由于、由等。

3. 缩略语和模糊语言

缩略语是应用文的习惯用语。它是高度简化紧缩的句式。应用文使用的缩略词必须是规范的、已经被社会认可的词语，不能是自造的、晦涩难懂之词，更不能随意缩略引起歧义。如“无商标、无生产厂家、无生产日期的产品”可缩略为“三无产品”,“破除四风”“三严三实”“十九大”“三农”等词语都是约定俗成的缩略用语。

模糊语言，是指自然语言中带有模糊性的语言。它与含糊不清、易生歧义的语言有本质的区别。这种模糊性是相对具体性而言的。如办公室岗位职责的最后一条，往往是“完成领导交办的其他任务”。这里的“其他任务”就是一个模糊概念，至少包括三层意思，一是属于本部门的前面未曾提及的工作，二是与本部门性质相近的又与别的部门工作相交叉的一些任务，三是领导根据需要临时交办的工作。

有些应用文在表述上采用模糊语言，不仅能使行文高度概括，还能取得含蓄、得体的表达效果。使用模糊语言的场合主要是：(1) 对某些带有模糊性的概念，利用模糊语言可以达到表述的准确性；(2) 运用模糊语言能使一些问题的表述留有回旋余地，增加表述的灵活性；(3) 运用模糊语言对表述内容进行高度概括，避免冗长。

实训练习

1. 请比较以下两段文字，体会文体的不同特征。

(1) 初春的风吹过白云山，瑟瑟抖动的青葱小草上，一些血迹已经发黑，背阴的地方还依然鲜红欲滴。浙江缙云县。2003 年 3 月 22 日上午 7 时许，绍兴市公安局袍江分局刑侦大队长杨钢林追捕特大抢劫犯罪嫌疑人，在这里和持刀歹徒搏斗，被刺中股动脉后血流如注，坚持追击 120 米体力不支倒地，壮烈牺牲。长长的 120 米血路，记载着这位英雄民警普通却又伟大的人生历程。

（节选自《山上那条血路》）

(2) 杨钢林，男，浙江诸暨人，大学文化程度，中共党员。1988 年参加公安工作，一直在公安刑侦第一线工作，历任绍兴市公安局特警大队侦查员、公安局越城区分局刑侦大队重案中队中队长、公安局袍江分局刑侦大队大队长。1997 年以来破获重特大恶性案件 40 多起，5 次荣获个人三等功。

（节选自《关于开展向杨钢林同志学习活动的决定》）

2. 从材料、结构、语言表达的角度分析下列应用文存在的问题。

××学院工会拟成立教职工摄影兴趣小组的通知

各位老师：

校工会将聘请专业摄影家来讲学，在一、二年内本摄影小组成员除了能掌握摄影基本知识外，还能学会在拍摄过程中常用的知识：追随法、逆光摄影法等；待初步掌握了这些技能以后，我们还将出外采访，从而更好地深入实际，了解社会，还将尽可能地游历祖国名山大川，拍出有浓郁生活气息和旖施风光的艺术照片，并举办学员作品展览，评出优秀作品，对作者予以适当奖励。总之，凡加入本小组的同志，只要认真学习，虚心请教，互相交流，取长补短，都会在摄影技术上取得很大进步。

凡对摄影有爱好的同志，可以自愿报名参加，要自带照相机，有摄影作品的同志最好交上来，以供录取时参考。活动时间每周六下午，报名处在校工会办公室203室，报名时交一张一寸照片，报名时间5月1日至10日，过期不再补报。有关各项要求望及时发给各党支部给予传达，尽快将名单报上来。

摄影是一门艺术，它会使我们的生活更加充实，激发我们对祖国的爱，望大家踊跃参加。

3. 有心人对部分机关应用文常用词语作了梳理。熟读以下常用词语，通过对应用文的阅读，尝试整理出一组常用的词或词语。

（1）常用动词

抓、搞、上、下、出、想、谋、分析、研究、了解、掌握、发现、提出、推进、推动、制定、出台、完善、建立、健全、加强、强化、增强、促进、加深、深化、扩大、落实、细化、突出、建设、营造、监督、开展、发挥、发扬、创新、转变、发展、统一、提高、提升、保持、优化、召开、举行、贯彻、执行、树立、引导、规范、整顿、协调、沟通、配合、支持、加大、开拓、拓展、巩固、保证、形成、指导。

（2）常用名词

体系、机制、体制、系统、规划、战略、方针、政策、措施、要点、重点、焦点、难点、热点、亮点、矛盾、问题、思想、认识、作风、环境、秩序、作用、地方、基层、传统、工程、计划、方式、模式、质量、水平、效益、会议、文件、服务、力度、领域、空间、成绩、成就、进展、实效、基础、前提、关键、保障、动力、条件、环节、方法、思路、设想、途径、道路、主意、办法、力气、功夫、台阶、形势、情况、意见、建议、网络、指导、指南、目录、方案、关系、力度、速度、诉求、形势、任务、方针、结构、增量、比重、规模、标准、主体、特色、差距、渠道、主导、纽带、载体、制度、需求、负担、体系、资源、倾向、活力、工程、项目、环境、素质、权利、利益、权威、氛围、职能、需要、能力、比重、举措、要素、精神、根本、地位、成果、核心、力量、纽带、思想、理想、活力、信念、信心、风尚、意识、正气、情绪、内涵、格局、准则、局面、本领、位置、特点、规律、阵地。

（3）常用形容词

多、宽、高、大、好、快、省、新、持续、快速、协调、健康、公平、公正、公开、透明、富强、民主、文明、和谐、祥和、优良、良好、合理、稳定、平衡、均衡、稳健、平稳、统一、现代。

（4）常用副词

狠、早、细、实、好、很、较、再、更、加快、尽快、抓紧、尽早、整体、充分、继续、深入、自觉、主动、自主、密切、大力、全力、尽力、务必、务求、有效、进一步。

（5）常用词组

统一思想、提高认识、认清形势、明确任务、加强领导、完善机制、交流经验、研究问题、团结协作、密切配合、真抓实干、开拓进取、突出重点、落实责任、各司其职、集中精力、聚精会神、一心一意、心无旁骛、兢兢业业、精益求精、一抓到底、爱岗敬业、求真务实、胸怀全局、拓宽视野、立足当前、着眼长远、抓住机遇、应对挑战、量力而行、尽力而为、突出重点、分步实施、全面推进、统筹兼顾、综合治理、融入全程、贯穿各方、切实抓好、有效减轻、扎实推进、加快发展、持续增收、积极稳妥、从严控制、严格执行、坚决制止、明确职责、高举旗帜、坚定不移、牢牢把握、积极争取、深入开展、注重规范、不断改进、积极发展、依法实行、良性互动、优势互补、率先发展、互惠互利、做深做细、做好做实、全面分析、全面贯彻、持续推进、全面落实、逐步扭转、基本形成、普遍增加、更加完善、明显好转、努力形成、不断加强、大幅提高、显著改善、日趋完善。

4. 以下公文发布后，引起了广泛的热议，你怎么看？

关于确保××等地电视拍摄活动正常进行的通告

××卫视8月11日至13日在我县××等地拍摄大型电视宣传片，为确保拍摄活动正常进行，现将有关事项通告如下。

一、8月11日上午7点半至8月13日晚7时，省道S319××至××路段实行交通管制，禁止车辆通行，所有车辆绕道行驶。

二、××街上以及××至××、××公路沿线禁止车辆停靠。违者，一律抄牌并强行拖车。

三、电视拍摄期间，××大园村实行封村，无关人员严禁进入村庄；本村村民一律凭身份证、户口本出入。严禁本地村民留宿非本村人员（含在外工作的大园村籍人员）。严禁村民及其他人员围观拍摄现场，严禁用手机、照相机、摄像机摄影摄像，严禁发微信。

四、电视专题片的拍摄是宣传推介××、发展××旅游的一项重要举措，希望全县广大人民群众理解支持配合。凡不听劝阻、违反通告要求的，现场执勤干警有权当场处置，情节严重的坚决依法予以治安处罚；涉嫌犯罪的，坚决依法追究刑事责任。

××县人民政府

2015年8月10日

5. 思考与写作。

关于大学生驱赶拍照母女的争论

今年春天，武汉大学校园樱花盛开，一对母女身穿和服在樱花树下拍照，遭到武大学生呵斥和驱赶。这件事在网上引起了热议，下面是部分网友的观点（摘录时有删改）。

A：在许多中国人眼里，樱花作为日本的“国花”，和服是日本人的国服，是日本侵华的罪证、国耻的象征。凡是与樱花、和服有关的现象或事物，有些人便控制不住情绪，发泄不满。这再正常不过了。有人说当年中日关系正常化时，日本送给周总理的大樱花有50株转赠给武汉大学，是中日友好的象征，和服也是日本借鉴唐装改制的。这些年轻人未必知道，他们一时气愤驱赶的那对母女，有何过错？是爱国有错，还是热血有错？

B：为何驱赶她们的人，认为自己有这样的权力？这是在一个公共场合，严格来说，是在武汉大学的物业里面，可以做什么，不可以做什么，是由武汉大学这个大业主来决定的。任何进入这个地方的人士，都应该要遵守管理者的规定。如果武大樱花园里面明文规定不可以穿和服，母女俩的行为可就违规了。这样的情况下，个人也是没有权力去执法，去驱逐她们的。可以做的应该是向管理方举报和投诉，让管理人员来进行处理。当然有人会说，看到违反法律法规的行为，为何不能够出手制止呢？比如看到小偷，难道不应该出面干预？这是有区别的，前者没有太大的危害性，后者则不同。现在还经常发生抓到小偷后，趁警察来之前先将其暴打一顿的现象，这就是行私刑了。别以为自己代表正义就可以胡作非为，更何况这些“正义”只是他们自以为的“正义”。

C：驱赶她们的人，肯定觉得自己是正义的，是在做正确的事情，他们也确实讲得有道理：这伤害了我们的民族感情。但是为何不能够用一种尊重别人的方式来表达，而是指责和审判式的？联想到那些城管，其实他们当中有很多人也认为，自己在为促进城市的整洁而努力，而且他们名正言顺被赋予这样的工作职责，还有那些交通协管，大声吆喝也是觉得自己做的事情是为了大家好，为了做好自己的工作。但是行使职责和管人有着根本的区别，前者是平等的，后者则是高高在上的。为何一个正在接受高等教育的人，那种基本的对他人、对个体的尊重，基本的教养和礼貌，在冲动的情绪下，一点都看不见了？是不是潜意识地觉得，有理了，也就高人一等了呢？

D：观赏樱花有很多方式，穿和服不过是一种观赏的方式与态度，是个人行为，与政治搭不上边，没有必要干涉，人们应该要有宽大胸怀去包容，而不要太狭隘，对日本人的东西太过敏感。不然，是不是日本人用的东西都要毁掉？那日本人住过的房子，走过的路呢？这样整个武大岂不都要经受大的摧毁了。

E：我们不是说要记恨，但历史是不容遗忘的，如果单纯只是为了好看，穿什么衣服不好，为何要选择这样的时间与地点。看樱花和照相都没有错，但也不能过于随便。

F：武大樱园并非普通的植物园，它就是一本历史的教科书。熟悉历史的学生自然和无知无意识的小女人在对待武大的樱花上心态不同。对这种行为批评一下并不为过。叱责并非过激的狭隘民族主义表现。我们不要随便忘记历史，在历史面前更不要太轻佻。通过这件事还可以教育国人，让他们知道历史，不要再做出这种不得体、不合国格的行为。

G：想想因为战争而留下的创伤，现在的人生活是不是太安逸了。也许他们的行为看起来很狭隘，但是在公众场合如此表现，是炫耀，还是弱智？爱国就是从点滴做起，做好身边的事就是对祖国最大的支持。

H：既不能上纲上线，也不能说学生无理取闹。樱花对武大而言有更深层次的含义，历史不容忘记，拒绝在樱花下拍和服照有一定道理。但不能太过分。

I：虽然我也反对狭隘的民族主义，但是我更捍卫自由的思想，学生可以支持穿和服照相，但是也有权利反对和抗议这种行为。这至少代表了一种意见的表达。我个人认为，母女俩在樱花下拍和服照确实不够理智，轰赶他们的学生也未免过于偏激。

J：武大校园樱花也可以说是中日两国重修旧好的时代见证。普通公民处于爱美之心或者想在中日两国修好之见证物前面留影，可以理解，不应该用这么粗暴的方式对待她们。

【思考】

以“关于武大学生驱赶拍照母女的争论”为主旨，对上述材料辨别、综述，写成一篇 300 字以内的短文。要求主旨明确集中，条理清晰。

第二章

党政公文

第一节　党政公文概述

一、党政公文的含义

公文是公务文书的简称。公务文书是机关、团体、企事业单位在公务活动中形成和使用的文字材料。它是各种社会组织用来记述情况、表达意图、联系工作、处理公务的文字依据，是国家依法行政和进行公务活动的重要依据。

公文这一概念的含义，人们常有广义与狭义的理解。

广义的公文泛指一切公务文书，即所有反映公务活动内容，在公务活动中发挥作用的书面材料，都可称为公文，如调查报告、简报甚至财务报表都属于广义的公文。

狭义的公文则专指法定的党政公文，即 2012 年 4 月中共中央办公厅和国务院办公厅联合发布的《党政机关公文处理工作条例》（以下简称《条例》）中规定的 15 种公文。党政机关公文是党政机关实施领导、履行职能、处理公务的具有特定效力和规范体式的文书，是传达贯彻党和国家方针政策，公布法规和规章，指导、布置和商洽工作，请示和答复问题，报告、通报和交流情况等的重要工具。另外，需要指出的是，本章所指的党政公文的主体不仅限于党政机关，企事业单位的同文种公文也在讨论范围内。

党政公文的这一基本含义，可以从以下几个方面来理解。

（一）党政公文形成的主体是党政机关及其他社会组织

这些机关或组织都是依据国家的法律和有关的章程、条例建立起来的，是具有法定地位的。这种法定的地位赋予了这些机关与组织在自己的职权范围内制定和办理公文的权力。

（二）党政公文是党政机关或其他社组织行使职权和实施管理的重要手段

具有法定地位的机关、组织，都有自己的组织系统、领导关系和职权范围，有自己主管的业务与办事意图。它们在行使法定职权和实施有效管理的公务活动中，必然会产生体现自身意志的文字材料。

（三）党政公文是具有法定效力与规范格式的文书

这是党政公文区别于其他文章和图书资料的主要之点。公文的法定效力是由公文形成者的法定地位所决定的。公文的规范化格式，不仅增强了公文的权威性与有效性，也方便了公文的处理。

（四）党政公文是国家机关及其他社会组织处理政务、办理业务的重要工具

任何一个机关、组织在日常的工作活动中都需要通过公文这一工具来表达意图，处理公务，实施管理。比如，向上级汇报工作，则使用“报告”；向有关单位联系公务，则使用“函”等。

二、 党政公文的分类

我们可以从不同角度对党政公文展开分类，常见的分类标准如下。

（一）根据公文的适用范围分类

根据公文的适用范围，《条例》将党政公文分为15类，即决议、决定、命令（令）、公报、公告、通告、意见、通知、通报、报告、请示、批复、议案、函、纪要。

1. 决议

适用于会议讨论通过的重大决策事项。

2. 决定

适用于对重要事项做出决策和部署、奖惩有关单位和人员、变更或者撤销下级机关不适当的决定事项。

3. 命令（令）

适用于公布行政法规和规章、宣布施行重大强制性措施、批准授予和晋升衔级、嘉奖有关单位和人员。

4. 公报

适用于公布重要决定或者重大事项。

5. 公告

适用于向国内外宣布重要事项或者法定事项。

6. 通告

适用于在一定范围内公布应当遵守或者周知的事项。

7. 意见

适用于对重要问题提出见解和处理办法。

8. 通知

适用于发布、传达要求下级机关执行和有关单位周知或者执行的事项，批转、转发公文。

9. 通报

适用于表彰先进、批评错误、传达重要精神和告知重要情况。

10. 报告

适用于向上级机关汇报工作、反映情况，回复上级机关的询问。

11. 请示

适用于向上级机关请求指示、批准。

12. 批复

适用于答复下级机关请示事项。

13. 议案

适用于各级人民政府按照法律程序向同级人民代表大会或者人民代表大会常务委员会提请审议事项。

14. 函

适用于不相隶属机关之间商洽工作、询问和答复问题、请求批准和答复审批事项。

15. 纪要

适用于记载会议主要情况和议定事项。

（二）根据行文关系分类

行文关系，是指发文机关同收文机关之间的文件往来关系。这种关系是根据机关的组织系统、领导关系与职权范围确定的。按照机关的行文关系，我们可以将其划分为上行文、平行文和下行文。

1. 上行文

上行文是指下级机关向它所属的上级领导机关所发送的文件，也就是自下而上的行文，故称上行文。比如，各省人民政府向国务院所报送的请示是上行文，某分公司向其总公司报送的工作报告也是上行文。上行文主要有请示、报告等。

2. 平行文

平行文是指同级机关或者不相隶属的、没有领导或指导关系的机关之间的行文。比如，各省人民政府之间、各县人民政府之间都是平级平行机关。又如省军区和省人民政府之间，学校和工厂之间，不存在领导或指导关系，是不相隶属的机关。这些机关之间，在相互联系或协商工作时发生的行文关系为平行文。平行文主要有函，意见和通知也可以作为平行文使用。

3. 下行文

下行文是指上级领导机关对所属的下级机关的行文。比如，国务院给各省级人民政府所发的文件就是下行文。下行文常见的有命令（令）、决定、批复、通知、通报、意见等。公开告知类的公文如公告、通告也属于下行文。

（三）根据公文的来源分类

一个机关或单位的公文，按其来源可以分为收来文件和本机关制发的文件两大类。

1. 收来文件

收来文件简称收文，是本机关收到的由外机关拟制、发送来的文件。比如××省教育厅向××省人民政府发出的报告，对××省人民政府来说就是收来文件。

2. 本机关制发的文件

本机关制发的文件按照制发文件的发送对象，又可以分为对外文件和内部文件。

（1）对外文件

对外文件是指本机关拟制的向外单位发出的文件，它是作为传达本机关的意图发往需要与之联系的针对机关的文件。如上述省教育厅向省人民政府发出的报告就是教育厅的对外文件。

（2）内部文件

内部文件是指制发和使用都限于机关内部的文件。

按公文的来源分类，在机关文书工作中，有较大的实用价值。

（四）根据公文的性质和作用分类

根据公文的性质和作用，可以分为以下几类。

1. 指挥性公文

上级机关根据法定的职能权限对下级机关部署工作、实施指挥、协调管理的公文，如命令、决定、意见、通知、批复等。

2. 报请性公文

下级单位向上级单位汇报工作、请示问题、请求审议，如请示、报告等。

3. 公布性公文

通过大众媒体或公开张贴等形式向公众传递信息的公文，如通告、公告等。

4. 通联性公文

单位之间互相商洽工作、询问和答复问题的公文，如函等。

5. 记录性公文

记载会议情况、归纳会议议定事项的公文，如纪要等。

（五）根据公文的秘密程度和阅读范围分类

从公文的内容是否涉及党和国家秘密，涉及的秘密的程度及公文所限定的阅读范围，可将公文划分为秘密文件、内部文件和公布文件。

1. 秘密文件

秘密文件是指内容涉及党和国家的秘密，需要控制阅读范围的文件。根据秘密文件的保密程度，又可以确定为秘密、机密、绝密三种，秘密文件通常有特殊的处理和保管的要求。

2. 内部文件

内部文件是指在机关、组织内部阅读和使用，不对外公布，也不向国外传播的文件。当然，随着信息公开的进一步深化，公众通过合法渠道可以查阅部分传统意义上内部文件。

3. 公布文件

公布文件是指向人民群众和国内外公开发布的文件。比如公告、通告等，通常可以采用广播、电视、报刊等大众传媒发布，也可以通过张贴等方式公布。

（六）根据公文的紧急程度分类

公文的紧急程度就是按照公文送达和办理的时限要求进行分类，可以将文件分为紧急公文和普通公文。

1. 紧急公文

紧急公文是指对发送和处理时间有特殊要求的公文，其中还可分为特急件和急件两种。

2. 普通公文

普通公文是指对发送和处理时间没有特殊要求，因而没有紧急程度标识的公文。

四、 党政公文的格式

党政公文的格式是指公文的外在表现形式，包括其组成要素以及这些要素在页面上的排列顺序和标识规则，也包括用纸、排版、印刷、装订和字号等方面的要求。党政公文的标准化格式是其权威性和法定性在形式上的表现，是党政公文区别于其他文体的重要标志。党政公文的格式主要是依据《条例》和《党政机关公文格式》(GB/T9704—2012)。一般说来，企事业单位的公文格式可以参照党政机关的公文格式执行。

根据上述法规和标准，党政公文的各要素可划分为版头、主体、版记三部分。

（一）版头部分

版头，又称为文头、眉首，处于公文首页红色反线以上，包括发文机关标志、发文字号、份号、密级和保密期限、紧急程度、签发人、分隔线等要素。

1. 发文机关标志

发文机关标志又称为文件名称，一般由发文机关全称或规范化简称后加“文件”组成，如“浙江省人民政府文件”“绍兴文理学院文件”。某些文种在一定的环境中可只标识发文机关名称，以函、会议纪要等为常见。

联合行文时，主办机关名称排列在前，“文件”二字置于发文机关名称右侧，居中排布。如果联合行文机关过多，必须保证公文首页显示正文，可将发文机关字号和行距缩小。联合行文也可以单独用主办机关名称。

发文机关标志居中排布，上边缘至版心上边缘为35厘米，推荐使用小标宋体字，颜色为红色，以醒目、美观、庄重为原则。

2. 发文字号

发文字号简称文号，也称公文编号。它是同一年度公文排列的顺序号，一般包括发文机关代字、发文年份和文件顺序号三项内容。如“国发〔2015〕1号”“绍学院发〔2015〕26号”等。

应注意问题有：(1) 发文机关代字应注意避免重复；(2) 以部门名义行文的应在机关代字后加上部门代字；(3) 年份、序号用阿拉伯数码标识；(4) 年份应标全称，用六角括号括入；(5) 序号不编虚位，不加“第”字；(6) 联合行文的发文字号，只标注主办机关的发文字号。

发文字号的位置在发文机关标识下空2行，用3号仿宋体字，居中排布；上行文的发文字号居左空一字编排，与最后一个签发人姓名处在同一行。

3. 份号

份号即公文份数序号，是将同一文稿印制若干份时每份公文的顺序编号。用阿拉伯数码顶格标识在版心左上角第1行。数字前面可编虚位。份号一般只有在秘密文件或重要文件中才出现。

4. 密级和保密期限

密级是指公文内容涉密程度的等级。密级标识有“绝密”“机密”“秘密”三种。秘密等级和保密期限只出现在秘密文件中。

秘密等级，一般用3号黑体字，顶格编排在版心左上角第二行；保密期限中的数字用阿拉伯数字标注。秘密等级和保密期限之间可用“★”隔开。

5. 紧急程度

紧急程度是指公文办理与传递的时效性要求。紧急公文根据紧急程度可以标识“特急”“急件”，普通公文不标注该要素。

紧急程度，一般用3号黑体字，顶格编排在版心左上角；如需同时标注份号、密级和保密期限、紧急程度，按照份号、密级和保密期限、紧急程度的顺序自上而下分行排列。

6. 签发人

签发人是发文机关核准并签发该公文的主要负责人的姓名。只有上报的公文，才需要标识签发人姓名。

该要素由“签发人”三字加全角冒号和签发人姓名组成，居右空一字，编排在发文机关标志下空二行位置。“签发人”三字用 3 号仿宋体字，签发人姓名用 3 号楷体字。

如有多个签发人，签发人姓名按照发文机关的排列顺序从左到右、自上而下依次均匀编排，一般每行排两个姓名，回行时与上一行第一个签发人姓名对齐。

7. 分隔线

发文字号之下 4 厘米处居中印一条与版心等宽的红色分隔线。

（二）主体部分

主体部分通常由标题、主送机关、正文、附件说明、发文机关署名、成文日期、公文生效标识（印章）、附注等要素组成。

1. 公文标题

公文标题要能准确、简要地揭示公文的主要内容。《条例》规定：标题“由发文机关名称、事由和文种组成”。如《绍兴市人民政府关于促进民办教育健康发展的意见》中，“绍兴市人民政府”是发文机关，“关于促进民办教育健康发展”是事由，事由在表达方式上要坚持准确、简明、规范的原则，防止歧义，避免重复。“意见”是公文种类。公文标题中除法规、规章名称加书名号外，一般不用标点符号。

在习惯用法中，公文标题存在着有条件地省略要素的情况。

（1）省略发文机关名称，由事由、公文种类组成。在具有发文机关标志的情况下，有时可以省略发文机关名称，如《关于建立中层“一把手”例会制度的通知》等。这种情况常见于机关内部公文或者非重要公文。

（2）省略事由，由发文机关和公文种类组成。如《绍兴市人民政府令》，省略事由的标题对文种有较大的限定，一般出现在公开发布类文件中。

（3）省略事由和发文机关，由公文种类独立构成。这类标题比较少见，仅出现在某些特定的环境和场合。一般不推荐使用该类形式作为正式公文的标题。

公文标题写作中，事由是对公文内容的概括，要做到准确和简洁，概括事由的方法习惯上采用介词“关于”和表达公文主要内容的词组组成介词词组，格式为“关于……的”，作为公文种类的定语。

公文标题一般用 2 号小标宋体字，编排于红色分隔线下空二行位置，分一行或多行居中排布；回行时，要做到词意完整，排列对称，长短适宜，间距恰当，标题排列应当使用梯形或菱形。

2. 主送机关

主送机关是指公文的主要受理机关，负责办理或答复文件中的事项。主送机关应当使用全称或规范化的简称、统称。

主送机关的确定一般有以下三种情况：（1）上行文一般只确定一个主送机关。如若需要另外机关了解其内容或协助办理有关事项，可以使用抄送形式告知。（2）平行文和下行文有专发性和普发性两种，专发性公文，主送机关一般只有一个；普发性公文的主送机关有多个，多个主送机关要注意合理排序。（3）公开发布的公文由于受文单位为相关公众，因此主送机关通常呈省略状态。

主送机关应标在标题下空一行位置，居左顶格，回行时仍顶格，最后一个机关名称后标全角冒号。如主送机关名称过多导致公文首页不能显示正文时，应当将主送机关名称移至版记。主送机关用3号仿宋体。

3. 公文正文

公文正文是公文的主体部分，由开头、主体和结尾三部分组成。

（1）开头

正文开头主要说明发文的根据、原由和目的。要求开门见山，立片言以居要。说明行文的根据与缘由，通常有三种写法。

①引据式

引据政策法令和规定指示，或引据来文，或引据事实或道理，说明行文的原委。

②目的式

开宗明义，直接说明行文的目的与意义，干净利落，简洁明白。

③综合式

既有引据部分，又直叙行文的目的，两者结合运用。这类开头，能增强文件的起势，引起受文单位的关注重视。

（2）主体

正文主体是公文核心中的核心，通常有以下三种结构方式。

①并列式结构

把正文所提出的意见、措施和要求，分条列项，予以说明。各条之间，呈并列关系。

②递进式结构

即正文主体或按时序，或按事物发展过程、事物的逻辑层次，分成若干段落，层层推进，逐步深入。按照事理层次叙述，行文清晰简明。

③连贯式结构

即篇段合一式，全篇即为一段，一段中又包含几层意思。

（3）结尾

正文结尾主要表述发文机关对文件办理的要求，或要求执行，或请求批复，或提出希望，写作上要求简洁明快。通常有以下三种情况。

①有些以公文习惯用语作为尾语，按不同文种恰当使用。如“当否，请批示”“特此函告”“可否，盼复”，等等。

②有些公文的结尾，有独立的结语段，或强调说明，或提出希望与要求，归结全文。

③也有一些公文，在主体部分已将行文要求做了表述，言尽意止，省略了结尾部分。

（4）其他注意事项

公文正文的人名、地名、数字、引文要准确。引用公文应当先引标题，后引发文字号。引用外文应当注明中文含义。应当使用国家法定计量单位。结构层次序数，第一层为“一”，第二层为“(一)”，第三层为“1.”，第四层为“(1)”。一般第一层用黑体字，第二层用楷体字，第三层和第四层用仿宋体字标注。

正文位于主送机关名称下一行，每个自然段左空2字，回行顶格。数字、年份不能回行。用3号仿宋体字，每行28字，每页22行。

4. 附件说明

附件说明是指公文附件的顺序号和名称。附件是在主件之后，起补充说明作用的文字材料，主要包括随文转发、报送的文件，随文颁发的规章制度，以及文件中的报表、统计数字等。附件与主件的文件效用相同，但并不是所有公文都有附件。

公文如有附件，应在正文下一行左空 2 字用 3 号仿宋体字标识附件，后标全角冒号和名称，附件名称后不加标点符号。如果附件不止一个，则应在附件名称前标明序号，序号使用阿拉伯数字（附件：1. ××××××），上下排布。附件的序号和名称前后标识应一致。如附件与公文正文不能一起装订，应在附件左上角第一行顶格编排公文的发文字号并在其后标注“附件”二字及附件顺序号。

5. 发文机关署名

发文机关署名要求署发文机关全称或者规范化简称。

6. 成文日期

成文日期是指公文生效的时间。成文日期直接关系到公文的效力。确定成文日期必须掌握以下原则。

①领导人签发的，以签发日期为准。

②联合行文的，以最后签发机关领导人的签发日期为准。

③会议通过的，以会议通过的日期为准。电报以电报发出日期为准。

成文日期用阿拉伯数字将年、月、日标全，年份应标全称，月、日不编虚位，其位置一般位于正文右下方，具体的位置由公文印章决定。在特定情况下，有些公文的成文日期放在标题之下，用括号括起。

7. 印章

印章是表示公文生效的凭证，它主要指发文机关印章或者领导人的签署。公文除会议纪要和某些特定版式普发性公文外，都应当加盖印章。

根据《党政机关公文格式》，发文机关署名、成文日期、印章的位置如下。

（1）加盖印章的公文

成文日期一般右空四字编排，印章用红色，不得出现空白印章。

单一机关行文时，一般在成文日期之上、以成文日期为准居中编排发文机关署名，印章端正、居中下压发文机关署名和成文日期，使发文机关署名和成文日期居印章中心偏下位置，印章顶端应当上距正文（或附件说明）一行之内。

联合行文时，一般将各发文机关署名按照发文机关顺序整齐排列在相应位置，并将印章一一对应、端正、居中下压发文机关署名，最后一个印章端正、居中下压发文机关署名和成文日期，印章之间排列整齐、互不相交或相切，每排印章两端不得超出版心，首排印章顶端应当上距正文（或附件说明）一行之内。

（2）不加盖印章的公文

单一机关行文时，在正文（或附件说明）下空一行右空二字编排发文机关署名，在发文机关署名下一行编排成文日期，首字比发文机关署名首字右移二字，如成文日期长于发文机关署名，应当使成文日期右空二字编排，并相应增加发文机关署名右空字数。

联合行文时，应当先编排主办机关署名，其余发文机关署名依次向下编排。

(3) 加盖签发人签名章的公文

单一机关制发的公文加盖签发人签名章时，在正文（或附件说明）下空二行右空四字加盖签发人签名章，签名章左空二字标注签发人职务，以签名章为准上下居中排布。在签发人签名章下空一行右空四字编排成文日期。

联合行文时，应当先编排主办机关签发人职务、签名章，其余机关签发人职务、签名章依次向下编排，与主办机关签发人职务、签名章上下对齐；每行只编排一个机关的签发人职务、签名章；签发人职务应当标注全称。

签名章一般用红色。

8. 附注

附注一般是对公文的发放范围、使用注意事项等情况的说明，如“此件发至县团级”等。公文如有附注，用 3 号仿宋体字，居左空 2 字加圆括号标识在成文时间下一行。

（三）版记部分

版记又称版尾部分，主要由抄送机关、印发机关、印发日期、分隔线等要素组成。版记应置于公文的最后一页，版记的最后一个要素置于最后一行。

1. 抄送机关

抄送机关是除主送机关以外的需要执行或知晓公文内容的其他机关，应使用全称或规范化简称。

一般用 4 号仿宋体字，在印发机关和印发日期之上一行、左右各空一字编排。“抄送”二字后加全角冒号和抄送机关名称，回行时与冒号后的首字对齐，最后一个抄送机关名称后标句号。

如需把主送机关移至版记，除将“抄送”二字改为“主送”外，编排方法同抄送机关。既有主送机关又有抄送机关时，应当将主送机关置于抄送机关之上一行，之间不加分隔线。

2. 印发机关和印发日期

印发机关是指具体印制公文的部门，一般是发文机关的办公厅（室）或文秘部门。印发日期是指公文付印的日期。

印发机关和印发日期一般用 4 号仿宋体字，编排在末条分隔线之上，印发机关左空一字，印发日期右空一字，用阿拉伯数字将年、月、日标全，年份应标全称，月、日不编虚位（即 1 不编为 01)，后加“印发”二字。

3. 分隔线

版记中的分隔线与版心等宽，首条分隔线和末条分隔线用粗线（推荐高度为 0.35 毫米），中间的分隔线用细线（推荐高度为 0.25 毫米）。首条分隔线位于版记中第一个要素之上，末条分隔线与公文最后一面的版心下边缘重合。

《党政机关公文格式》中还规定了公文的用纸规格、印刷和装订要求。

公文用纸幅面及版面尺寸为：公文用纸采用 A4 型纸，其成品幅面尺寸为 210 毫米×297 毫米。公文用纸天头（上白边）为：37 毫米±1 毫米；公文用纸订口（左白边）为：28 毫米±1 毫米；版心尺寸为：156 毫米×225 毫米（不含页码）。

包本装订公文的封皮（封面、书脊、封底）与书芯应吻合，包紧、包平，不脱落。

四、 党政公文的行文规则

为了确保公文合法有序地运行，提高公文处理的效率，《条例》对公文运行过程中应遵守的规范作了具体规定，这就是行文规则。企事业单位可以参照执行。

（一）行文应当确有必要，讲求实效

行文应当确有必要，讲求实效，注重针对性和可操作性。

（二）根据隶属关系和职权范围确定行文关系。一般不得越级行文，特殊情况需要越级行文的，应当同时抄送被越过的机关

行文关系，是指发文机关同收文机关之间的文件往来关系。收文单位和发文单位的关系类型主要有以下几种。

1. 隶属关系

隶属关系是指同一垂直组织系统中存在直接职能往来的上下级机关之间的关系。如省政府和它管辖范围内的市政府、县政府、乡（镇）政府之间。

2. 业务指导关系

业务指导关系是指上级业务主管部门与下级业务部门间的关系。

3. 平行关系

平行关系是指同一组织系统中平级机关间的关系。

4. 不相隶属关系

不相隶属关系是指指不是同一垂直组织系统，不发生直接职能往来的机关之间的关系。这些机关包括平级机关或不同级别的机关。

职权范围是指机关的权力、职能和所辖区域。按职权范围行文，就是要做到各司其职，各负其责。文种的选用和行文内容应注意不能超越职权范围。一般应采用逐级行文的方式，不轻易越级行文。

（三）对上行文应当遵循的规则

（1）原则上主送一个上级机关，根据需要同时抄送相关上级机关和同级机关，不抄送下级机关。

（2）党委、政府的部门向上级主管部门请示、报告重大事项，应当经本级党委、政府同意或者授权；属于部门职权范围内的事项应当直接报送上级主管部门。

（3）下级机关的请示事项，如需以本机关名义向上级机关请示，应当提出倾向性意见后上报，不得原文转报上级机关。

（4）请示应当一文一事，不得在报告等非请示性公文中夹带请示事项。

（5）除上级机关负责人直接交办事项外，不得以本机关名义向上级机关负责人报送公文，不得以本机关负责人名义向上级机关报送公文。

（6）受双重领导的机关向一个上级机关行文，必要时抄送另一个上级机关。

（四）对下行文应当遵循的规则

（1）主送受理机关，根据需要抄送相关机关。重要行文应当同时抄送发文机关的直接上级机关。

（2）党委、政府的办公厅（室）根据本级党委、政府授权，可以向下级党委、政府行文，其他部门和单位不得向下级党委、政府发布指令性公文或者在公文中向下级党委、政府提出指令性要求。需经政府审批的具体事项，经政府同意后可以由政府职能部门行文，文中须注明已经政府同意。

（3）党委、政府的部门在各自职权范围内可以向下级党委、政府的相关部门行文。

（4）涉及多个部门职权范围内的事务，部门之间未协商一致的，不得向下行文；擅自行文的，上级机关应当责令其纠正或者撤销。

（5）上级机关向受双重领导的下级机关行文，必要时抄送该下级机关的另一个上级机关。

（五）同级党政机关、党政机关与其他同级机关必要时可以联合行文。属于党委、政府各自职权范围内的工作，不得联合行文

党委、政府的部门依据职权可以相互行文。部门内设机构除办公厅（室）外不得对外正式行文。

五、 党政公文的作用

党政公文是国家机关、企事业单位在行政管理过程中必不可少的重要工具。具体地说，其作用主要表现在以下几个方面。

（一）领导指导作用

在行政管理体系中，上级机关与下级机关之间存在着领导与被领导的关系。上级机关经常通过制发文件来部署工作，传达自己的意见和决策，对下级的工作进行具体的领导与指导。上级机关传达领导意图与下级机关贯彻执行相结合，文件便成为纽带，可充分发挥其领导与指导的作用。

（二）规范作用

文件的规范作用又称为法规约束作用。各级行政机关的法规和规章都是以文件的形式制定和发布的。这些法规性文件一经发布，便成为人们的行为规范，必须依照执行，不得违反。它对于维护正常的社会秩序、安定社会生活、保障人民的合法权益有着极其重要的作用。

（三）宣传教育作用

党政公文在依法行政和进行公务活动中，要宣传党和国家乃至企事业单位的方针政策，提高广大群众的认识，做好宣传教育工作可以利用各种工具、文件（特别是一些政策性比较强的文件）本身就是很好的教材，具有强大的号召力和说服力。即使是一般单位的表彰性决定或者是批评性通报，也能起到激励和警示的作用。

（四）知照联系作用

各机关单位在处理日常业务工作中，经常要与有关的机关单位进行联系。有时要向它的上级领导机关报告情况、请示问题；有时要与一般机关单位就工作业务进行商洽、询问、回答或交流情况和经验；有时要对下级机关布置工作，交代任务。文件在同一系统的上下级机关之间、平级机关之间以及不相隶属机关之间，都能起到沟通情况、商洽工作、协调关系、处理问题的公务联系作用。

（五）凭据记载作用

文件是机关公务活动的文字记录。一般来说，绝大多数文件在传达意图、联系公务的同时，也具有一定意义上的凭据作用。这是因为，既然文件反映了制发机关的意图，那么，对受文机关来说，就可将文件作为安排工作、处理问题的依据。文件不仅在机关的现行工作中具有凭据记载作用，同时，对于过去的事情，它又成为各级机关公务活动的历史记录。所以，文件在完成它的现实使命以后，要立卷归档保存，以备查找利用。

第二节　决定　意见

一、决　定

（一）决定的适用范围

《条例》规定：决定“适用于对重要事项做出决策和部署、奖惩有关单位和人员、变更或者撤销下级机关不适当的决定事项”。各级党政军机关、企事业单位均可使用决定。

（二）决定的种类

决定是一种具有领导性、规定性和约束力的下行公文。就内容与作用而言，决定可以分为以下五类。

1. 政策性决定

这类决定是针对某方面工作、某一类问题或某项重大行动所做出的安排。它偏重于确定某方面的方针政策，以统一认识和行动。其突出特点是政策性强，要求下级单位贯彻执行。如《国务院关于进一步加强农村教育工作的决定》《国务院关于加强节能工作的决定》等。

2. 法规性决定

这类决定一般由国家立法机关或权力机关作出，内容涉及法律、法规，且由重要会议通过发布，其效力等同于法规。如《全国人民代表大会常务委员会关于惩治侵犯著作权的犯罪的决定》（1994 年 7 月 5 日第八届全国人民代表大会常务委员会第八次会议通过）中的“为了惩治侵犯著作权和与著作权有关的权益的犯罪，对刑法做如下补充规定：……”

3. 奖惩性决定

即表彰与处理类决定，这类决定用于表彰好人好事或批评不良人物或事件，目的在于树立榜样或吸取教训。与政策性决定相比，表彰与处理类决定在基层使用更为广泛。表彰先进的决定如《××学院关于表彰 2015 年度毕业生就业工作先进集体和先进个人的决定》；授予荣誉称号的决定和开展向先进人物学习的决定也属于表彰性决定，如《国务院关于授予浙江省嘉善县公安局等 7 个单位荣誉称号的决定》《中共××县教育局工委关于开展向祝香云同志学习的决定》；处理问题的决定如《××县人民政府关于从严处理破坏山林事件的决定》《关于给予×××警告处分的决定》等。

4. 知照性决定

知照性决定又称宣告性决定，这类决定的使用范围较广，主要是有关部门或单位对一些重要事项所作的安排、会议的重要决定、机构的设置与调整等，如《国务院关于成立国务院振兴东北地区等老工业基地领导小组的决定》等。

5. 变更（撤销）性决定

这类决定用于变更或者撤销下级机关不适当的决定事项。如《浙江省人民政府关于废止〈浙江省行政赔偿程序规定〉等 7 件规章的决定》《关于撤销××公司“文明单位”称号的决定》等。

（三）决定的写作结构

1. 标题

决定的标题通常由作出决定的机关名称、决定的事项和文种三要素构成。其中作出决定的机关也可以是某种权力性会议。如《七届全国人大一次会议关于设立海南省的决定》。另外，有些决定会在标题下面加注该决定通过或生效的时间。

2. 主送机关

决定一般需要标明主送机关，但如属于普发性决定则可以省略主送机关。

3. 正文

决定类型不同，正文的篇幅及结构也有所不同。

（1）政策性决定的写作

政策性决定的正文结构分为决定缘由、决定事项和执行要求三个部分。如《国务院关于进一步加强食品安全工作的决定》（国发〔2004〕23 号）正文第一段简要阐明食品安全的重要性及加强食品安全工作的必要性，然后分条列项详细说明了加强食品安全工作的指导思想、工作重点和工作措施，最后提出贯彻执行的具体要求。这类决定具有明显的政策性、规定性和指导性，其权威性仅次于行政性命令。政策性决定的篇幅往往相对较长。

（2）法规性决定的写作

法规性决定的正文，开头一般写行文目的，其后，以条款形式列出各项决定。

（3）奖惩性决定的写作

表彰决定的正文主要介绍被表彰者的身份、事迹，对被表彰者的评价，表彰的决定事项，希望与号召等。它与表彰性通报不同的是表彰性决定往往以评价与号召为主，而不是像通报那样以叙述被表彰者的事迹为主。如果是开展向先进人物学习的决定，则还要说明学习的具体要求。

处理决定主要是针对人或事，先说明错误的事实及造成的后果和危害，分析错误的性质和根源，犯错人对所犯错误的认识和悔改表现，再写处理决定，最后，还要指出应吸取什么教训，并提出希望，起到警策的作用。

（4）知照类决定的写作

这类决定的特点是重在宣告、知照，要求受文单位知晓即可，一般无具体的执行要求，写作上要求行文简洁、结构紧凑、内容明确具体。

（5）撤销性决定的写作

撤销性决定只要交代清楚为什么撤销、撤销什么、有什么希望和要求即可，也可以采用篇段合一的结构模式。如《国务院关于取消一批职业资格许可和认定事项的决定》（国发〔2016〕35 号），其正文如下。

> 经研究论证，国务院决定取消 47 项职业资格许可和认定事项，现予公布。
>
> 取消不必要的职业资格许可和认定事项，是降低制度性交易成本、推进供给侧结构性改革的重要举措，也是为大中专毕业生就业创业和去产能中人员转岗创造便利条件。各地区、各部门要从大局出发，进一步提高认识，主动开展自我清查，人力资源社会保障部要对照职业分类大典对现有准入类和水平评价类职业资格许可和认定事项进行全面清理，持续降低就业创业门槛。只要不涉及国家安全、公共安全、公民人身财产安全的职业，原则上要放宽市场准入。水平评价类职业资格要真正市场化，不能影响就业创业。今后没有法律法规依据的准入类职业资格一律不得新设。人力资源社会保障部要会同有关部门在继续取消职业资格许可和认定事项的同时，抓紧公布实施国家职业资格目录清单，接受社会监督，清单之外一律不得许可和认定职业资格，清单之内除准入

类职业资格外一律不得与就业创业挂钩。要依法依规加强对职业资格设置和实施的监管，逐步构建国家职业资格框架体系，推动职业资格科学设置、规范运行、依法监管。在推进职业教育结构调整时，要更加突出以用为本，提升学生实践能力，让实际工作对职业技能的需求真正成为职业教育和选人用人的导向。

4. 落款

决定的日期是公布此项决定的年、月、日，其位置可以在标题下的小括号内，也可以在落款处发文机关名称下面。

（四）写作决定的注意事项

1. 行文要有政策性依据

决定是公文中相对严肃和具有权威性的文种，行文必须具有法律和政策依据，决定一旦作出，对下级有较强的制约作用，因此行文必须严肃谨慎。

2. 行文要决断、观点要鲜明

决定行文要十分周全，但观点必须明确、决断，语言切忌模棱两可，让下级单位无所适从。

（五）决定与决议的关系

决议适用于会议讨论通过的重大决策事项。决定与决议都属于指挥性公文，都属于权威性较强的下行文。其主要区别在于：其一，产生的程序不同。决议必须经过会议表决通过，才能正式行文；决定可以在发文机关法定权限内作出，不一定经过会议表决程序。其二，内容特征不同。决议涉及面较为宽泛，且不做具体工作的部署；决定的内容比较集中单一，多用于布置工作，其议论色彩较弱。

【例文 2-1】

国务院关于加快发展民族教育的决定

国发〔2015〕46 号

各省、自治区、直辖市人民政府，国务院各部委、各直属机构：

党和国家历来高度重视民族教育工作。经过各地和有关部门的共同努力，民族教育事业快速发展，取得了显著成绩，教育规模不断扩大，办学条件明显改善，教师队伍素质稳步提升，学校民族团结教育广泛开展，双语教育积极稳步推进，教育教学质量不断提高，培养了一大批少数民族人才，为加快民族地区经济社会发展、维护祖国统一、促进民族团结作出了重要贡献。由于历史、自然等原因，民族教育发展仍面临一些特殊困难和突出问题，整体发展水平与全国平均水平相比差距仍然较大。为了加快推进少数民族和民族地区教育发展，实现国家长治久安和中华民族繁荣昌盛，现就加快发展民族教育作出以下决定。

一、准确把握新时期民族教育的指导思想、基本原则和发展目标

（一）指导思想。高举中国特色社会主义伟大旗帜，以邓小平理论、“三个代表”重要思想、科学发展观为指导，全面贯彻党的十八大、十八届二中、三中、四中全会精神和习近平总书记系列重要讲话精神，按照“四个全面”战略布局，认真贯彻党的教育方针和民族政策，深入落实党中央、国务院决策部署，以立德树人为根本，以服务改善民生、凝聚民心为导向，保障少数民族和民族地区群众受教育权利，提高各民族群众科学文化素质，传承中华民族优秀传统文化，大力培育和弘扬社会主义核心价值观，维护民族团结和社会稳定，为实现“两个一百年”奋斗目标和中华民族伟大复兴的中国梦，培养造就德智体美全面发展的社会主义合格建设者和可靠接班人。

（二）基本原则。坚持中国共产党的领导。坚定不移地把党的政治领导、思想领导、组织领导贯穿到民族教育工作的全过程和各方面，坚持社会主义办学方向，坚持中国特色社会主义道路，坚持维护祖国统一，坚持各民族一律平等，打牢中华民族共同体思想基础，巩固和发展平等团结互助和谐的社会主义民族关系。

坚持缩小发展差距。坚持民族因素和区域因素相结合，完善差别化区域政策，分区规划，分类指导，夯实发展基础，缩小发展差距，促进教育公平，决不让一个少数民族、一个地区掉队，推进民族教育全面发展。

坚持结构质量并重。适应区域发展总体战略和“一带一路”建设需要，优化教育结构，科学配置资源，提高教育质量，提升少数民族和民族地区学生就业创业能力和创造幸福生活能力，促进民族教育与经济社会协调发展。

坚持普特政策并举。发挥中央统筹支持作用，加大中东部地区对口支援力度，激发民族地区内生潜力，系统谋划、突出重点，普惠性政策向民族教育倾斜，制定特殊政策重点支持国家通用语言文字教育基础薄弱地区教育快速发展。

坚持依法治教。依据国家法律法规，运用法治思维和法治方式深化民族教育综合改革，扎实推进教育行政部门依法行政、学校依法治校，加强法治教育，增强各民族师生法律意识。坚持教育与宗教相分离。全面贯彻党的宗教工作基本方针和有关宗教法律法规，任何组织和个人不得利用宗教进行妨碍国家教育制度的活动，不得在学校传播宗教、发展教徒、设立宗教活动场所、开展宗教活动、建立宗教组织。

（三）发展目标。到 2020 年，民族地区教育整体发展水平及主要指标接近或达到全国平均水平，逐步实现基本公共教育服务均等化。民族地区学前两年、三年毛入园率分别达到 80%、70%。义务教育学校办学条件基本实现标准化，九年义务教育巩固率达到 95%，努力消除辍学现象，基本实现县域内均衡发展。高中阶段教育全面普及，普职比大体相当，中职免费教育基本实现。高等教育入学机会不断增加，高考录取率不断提高，学科专业结构基本合理，应用型、复合型、技术技能型人才培养能力显著提升。国家通用语言文字教育基础薄弱地区学前教育阶段基本普及两年双语教育，义务教育阶段全面普及双语教育。新增劳动力平均受教育年限接近或达到全国平均水平，主要劳动年龄人口平均受教育年限明显提高，从业人员继续教育年参与率达到 50%。各级各类教育质量显著提高，服务民族地区全面建成小康社会的能力显著增强。

二、打牢各族师生中华民族共同体思想基础

（四）积极培育和践行社会主义核心价值观。坚持不懈开展中国特色社会主义和中国梦宣传教育，引导各族学生增强中国特色社会主义道路自信、理论自信、制度自信，树立正确的国家观、民族观、宗教观、历史观、文化观，深刻认识中国是全国各族人民共同缔造的国家，中华文化是包括56个民族的文化，中华文明是各民族共同创造的文明，中华民族是各民族共有的大家庭。坚持不懈开展法治教育和公民意识教育，把法治教育纳入国民教育体系，引导各族学生牢固树立维护民族团结和国家统一的法律意识。创新教育载体和方式，开展形式多样的体现社会主义核心价值观要求的主题教育实践活动，提高思想政治教育针对性实效性。试点开展马克思主义宗教观、党的宗教工作方针政策和有关宗教法律法规教育，引导各族师生正确认识和看待宗教问题。加强心理健康教育。

（五）建立民族团结教育常态化机制。坚持不懈开展爱国主义教育和民族团结教育，引导各族学生牢固树立“三个离不开”思想，不断增强对伟大祖国、中华民族、中华文化、中国共产党、中国特色社会主义的认同。深入推进民族团结教育进学校、进课堂、进头脑，在全国小学高年级、初中开设民族团结教育专题课，在普通高中思想政治课程中强化民族团结教育内容，在普通高校、职业院校（含高等职业学校和中等职业学校，下同）开设党的民族理论与政策课程。国务院教育行政部门指导编写中学、小学各一册民族团结教育教材，其中农村义务教育阶段纳入免费教科书范围，各地可结合实际编写地方补充教材。推动马克思主义理论研究和建设工程民族学类教材在全国高校相关专业统一使用，巩固党的民族理论和民族政策在民族学教学研究领域的指导地位。利用现代信息技术等多种手段，开发、编译民族团结教育教学资源。在师范院校和民族院校设立马克思主义民族理论与政策师范专业，培养培训民族团结教育课教师。将民族团结教育纳入督导评估工作。

（六）促进各族学生交往交流交融。在有条件的民族地区积极稳妥推进民汉合校，积极开展各族学生体育、文艺、联谊等活动，促进不同民族学生共学共进。在民族地区与支援省市之间，建立各族学生交流交往平台，通过开展“手拉手心连心”、主题夏令营以及互相考察学习等活动，增进相互了解，相互学习，相互帮助。在内地民族班开展走班制等多种教学管理模式试点，探索推进混班教学、混合住宿，鼓励少数民族学生积极参加学校社团组织和文体活动，组织开展当地学生与内地民族班学生之间互帮互学、友好班级等活动，促进内地民族班学生尽快融入当地学习、生活。

（七）促进各民族文化交融创新。坚持以社会主义先进文化为引领，传承建设各民族共享的中华文化，继承和弘扬少数民族优秀传统文化，建设各民族共有精神家园。充分发挥教育在各民族文化交融创新中的基础性作用，把中华优秀传统文化融入中小学教材和课堂教学，在民族地区学校开设民族艺术和民族体育选修课程，开展民族优秀传统文化传承活动。鼓励支持普通高校、职业院校加强与文化企事业单位合作，将民族优秀文化列入学科专业，开展教学和研究，挖掘民族优秀文化资源，抢救保护和传承非物质文化遗产。科学保护各民族语言文字。

三、全面提升各级各类教育办学水平

（八）加快普及学前教育。科学规划、合理布局民族地区学前教育机构，支持乡村两级公办和普惠性民办幼儿园建设，新建、改扩建安全适用的幼儿园，开发配备必要的教育资源，改善保教条件，满足适龄幼儿入园需求。规范办园行为，强化安全监管，加强保教管理。合理配置幼儿园保教人员。重点支持民族地区实施学前教育三年行动计划。

（九）均衡发展义务教育。民族地区义务教育发展规划、资源布局应主动适应扶贫开发、生态移民、城镇化建设等需要。大力推进民族地区义务教育学校标准化建设，全面改善贫困地区义务教育薄弱学校基本办学条件，缩小城乡差距和校际差距。因地制宜保留并办好必要的村小学和教学点。以提高教学质量为重点，实施民族地区中小学理科教学质量提升计划，深化课程和教学改革，开齐开足国家课程，开设具有民族特色的地方课程和学校课程。依法保障农业转移人口和其他进城务工人员随迁子女平等接受义务教育的权利。切实解决"大班额""大校额"问题。依法履行控辍保学职责，降低辍学率。建立健全农村留守儿童关爱服务机制。保障女童入学。

（十）提高普通高中教学质量。继续支持民族地区教育基础薄弱县普通高中建设，扩大优质教学资源，按国家规定标准配齐图书、实验室、教学仪器设备。全面深化课程改革，落实国家课程方案，加强选修课程建设，推行选课走班。强化基础知识和基本技能训练，加强理科课程和实验课教学，开展研究性学习、社区服务和社会实践，促进学生全面而有个性发展。全面实施普通高中学业水平考试和综合素质评价。推动普通高中多样化特色化发展，鼓励举办综合高中。

（十一）加快发展中等职业教育。适应培养创新创业人才和培育新型职业农牧民要求，合理布局民族地区中等职业学校，保障并改善基本办学条件。现代职业教育质量提升计划、优质特色学校建设等项目重点向民族地区倾斜。加强校企合作，推进产教融合，择优扶持发展民族优秀传统文化、现代农牧业等优势特色专业。聘请民族技艺大师、能工巧匠、非物质文化遗产传承人担任兼职教师。推进招生和培养模式改革，扩大中东部地区职业院校面向民族地区招生规模，提高民族地区中等职业学校毕业生升入高等职业院校比例，实现初高中未就业毕业生职业技术培训全覆盖。鼓励内地优质职业教育资源以及有条件的企业在民族地区开办职业技术学校，落实税收等相关优惠政策。

（十二）优化高等教育布局和结构。制定实施民族地区高校布局规划、民族院校和民族地区高校学科专业调整规划。优先设置与实体经济和产业发展相适应的高等职业学校。积极支持有条件的民族地区设置工科类、应用型本科院校。引导一批民族地区普通本科高校和民族院校向应用技术型高校转型。以就业为导向，调整民族院校和民族地区高校学科专业结构，重点提高工、农、医、管理等学科比例，支持办好师范类专业，提升民族特色学科水平。硕士博士学位点设置、本专科研究生招生计划、高校人文社会科学研究基地、中央财政支持地方高校发展的专项资金等向符合规划、办学条件和质量有保障的民族院校和民族地区高校倾斜。办好民族院校。

（十三）积极发展继续教育。加强对民族地区城乡社区教育的指导。城乡社区教育机构和网络建设向民族地区倾斜。支持民族地区建设以卫星、互联网等为载体的远程开放教育及服务平台，加强涉农专业、课程和教材建设，开展学历与非学历继续教育。引导民族地区广播电视大学转型升级。鼓励中东部省市和教育部直属高校面向民族地区开放继续教育优质资源。加强农牧民继续教育。继续开展扫盲工作。

（十四）重视支持特殊教育。在民族地区的地市州盟和30万人口以上、残疾儿童较多的县市区旗建好一所特殊教育学校，配齐特教专业教师，完善配套设施。鼓励和支持普通学校为残疾学生创造学习生活条件，提高随班就读和特教班的教学质量。开展面向残疾学生的职业教育和国家通用语言文字教育，重点提高学生的生活技能和就业能力。

四、切实提高少数民族人才培养质量（略）

五、重点加强民族教育薄弱环节建设（略）

六、建立完善教师队伍建设长效机制（略）

七、落实民族教育发展的条件保障

（二十五）完善经费投入机制。各级政府要切实增加民族教育投入，加快推进民族地区基本公共教育服务均等化。中央财政针对民族地区特殊情况加大一般性转移支付和教育专项转移支付力度，并重点支持新疆、西藏和四省藏区等国家通用语言文字教育基础薄弱地区开展双语教育。整合民族教育中央专项资金并适时扩大资金规模，集中用于解决双语教育、教师培养培训、民族团结教育、民族文化交融创新等方面的突出问题。地方各级人民政府在安排财政转移支付资金和本级财力时要对民族教育给予倾斜。对口支援资金要继续加大对教育事业的支持力度。完善内地民族班办学经费投入机制。鼓励和引导社会力量支持发展民族教育，多渠道增加民族教育投入。

（二十六）加大学生资助力度。完善学前教育资助制度。落实好农村义务教育阶段学生“两免一补”政策，完善经费标准动态调整机制，确保应助尽助。落实好中等职业教育免学费政策，完善国家助学金政策。普通高中、高校学生资助政策向少数民族和民族地区家庭经济困难学生倾斜。在按程序制定或修订对口支援项目规划后，各省市对口支援新疆、西藏、青海藏区资金可用于资助受援地在内地学习的学生。将民族预科生和少数民族骨干计划基础强化培训阶段的家庭经济困难学生纳入高校国家资助体系。鼓励内地高校通过设立学习进步奖学金等方式，加大对来自国家通用语言文字教育基础薄弱地区学生的奖励资助力度。做好残疾学生资助工作。

（二十七）加快推进教育信息化。加强民族地区教育信息基础设施建设，加快推进“宽带网络校校通”“优质资源班班通”“网络学习空间人人通”，国家教育资源公共服务平台优先向民族地区学校开放。制定民族地区教育资源建设方案，开发、引进、编译双语教学、教师培训和民族文化等数字资源，并推广应用。在大规模在线学习平台上，开发面向民族地区的教育课程。鼓励民族地区与发达地区之间的校际联网交流。以中小学和职业院校教师为重点，加强对教师信息技术应用能力的培训，全国中小学教师信息技术应用能力提升工程向民族地区倾斜。

八、切实加强对民族教育的组织领导

（二十八）加强党对民族教育工作的领导。党的领导是确保民族教育正确发展方向的根本保证。要充分发挥党委领导核心作用，健全民族教育的领导体制和工作机制，及时研究解决民族教育工作中的重大问题和群众关心的热点问题。进一步加强和改进民族地区教育系统党的建设，重视抓基层、打基础，把学校党建工作放在更加突出的位置，加强组织建设，完善制度体系，抓住薄弱环节，转变工作方式，提升党员干部的政治意识、责任意识、阵地意识和底线意识，切实增强学校党组织的创造力、凝聚力、战斗力。

（二十九）全面落实政府职责。各有关部门要加强对民族教育发展的统筹协调和分类指导。地方各级政府是推进民族教育发展的责任主体，要把民族教育工作纳入重要议事日程，建立由主要负责同志负总责、分管负责同志具体负责、教育部门牵头、有关部门密切配合的工作机制。健全民族教育管理机构，加强领导班子建设，教育行政部门要明确专门机构和人员负责民族教育工作，加强对跨省区民族教育协作的指导和管理。

（三十）充分发挥对口支援作用。健全教育对口支援机制。支援省市、中央企业、学校要树立政治意识、大局意识、全局意识，按照已建立的对口援助关系，重点加大对受援地区双语教育、职业教育和学前教育的支援力度，配套完善必要的设施设备，培训和选派中小学校长、班主任、骨干教师，帮助培养各类人才。发挥中东部职业教育集团办学优势，对口支援民族地区职业学校。继续做好中东部高校对口支援西部高校工作，利用优质教育资源帮助受援高校加强人才培养、师资队伍建设、学科专业建设和科学研究。

（三十一）切实加强民族教育科学研究。国家民族教育研究机构要构建跨地区民族教育科研平台，统筹规划，协调指导，组织开展民族教育重大理论和政策研究。各省（区、市）政府要高度重视民族教育科研、教研工作，完善支持机制，加强队伍建设，以研促教、教研结合，全面提升民族教育科研、教研工作服务民族教育发展的能力。

（三十二）认真落实各项政策措施。地方政府在编制区域发展战略规划和地方经济社会发展规划时，要把民族教育摆到突出位置，优先发展、重点保障，并列为政府目标考核的重要内容。研究制订民族教育发展专项规划和年度计划，明确发展目标、主要任务、改革举措、重大项目和保障措施。民族自治地方可以依据法律，结合实际，制定民族教育法规。建立健全民族教育政策落实情况监督检查机制，国务院教育行政部门要会同有关部门定期开展专项督导检查。

国务院

2015 年 8 月 11 日

（此件公开发布）

【评析】

这是一份政策性决定。是国务院针对加快发展民族教育所作出的部署，文件具有较强的政策性。标题三要素俱全，开头简要阐明了发布本决定的目的，主体部分首先阐明了民族教育的指导思想、基本原则和发展目标，然后从思想基础着眼，对发展民族教育作了明确的部署。行文与指示性通知有相似之处，但是内容更具有政策性和权威性。全文用语决断、语言表述准确精炼，执行要求明确，小标题和段旨句概括准确、得当，文章具有典范性。

【例文 2-2】

关于表彰 2013 年度“十佳健康老人”的决定

×镇党〔2013〕65 号

各村(社区)党组织:

尊老爱幼、邻里互助、遵纪守法、热心社会公益事业是我们中华民族的优良传统。近年来,随着全面小康新农村建设的推进,全镇老年人积极参与新农村各项建设,涌现了许多邻里相亲、老有所为的先进事迹和先进典型,为农村文明进步作出了积极的努力。为弘扬正气,树立典型,经自下而上的推荐、评选、公示,经镇党委研究,决定对“十佳健康老人”予以表彰奖励。

“十佳健康老人”:东桃村×××老人;梅园村×××老人;剑灶村×××老人;合心村×××老人;宋家店村×××老人;平阳村×××老人;红墙下村×××老人;岔路口村×××老人;横路村×××老人;居委会×××老人。

希望上述同志戒骄戒躁,继续努力,为我镇的精神文明建设做出新的贡献。

中共××镇委员会

2013 年 10 月 28 日

【评析】

例文属于表彰与处理类决定。该类决定使用广泛,其结构一般由“事迹”(或者“劣迹”)、“评价”、“决定”、“希望”等部分组成。例文中“涌现了许多邻里相亲、老有所为先进事迹和先进典型”为“事迹”要素,“为农村文明进步作出了积极的努力”为“评价”要素,“决定对‘十佳健康老人’予以表彰奖励”为“决定”要素,“希望上述同志戒骄戒躁,继续努力,为我镇的精神文明建设做出新的贡献”为“希望”要素。文章结构基本符合要求。但是,本例文存在一定缺陷,如两个“经”作为决定的依据,连贯排列不甚合理,前一个“经”是“十佳健康老人”产生的过程,过程显示已经“公示”,公示后再“经镇党委研究”,似为不妥,可以直接改为“镇党委决定对‘十佳健康老人’予以表彰奖励”。另外,既为“表彰奖励”,应该体现物质和精神两方面。再如既然前文称谓为“老人”,为保持语言的连贯性,“希望”中也可以称呼为“健康老人”。同时,原文“希望”的内容也稍显机械。

【修改】

中共××镇党委关于表彰奖励 2013 年度“十佳健康老人”的决定

×镇党〔2013〕65 号

各村(社区)党组织:

尊老爱幼、邻里互助、遵纪守法、热心社会公益事业是我们中华民族的优良传统。近年来,随着全面小康新农村建设的推进,全镇老年人积极参与新农村各项建设,涌现了许多邻里相亲、老有所为的先进事迹和先进典型,为农村文明进步作出了积极的努力。为弘扬正气,树立典型,经自下而上的推荐、评选、公示,镇党委决定对×××等十位老人给予以下表彰奖励。

一、授予×××等十位老人××镇“十佳健康老人”称号。

二、一次性奖励每位健康老人人民币2000元。

希望受表彰的健康老人能继续努力，为社会发挥余热，为我镇的精神文明建设做出新的贡献。

附件：××镇“十佳健康老人”名单

中共××镇委员会
2013年10月28日

二、意 见

(一) 意见的适用范围

《条例》规定：意见“适用于对重要问题提出见解和处理办法”。意见作为法定的党政公文，始于2001年1月1日施行的《国家行政机关公文处理办法》。尽管时间不长，但意见的适用范围却非常宽泛，任何行政机关、企事业单位都可以使用，而且意见在成为法定公文之前，就有广泛的使用基础。

意见是具兼容特性的文种，主要有以下特点。

1. 使用的广泛性

意见的使用非常广泛，既可以对工作做出指导，提出要求，又可以对工作提出建议。上级下达的指导性意见与指示相比，语气比较缓和，既体现了领导机关的民主作风，又可以消除下级的心理障碍；下级使用意见向上级提出建议，能较好地体现出工作的积极性和主动性，正是意见特有的灵活性和亲和性使其成为行政管理中的新宠儿，被党政机关、企事业单位广泛使用。

2. 行文的多向性

意见可用于上行文、平行文和下行文。作为上行文，应按请示性公文的程序和要求办理，上级机关对报送来的意见要进行处理或给予答复。作为平行文，主要是提出意见供对方参考。作为下行文，文中对贯彻执行有明确要求的，下级机关应遵照执行；无明确要求的，下级机关可以参照执行。

3. 作用的多样性

不同的行文方向和不同的内容，使意见的作用呈现多样化状态。有的意见具有指导、规范作用，如《××县人民政府关于切实减轻农民负担的意见》(下行)；有的具有建议、参考作用，如《××机关事务管理局关于深化机关后勤改革的意见》(上行)；有的具有评估、鉴定作用，如《北京市爱国卫生运动委员会对海淀区创建国家卫生区工作的考核鉴定意见》，等等。

（二）意见的主要类型

1. 指导性意见

这是上级机关为解决某个重要问题，对下级机关提出的工作原则、具体措施与执行要求的意见。指导性意见具有行政约束力。

2. 建议性意见

这是下级机关向上级机关提出工作建议、设想的上行文。它又可分为呈报性建议意见和呈转性建议意见。

呈报性建议意见是下级机关向上级机关提出某方面工作的建议，向上级献计献策，以供上级决策参考。

呈转性建议意见是下级机关就开展和推动某方面的工作提出初步的设想和打算，呈送上级机关领导审定后，批转更大范围的有关方面执行的意见。下级的意见一经上级批转，则成为上级机关的意见，具备了相应的行政约束力。

除了指导性意见和建议性意见，业务部门或专业人员，经过调查、考核后写作的评估性意见也属于意见范畴。

（三）意见与相关文种的区别

意见在社会生活中使用非常普遍，存在着许多习惯性用法，加之《条例》中对意见适用范围的限定比较概括，以及意见行文方向的多样性等原因，使我们更有必要关注意见与其他法定性文种的区别。

1. 意见与报告、请示的区别

《国务院办公厅关于实施〈国家行政机关公文处理办法〉涉及的几个具体问题的处理意见》中规定，意见作为上行文，应按请示性公文的程序和要求办理。由此，意见便与党政公文中的两个上行文报告和请示发生了关系。

（1）呈转性意见替代呈转性报告与呈转性请示

1987 年 2 月国务院办公厅发布的《国家行政机关公文处理办法》规定，“向上级机关汇报工作、反映情况、提出建议，用‘报告’”。2000 年《国家行政机关公文处理办法》颁行之前，业务主管部门如果需要就某种超越自身职权范围的事项提出意见或建议，一般写成建议报告呈请上级机关，或者要求上级机关批转有关单位执行。也有些单位习惯沿用呈转性请示。

2000 年《国家行政机关公文处理办法》颁行之后，意见基本替代了呈转性报告与呈转性请示，且在实践中已经成为趋势。以 2006 年《国务院公报》发布的呈转性公文为例，以国务院或国务院办公厅名义转发或批转文件没有一次使用报告或者请示文种，使用意见则有 24 次。

（2）呈报性意见与报告和请示的区分

呈报性意见与请示的区分：请示必须一文一事，而意见则可以用于涉及面广、关系到方方面面需要解决的问题或需要向有关部门、单位请求配合、协调的场合；请示的请求性较强，意见则主观能动性较强，它可以针对具体事项、问题提出具体的看法或主导意见；请示必须用批复答复，呈报性意见的答复形式比较多样。

呈报性意见与报告的区分：报告适用于向上级机关汇报工作或者反映情况；而意见中的建议是其主要内容，且意见所提出的建议更具具体性、可行性。

2. 意见与通知、决定的区别

意见作为下行文，与决定、通知关系密切。意见、通知与决定都可以用于上级机关指导下级机关开展工作，但侧重点各不相同。由于这三种公文的适用范围具有一定的相关性，实际使用中存在着一定程度的混乱状况，应注意区分。

第一，对重要事项或者重大行动做出安排的应该用决定。决定的内容有政策性、法规性和知照性，且决定有时经过会议讨论后作出，要求下级单位不折不扣地执行。在语言的运用上，决定的语气更加果断强硬。决定属于典型的指挥性公文，有针对性地使用决定能增加公文权威性，也能改变事无巨细，一律使用意见、通知的状况。另外，奖惩性决定的功能也是意见和通知所不具备的。

第二，通知与意见的相交点主要出现在指示性通知上，两者主要的区别在于发文目的和作用的不同。下行意见适用于上级机关对下级机关进行工作指导，体现了民主协商的工作作风，其灵活性较大。指示性通知是上级机关向下级机关布置工作、下达任务时使用的，故又称为规定性通知或布置性通知，它要求下级机关严格地执行，其指挥性较强。

第三，意见的原则性和具体性介于通知与决定之间，一般说来，意见应该有比较强的政策性，提出的问题可以有一定的理论性和思辨性。

（四）意见的写作结构

1. 标题

意见的标题遵循公文常规标题的模式，在文种名称上可以有所变化，如可以表述为“实施意见”“指导意见”“若干意见”“处理意见”，等等。

2. 主送机关

意见一般要标明主送机关，但有些类型的意见也可以省略。

3. 正文

意见正文的结构是：发文缘由＋意见事项＋尾语。

（1）发文缘由

意见正文开头部分，应用简明扼要的文字，说明行文的目的、背景、依据或缘由，以利于受文者理解和贯彻执行。如《国务院办公厅关于促进房地产市场健康发展的若干意见》（国办发〔2008〕131号）的开头就简要地说明了发文缘由。

为贯彻落实党中央、国务院关于进一步扩大内需、促进经济平稳较快增长的决策部署，加大保障性住房建设力度，进一步改善人民群众的居住条件，促进房地产市场健康发展，经国务院同意，现提出以下意见。

（2）意见事项

意见事项是正文的主体部分，一般是分条列项地阐明工作意见。

它可以从各个角度或者各个方面对工作如何进行提出指示性或建议性意见，如《国务院办公厅关于促进房地产市场健康发展的若干意见》（国办发〔2008〕131号）的主体部分就是从六个方面对促进房地产市场健康发展提出了指示性意见。

第一，加大保障性住房建设力度；

第二，进一步鼓励普通商品住房消费；

第三，支持房地产开发企业积极应对市场变化；

第四，强化地方人民政府稳定房地产市场的职责；

第五，加强房地产市场监测；

第六，积极营造良好的舆论氛围。

意见的正文也可以从工作目标或任务、指导思想、工作原则、具体措施和步骤、工作要求等角度分层叙述。如《国务院关于支持汶川地震灾后恢复重建政策措施的意见》（国发〔2008〕21号）的意见事项就是从支持汶川地震灾后恢复重建的“指导思想和基本原则”“政策措施的主要内容”“工作要求”分层叙述的。

（3）尾语

不同类型的意见，采用不同的结语。

呈报性建议意见可用“以上意见供领导决策参考”“以上意见供参考”作结；呈转性建议意见均用“以上意见如无不妥，请批转××执行”之类语句作结；指导性意见常用“以上意见，请结合实际情况贯彻执行”等语作结。

意见的尾语可以省略。

4. 落款

写明发文机关和成文日期，位于正文右下方。

（五）意见的写作要求

1. 指导性意见因机关层次不同，内容要求也不同

高层领导机关发布的意见比较原则，理论色彩比较浓；下层领导机关的意见则比较具体，操作性相对较强。

2. 不同行文方向的“意见”不同，其语体色彩也存在差异

意见行文方向不同，其语体色彩也存在差异。上行性意见，要使用下级对上级汇报情况、陈述办法的语气，如“我们考虑”“我们认为”“我们建议”“我们要求”“我们的意见”及“请”“敬”“望”等。下行性“意见”，多用期请性、指导性词语，以体现注重商榷、尊重对方的民主作风。平行意见，则要使用平等协商的语气，多用商量、谦恭的语句，以争得对方的理解与支持。

3. 政策性要强，材料要充分

意见的执笔人必须全面深刻地领会和掌握有关方针、政策，以此作为提出意见的指导思想，这是写好意见的基础。执笔人必须掌握大量的第一手材料，从中把握问题的本质。

【例文 2-3】

国务院办公厅关于加强个人诚信体系建设的指导意见

国办发〔2016〕98 号

各省、自治区、直辖市人民政府，国务院各部委、各直属机构：

为弘扬诚信传统美德，增强社会成员诚信意识，加强个人诚信体系建设，褒扬诚信，惩戒失信，提高全社会信用水平，营造优良信用环境，经国务院同意，现提出以下意见。

一、总体要求

（一）指导思想。全面贯彻落实党的十八大和十八届三中、四中、五中、六中全会精神，深入贯彻习近平总书记系列重要讲话精神，按照党中央、国务院决策部署，以培育和践行社会主义核心价值观为根本，大力弘扬诚信文化，加快个人诚信记录建设，完善个人信息安全、隐私保护与信用修复机制，健全守信激励与失信惩戒机制，使守信者受益、失信者受限，让诚信成为全社会共同的价值追求和行为准则，积极营造“守信光荣、失信可耻”的良好社会氛围。

（二）基本原则。

一是政府推动，社会共建。充分发挥政府在个人诚信体系建设中的组织、引导、推动和示范作用。规范发展征信市场，鼓励调动社会力量广泛参与，共同推进，形成个人诚信体系建设合力。

二是健全法制，规范发展。健全个人信息法律法规、规章制度和标准规范，严格保护个人隐私和信息安全。

三是全面推进，重点突破。以重点领域、重点人群为突破口，推动建立各地区各行业个人诚信记录机制。依托全国信用信息共享平台与各地方信用信息共享平台、金融信用信息基础数据库与个人征信机构，分别实现个人公共信用信息、个人征信信息的记录、归集、处理和应用。

四是强化应用，奖惩联动。积极培育个人公共信用信息产品应用市场，推广个人公共信用信息社会化应用，拓宽应用范围。建立健全个人诚信奖惩联动机制，加大个人守信激励与失信惩戒力度。

二、加强个人诚信教育

（一）大力弘扬诚信文化。将诚信文化建设摆在突出位置，以培育和践行社会主义核心价值观为根本，大力普及信用知识，制定颁布公民诚信守则，将诚信教育贯穿公民道德建设和精神文明创建全过程。加强社会公德、职业道德、家庭美德和个人品德教育，营造“守信者荣、失信者耻、无信者忧”的社会氛围。

（二）广泛开展诚信宣传。结合春节、国际消费者权益日、劳动节、儿童节、网络诚信宣传日、全国信用记录关爱日、诚信兴商宣传月、国庆节、国家宪法日暨全国法制宣传日等重要时间节点和法定节假日，集中宣传信用政策法规、信用知识和典型案例。推动创作中华传统诚信文化与时代价值观相融合的诚信文艺作品、公益广告，丰富诚信宣传载体，增加诚信宣传频次，提升诚信宣传水平。

（三）积极推介诚信典型。充分发挥媒体舆论宣传引导作用，大力发掘、宣传有关部门和社会组织评选的诚信道德模范、优秀志愿者等诚信典型。组织各类网站开设网络诚信专题，经常性地宣传推广各类诚信典型、诚信事迹，推出一批高质量的网络诚信主题文化作品，加强网络失信案例警示教育。支持有关部门和社会组织向社会推介诚信典型和无不良信用记录者，推动实施跨部门、跨领域的守信联合激励措施。

（四）全面加强校园诚信教育。将诚信教育作为中小学和高校学生思想品德教育的重要内容。鼓励高校开设社会信用领域相关课程。支持有条件的高校院所开设信用管理相关专业。推动学校加强信用管理，建立健全18岁以上成年学生诚信档案，推动将学生个人诚信作为升学、毕业、评先评优、奖学金发放、鉴定推荐等环节的重要考量因素。针对考试舞弊、学术造假、不履行助学贷款还款承诺、伪造就业材料等不诚信行为开展教育，并依法依规将相关信息记入个人信用档案。

（五）广泛开展信用教育培训。建立健全信用管理职业培训与专业考评制度。加大对信用从业人员的培训力度，丰富信用知识，提高信用管理水平。鼓励各类社会组织和企业建立信用管理和教育制度，组织签署入职信用承诺书和开展信用知识培训活动，培育企业信用文化。组织编写信用知识读本，依托社区（村）各类基层组织，向公众普及信用知识。

三、加快推进个人诚信记录建设

（一）推动完善个人实名登记制度。以公民身份号码制度为基础，推进公民统一社会信用代码制度建设。推动居民身份证登记指纹信息工作，实现公民统一社会信用代码全覆盖。运用信息化技术手段，不断加强个人身份信息的查核工作，确保个人身份识别信息的唯一性。以互联网、邮寄递送、电信、金融账户等领域为重点，推进建立实名登记制度，为准确采集个人诚信记录奠定基础。

（二）建立重点领域个人诚信记录。以食品药品、安全生产、消防安全、交通安全、环境保护、生物安全、产品质量、税收缴纳、医疗卫生、劳动保障、工程建设、金融服务、知识产权、司法诉讼、电子商务、志愿服务等领域为重点，以公务员、企业法定代表人及相关责任人、律师、教师、医师、执业药师、评估师、税务师、注册消防工程师、会计审计人员、房地产中介从业人员、认证人员、金融从业人员、导游等职业人群为主要对象，有关部门要加快建立和完善个人信用记录形成机制，及时归集有关人员在相关活动中形成的诚信信息，确保信息真实准确，实现及时动态更新。金融信用信息基础数据库和个人征信机构要大力开展重点领域个人征信信息的归集与服务。鼓励行业协会、商会等行业组织建立健全会员信用档案。

四、完善个人信息安全、隐私保护与信用修复机制

（一）保护个人信息安全。有关部门要严格按照规定建立健全并严格执行保障信息

安全的规章制度，明确个人信息查询使用权限和程序，做好数据库安全防护工作，建立完善个人信息查询使用登记和审查制度，防止信息泄露。严格按照相关法律法规，加大对金融信用信息基础数据库、征信机构的监管力度，确保个人征信业务合规开展，保障信息主体合法权益，确保国家信息安全。建立征信机构及相关人员信用档案和违规经营“黑名单”制度。

（二）加强隐私保护。未经法律法规授权不得采集个人公共信用信息。加大对泄露、篡改、毁损、出售或者非法向他人提供个人信息等行为的查处力度。对金融机构、征信机构、互联网企业、大数据公司、移动应用程序开发企业实施重点监控，规范其个人信息采集、提供和使用行为。

（三）建立信用修复机制。建立个人公共信用信息纠错、修复机制，制定异议处理、行政复议等管理制度及操作细则。明确各类公共信用信息展示期限，不再展示使用超过期限的公共信用信息。畅通信用修复渠道，丰富信用修复方式，探索通过事后主动履约、申请延期、自主解释等方式减少失信损失，通过按时履约、志愿服务、慈善捐助等方式修复信用。

五、规范推进个人诚信信息共享使用

（一）推动个人公共信用信息共享。制定全国统一的个人公共信用信息目录、分类标准和共享交换规范。依托各地方信用信息共享平台建立个人公共信用信息数据库。依托全国信用信息共享平台，逐步建立跨区域、跨部门、跨行业个人公共信用信息的互联、互通、互查机制。

（二）积极开展个人公共信用信息服务。各级人民政府要依法依规及时向社会提供个人公共信用信息授权查询服务。探索依据个人公共信用信息构建分类管理和诚信积分管理机制。有条件的地区和行业应建立个人公共信用信息与金融信用信息基础数据库的共享关系，并向个人征信机构提供服务。

六、完善个人守信激励和失信惩戒机制

（一）为优良信用个人提供更多服务便利。对有关部门和社会组织实施信用分类监管确定的信用状况良好的行政相对人、诚信道德模范、优秀志愿者，行业协会商会推荐的诚信会员，以及新闻媒体挖掘的诚信主体等建立优良信用记录，各级人民政府要创新守信激励措施，对具有优良信用记录的个人，在教育、就业、创业等领域给予重点支持，尽力提供更多便利服务；在办理行政许可过程中，对具有优良信用记录的个人和连续三年以上无不良信用记录的行政相对人，可根据实际情况依法采取“绿色通道”和“容缺受理”等便利服务措施。鼓励社会机构依法使用征信产品，对具有优良信用记录的个人给予优惠和便利，使守信者在市场中获得更多机会和收益。

（二）对重点领域严重失信个人实施联合惩戒。依法依规对严重危害人民群众身体健康和生命安全、严重破坏市场公平竞争秩序和社会正常秩序、拒不履行法定义务严重影响司法机关和行政机关公信力，以及拒不履行国防义务等个人严重失信行为采取联合惩戒措施。将恶意逃废债务、非法集资、电信诈骗、网络欺诈、交通违法、不依法诚信纳税等严重失信个人列为重点监管对象，依法依规采取行政性约束和惩戒措施。在对失信企事业单位进行联合惩戒的同时，依照法律法规和政策规定对相关责任人员采取相应的联合惩戒措施，将联合惩戒措施落实到人。鼓励将金融信用信息基础数据库和个人征信机构采集的个人在市场经济活动中产生的严重失信记录，推送至全国信用信息共享平台，作为实施信用惩戒措施的参考。

（三）推动形成市场性、社会性约束和惩戒。建立健全个人严重失信行为披露、曝光与举报制度，依托“信用中国”网站，依法向社会公开披露各级人民政府掌握的个人严重失信信息，充分发挥社会舆论监督作用，形成强大的社会震慑力。鼓励市场主体对严重失信个人采取差别化服务。支持征信机构采集严重失信行为信息，纳入信用记录和信用报告。

七、强化保障措施

（一）加强组织领导。各地区各部门要统筹规划，部署实施个人诚信体系建设工作。建立工作考核推进机制，对本地区、本领域个人诚信体系建设工作要定期进行督促、指导和检查。

（二）建立健全法律法规。逐步建立和完善个人诚信体系建设法律法规，加强对个人信息安全和个人隐私的保护，有力维护个人信息的主体权利与合法权益，完善个人公共信用信息记录、归集、处理和应用等各环节的规范制度，为个人诚信体系建设创造良好的法制环境。

（三）加大资金支持力度。各地区各部门要加强社会信用体系建设经费保障，对个人诚信体系建设组织工作、管理工作积极予以经费支持。加大对个人公共信用信息数据库建设、信息应用、宣传教育和人才培训等各方面的资金支持力度。

（四）强化责任落实。各地区各部门要高度重视个人诚信体系建设工作，强化责任意识，细化分工，明确完成时间节点，确保责任到人、工作到人、落实到人。

各地区各部门要加强领导，高度重视，率先垂范，结合工作实际，切实有效开展个人诚信体系建设相关工作。国家发展改革委会同有关部门负责对本意见落实工作的统筹协调、跟踪了解、督促检查，确保各项工作平稳有序推进。

国务院办公厅

2016 年 12 月 23 日

（此件公开发布）

【评析】

这是一份下行性意见。是国务院针对进一步加强个人诚信体系建设，对各省、自治区直辖市人民政府，以及国务院各部委、各直属机构提出的总体要求、工作重点以及保障措施等方面的指导性意见。下行性意见的权威性虽然不如决定，但是指导性意见依然具有较强的行政约束力。例文标题三要素俱全。开头明确了行文的目的，以“经国务院同意，现提出以下意见”为文种承启语转入文件的主体部分。主体部分首先明确了加强个人诚信体系建设总体要求和基本原则，然后从加强个人诚信教育，加快推进个人诚信记录建设，完善个人信息安全、隐私保护与信用修复机制，规范推进个人诚信信息共享使用，完善个人守信激励和失信惩戒机制，强化保障措施等方面提出了明确的指导性意见。结尾部分对各部门贯彻落实该指导性意见提出了希望和要求。该文无论是文章的内容还是结构都属于典型的下行性意见。

【例文 2-4】

××县关于处理山体滑坡事故的意见

××市人民政府：

由于我县近期连续遭受暴雨袭击，6 月 20 日上午，位于巴巫山西侧的山体出现大面积滑坡；除毁林近百亩外，还使位于山下的永乐村 5 组的 11 户农房被毁，7 头牲畜死亡；幸好山体滑坡发生在白天，故无人员伤亡。为处理好这一事故，特提出如下意见。

一、巴巫山体仍有滑坡的可能，加之永乐村地处山区，远未脱贫，建议干脆将该村的 250 户村民全部迁往市外安置，请国家按山峡移民迁建政策，给这 250 户村民予以次性补贴。

二、请上级速派有关专家来现场排除滑坡险情，若排险成功. 我县可酌情给有关专家作点小小的表示。

三、请上级给我县拨 20 万元排险救灾款。

××县人民政府办公室

××年×月×日

【评析】

这是一篇上行性意见，但问题较多，主要有：(1) 标题中发文机关应使用全称“××县人民政府”，“××县”不属于规范化简称。(2) 意见的执笔人必须有较高的政策水平，对所提的问题分析要深入，无论是下发还是上报的意见，都应充分阐明必要的理论依据、法律法规依据及事实依据。本文中提出的建议，如“建议干脆将该村的 250 户村民全部迁往市外安置，请国家按山峡移民迁建政策，给这 250 户村民予以一次性补贴”，明显不符合现行政策，且超越上级机关的权限，可见执笔人没有最基本的政策水平和能力，也是因为这一关键的原因，使得本意见从根本上不能成立。(3) 公文的语言有自己鲜明的特色，严谨、周密、明确是意见体公文的基本特征，同时，作为上行文，用语要谦恭，讲究礼貌。同时，公文应使用书面语，但本文中却多处出现口语，如“幸好”“干脆”“小小的”等，显得极不严肃庄重，破坏了公文的语言风格。(4) 缺结尾用语，上行性意见应该有相对固定的尾语，如“以上意见妥否，请指示”。(5) 发文机关署名与发文机关一致，应为“××县人民政府”。

【修改稿】

××县人民政府关于处理山体滑坡事故的意见

×政发〔××××〕××号

××市人民政府：

由于我县近期连续遭受暴雨袭击，6 月 20 日上午，巴巫山西侧山体出现大面积滑坡，毁林近百亩，山下的永乐村 5 组的 11 户农房被毁，7 头牲畜死亡。为妥善处理好这一事故，特提出如下处理意见。

一、巴巫山体仍有滑坡的可能，加之永乐村地处山区，不易脱贫，建议将该村的全部住户迁出原居住地，就近安置，并给予相应的困难救济和搬迁补贴。

二、巴巫山体滑坡严重，建议速派专家前来勘察整治。

三、此次山体滑坡给我县造成了巨大的经济损失，请求给予排险救灾款项支持。

上意见妥否，请指示。

××县人民政府

××××年×月×日

第三节　通告　通报　通知

一、通　告

（一）通告的适用范围

《条例》规定：通告“适用于在一定范围内公布应当遵守或者周知的事项”。通告使用主体比较广泛，国家机关、社会团体和企事业单位，在一定地区或范围内公布需要有关单位和人员遵守或者周知的具体事项可以使用通告。

（二）通告的种类

按照通告的内容和性质可以分为制约性通告、办理性通告和周知性通告。

1. 制约性通告

这类通告的政策性、法规性很强，具有行政约束力，在某种情况下还具有法律效力。它所通告周知的事项，应作为被告知范围内的单位和个人行动的准则，任何单位和个人都必须遵守。例如《国务院关于保障民用航空安全的通告》《公安部关于严厉打击违反爆炸物品枪支弹药管理违法犯罪活动的通告》《××市人民政府关于进一步加强矿山管理的通告》等。

2. 办理性通告

这类通告又称业务性通告，是用来告知一定范围内的单位或个人需要遵守或办理有关事宜的。由于这类通告往往涉及某一部门的具体工作，所以带有较强的专业性与业务性。要求办理的事项常见的有年检、注册、登记。例如《××建设局关于对建筑企业进行资格年审的通告》等。

3. 周知性通告

公布有关单位和个人周知的事项。如供电、供水部门的“停电通告”“停水通告”，电信部门的“电话升位通告”等。

（三）通告的结构与写法

1. 标题

通告的标题一般由发文机关、事由和文种组成。如《××市人民政府关于进一步加强矿山管理的通告》。在使用实践中，通告的标题常常出现省略状态。常见的是省略发文机关，如《关于税收财务大检查实行持证检查的通告》，单位内部张贴使用时也可省略发文机关和事由。

2. 主送机关

通告属于公布性公文，无须标注主送单位。

3. 正文

通告的正文结构包括通告缘由、通告事项和通告要求。

（1）通告缘由

通告缘由为发布通告的原因和根据，要求开门见山、简明扼要。通常以“现将有关事项通告如下”作为文种承启语。

（2）通告事项

写明通告规定的事项，即需要遵守、办理、周知的内容。通告事项是通告的主体部分，一般采用分条列项的形式。要求叙述清楚，通俗易懂。

（3）通告要求

写明通告的执行要求，有时可以省略。

通告常用“特此通告”等尾语，也有以宣布生效日期作为结束语的。

4. 落款

在正文右下方写明发文机关名称及发文的年、月、日。

（四）通告与公告的区别

公告是用于向国内外宣布重要事项或者法定事项的公文。通告和公告都属于告知性公文，但在使用上要注意它们之间的区别，不能随意滥用。它们之间的主要区别如下。

从性质特征上看，公告内容是重要事项或者法定事项，重在知照性；通告内容专业性较强，或宣布行政措施，或告知具体事务，兼有知照和约束的性质。

从应知范围看，公告大于通告。公告面向国内外，且一般通过新闻媒体发布；通告面向一定范围，可以登报、广播，也可以张贴。

从发文机关看，公告的发文机关有一定的限制性，而通告则无论党政机关、企事业单位均可以使用。

（五）通告的写作要求

1. 通告的语言应当准确简明，分条列项表述

有的通告专业性较强，使用专业术语应做到通俗易懂，以利执行。

2. 要注意通告的发布权限

所通告的内容必须是发布机关或单位职权范围内的，否则就无权发布通告。

【例文 2-5】

关于清理××市社区街巷长期停放废旧汽车的通告

目前，××市部分废旧汽车在社区、街巷胡同长期停放，不仅占用了公共资源，影响了道路畅通和城市环境，更是存在很多安全隐患。为了给市民群众提供更加便利和舒适的生活环境，依据《中华人民共和国道路交通安全法》《报废汽车回收管理办法》《物业管理条例》《××市市容环境卫生条例》和《××市居住小区机动车停车管理办法》，现就有关事项通告如下。

一、请车辆停放人在本通告发布之日起7日内，自行清理长期停放于社区、街巷两侧的废旧汽车；逾期不清理的，城管执法机关将会同有关部门对相关车辆实施集中存放。

二、已被通告的车辆，在通告期间，车辆停放人持有车辆权属证明等有效材料接受调查的，经属地城管执法机关会同有关部门核准后，不予集中存放。

相关车辆达到国家规定报废标准的，不得上道路行驶。车辆所有人应当及时将车辆交售给机动车回收企业，由机动车回收企业将报废的机动车登记证书、号牌、行驶证交公安机关交通管理部门注销。车辆所有人名下如果存在报废车辆，在未完成报废手续前，公安机关交通管理部门不予办理新购机动车注册登记。

三、通告期间届满，对已实施集中存放、无人认领的废旧汽车，城管执法机关在会同有关部门对车辆所有人和车辆基本情况核查后另行处理。其中，对涉及走私、盗抢、套牌、欠缴养路费的车辆，由有关部门严厉查处。

四、各有关单位和个人应当顾全大局、严格自律，积极配合政府部门做好社区、街巷长期停放废旧汽车的清理工作。

本通告自发布之日起施行。

××市城市管理综合行政执法局
××市公安局公安交通管理局
××市住房和城乡建设委员会
二〇〇九年六月三日

【评析】

这是一份由北京市有关部门联合发布的带有制约性质的通告，结构完整。缘由部分列举了四部法律法规为依据，充分表明了通告的合法性，同时明确了清理北京市社区街巷长期停放废旧汽车的目的是“给市民群众提供更加便利和舒适的生活环境”，由此贴近了与通告受众的关系，使通告的发布显得合理、合法。缘由与事由部分的过渡使用了规范的文种承启语。通告事项是正文的核心，重在写明事项或规定。本通告采用分条列项的形式公布了清理北京市社区街巷长期停放废旧汽车具体事项，语言表达严谨、清楚。“不予”“不得”“应当”“严厉查处”等词的使用，充分体现出发文机关严肃而坚决的态度。通告以宣布生效日期作为结束语，表述简洁明确。由于本通告是 2012 年以前发布，所以通告日期没有采用阿拉伯数字标注，另外，本通告缺少发文字号。

【例文 2-6】

关于实施外荡禁渔期的通知

为有效保护我县渔业生态资源，促进渔业资源的良性循环和生态平衡，根据《中华人民共和国渔业法》、《浙江省渔业管理条例》、浙江省海洋与渔业局浙海渔法（2001）98 号《关于××市外荡禁渔期的批复》，现将有关事项通知如下。

一、我县禁渔期时间为 200×年 4 月 1 日起至 5 月 31 日止。

二、外荡禁渔期间，禁止任何单位和个人以任何方式进行外荡捕捞作业。凡违反禁渔期规定的，一律按渔业法律法规予以严厉查处。

三、要求：县渔政站要在禁渔期间及时做好宣传工作，积极争取各镇人民政府、街道办事处、公安、司法、工商等部门的密切配合，强化渔政管理，以确保鱼类产卵繁殖，提高生态、经济、社会三个效益。

各渔业生产单位和个人要自觉遵守禁渔期规定，确保外荡禁渔期的贯彻实施。

××县农业局

20××年 3 月 20 日

【评析】

本文是××县农业局发布的关于实施外荡禁渔期的通知。从公文的内容和要求分析，由于该文没有明确主送机关，受文对象既涉及单位又涉及个人，故文种使用存在瑕疵。实施外荡禁渔期，是要求所辖的任何单位和人员严格遵守的事项，宜用制约性通告的形式发布，如以农业局的名义发布，缘由部分应加上“经县人民政府同意”，因为县农业局作为政府的职能部门对各镇人民政府、公安、司法、工商等部门没有布置工作的权限。从正文来看，通告缘由基本明确，事项基本清楚。但如果使用通告，对渔政站的要求不宜放入。要求部分的语言表述可以更为决断。另外，在通告中可以公布监督电话。

【修改稿】

××县农业局关于实施外荡禁渔期的通告

×农发〔20××〕×号

为有效保护我县渔业生态资源，促进渔业资源的良性循环和生态平衡，根据《中华人民共和国渔业法》、《浙江省渔业管理条例》、浙江省海洋与渔业局《关于××市外荡禁渔期的批复》（浙海渔法〔2001〕98 号），经××县人民政府同意，现将有关事项通告如下。

一、我县禁渔期时间为 20××年 4 月 1 日起至 5 月 31 日止。

二、外荡禁渔期间，禁止任何单位和个人以任何方式进行外荡捕捞作业。

三、各渔业生产单位和个人必须严格遵守禁渔期规定，凡违反者，由渔业行政主管部门依据《中华人民共和国渔业法》及有关法律、法规予以处罚。

监督电话：××××××××

特此通告！

××县农业局

200×年3月20日

二、通　报

（一）通报的适用范围

《条例》规定：通报“适用于表彰先进、批评错误、传达重要精神和告知重要情况”。通报属于党政机关、企事业单位广泛使用的知照性公文。

（二）通报的种类

按照通报的内容和功能可以分为表彰通报、批评通报和情况通报三种。

1. 表彰通报

表彰通报主要用来表彰先进，介绍单位或个人成功的经验、做法。评价典型经验、先进事迹和宣传先进思想，树立榜样。如《浙江省人民政府关于给予尹亚平蒋萌等同志记功嘉奖的通报》等。

2. 批评通报

批评通报用以批评错误行为或通报典型事故。其目的是通过揭露或批评，让相关单位或个人引以为戒，防止类似错误或事故的再次发生。如《国务院办公厅关于内蒙古自治区人民政府制止违规建设电站不力并酿成重大事故的通报》等。

3. 情况通报

情况通报主要是用于传达上级的重要精神或某一方面工作的重要情况，指出工作的重点或必须关注的问题，起到沟通信息和知照的作用。如《浙江省人民政府办公厅关于禁止使用童工督查情况的通报》等。

（三）通报的结构与写法

1. 标题

通报的标题一般由发文机关、事由和文种组成。如《浙江省人民政府办公厅关于禁止使用童工督查情况的通报》，有时也可以省略发文机关。

2. 主送机关

通报一般需标明主送机关。

3. 正文

通报类型不同，写作结构各有特点。

（1）表彰和批评通报

两者都属于典型性通报，即所通报的是正反两个方面的典型事例。其正文结构一般分为四个部分。

①叙述主要事实

表彰通报要突出先进事迹，批评通报要抓住主要错误事实，要求将事实涉及的时间、地点、人物、事件过程、结果等叙述清楚。其中有些表彰通报可采用概括表述的形式，不涉及事实的细节。

②分析、评议事例的教育意义

表彰通报，要在阐述先进事迹的基础上，提炼出主要经验、意义和值得学习与发扬的精神。批评通报要分析错误的性质、危害，产生的根源和责任，指出应吸取的主要教训等。

③通报决定

写明组织结论和予以表彰或处理的决定。

④希望和要求

提出对表彰或批评对象及受文对象的希望与要求。为了防范和杜绝类似错误发生，批评通报的结尾处，通常要有针对性地提出防范的措施或规定。

（2）情况通报

情况通报是向有关部门和人员传达重要情况、发布重要信息的。情况通报的正文一般由以下三部分构成。

①通报事实

将所要通报的情况如实、全面地反映出来。这是通报的主体部分，应集中笔墨加以叙述，力求准确、全面地反映情况。

②分析评价

用叙议结合的方法对通报情况进行分析评价。肯定取得的成绩，指出存在的问题。

③对策和要求

针对有关情况，特别是存在的问题，表明发文机关的态度，并对今后的工作提出指导性的意见。

4. 落款

在正文右下方写明发文机关名称及发文的年、月、日。

（四）通报的写作要求

1. 加强调查研究，掌握典型材料

不论是表彰通报还是批评通报，都要认真做好调查研究，将调查来的材料进行分析研究，选择那些经过反复核实的最具有说服力的典型材料，如果通报的内容失实，不仅有损于通报的权威性，而且还会在群众中造成恶劣影响。

2. 对问题的评述要实事求是，恰如其分

让事实说话，既不夸大，也不缩小。要注意语言色彩，对褒奖性事项要赞美而不失庄重，对惩戒性的事项要严厉而不失劝谏。做到语言色彩与客观事实相符。

3. 及时通报，注重效果

典型通报的内容都是具有典型性、针对性的，情况通报的内容也都是重要事项，必须有一定的时间要求，以达到教育人和指导推动工作的目的。

【例文 2-7】

浙江省人民政府关于给予尹亚平蒋萌等同志记功嘉奖的通报

浙政发〔2008〕67 号

各市、县（市、区）人民政府，省政府直属各单位：

2008 年 6 月 30 日 12 时 45 分，浙江省体育彩票管理中心尹亚平、蒋萌，为保护其他工作人员生命安全和国家财产安全，挺身而出，赤手空拳与一名闯入管理中心持刀行凶的犯罪嫌疑人英勇搏斗。在尹亚平、蒋萌的带领下，管理中心俞永桃、史伟良、吴佳等同志迅速加入到与犯罪嫌疑人搏斗行列，最终将其制服。尹亚平、蒋萌等同志为了人民群众的生命安全和国家财产安全，置生死于度外，在与犯罪嫌疑人搏斗中，尹亚平同志身负重伤，因失血过多光荣牺牲，蒋萌同志经全力抢救脱离生命危险。他们的行为充分体现了基层工作人员舍身为公的崇高品德，体现了爱岗敬业的可贵精神。

为表彰尹亚平、蒋萌等同志的英勇事迹，参照《国家公务员奖励暂行规定》，省政府决定：给尹亚平同志追记一等功，给蒋萌同志记一等功，给俞永桃、史伟良、吴佳等同志嘉奖表彰。

希望全省广大干部群众要以尹亚平、蒋萌等同志为榜样，学习他们时刻牢记全心全意为人民服务的宗旨，视人民利益高于一切的崇高品质；学习他们为保护其他人员生命安全和国家财产安全，敢于与凶恶的犯罪嫌疑人展开搏斗的英勇气概；学习他们爱岗敬业，努力奉献的可贵精神。以科学发展观为指导，深入实施“创业富民、创新强省”总战略，扎实工作，开拓创新，为加快建设惠及全省人民的小康社会作出新的贡献。

浙江省人民政府

二〇〇八年十月二十三日

【评析】

本例文属于典型的表彰通报。标题由发文机关、事由、文种三要素构成，发文号、主送单位明确规范。正文包括介绍先进事迹、分析评议、宣布表彰决定和发出号召等内容。叙述先进事迹部分，表述清楚，详略得当，把浙江省体育彩票管理中心尹亚平、蒋萌等同志为保护其他工作人员生命安全和国家财产安全与犯罪嫌疑人英勇搏斗的过程作了简洁而清晰的表述，并给予了“舍身为公的崇高品德”“爱岗敬业的可贵精神”的恰当评价；接着宣布表彰决定；然后发出号召，要求全省广大干部群众要以尹亚平、蒋萌等同志为榜样，学习他们的崇高品质和英勇气概。全文层次清晰，表述得当，格式规范。

【例文 2-8】

××中学教务处关于惩治王×同学考试做弊的通报

各位同学：

王×在第三次模拟考试中做弊被监考老师发现。损害了我校的良好声誉，而且王×的行为严重影响了考试纪律。所以，领导决定对王×记过处分。望各位同学以此为届。

教务处

2013.12.12

【评析】

本例文属于批评通报。行文中存在的主要问题有：(1) 标题的事由部分用词欠当。(2) 正文结构残缺。此类通报的写作，在开头部分应写明被批评者所犯错误的基本事实，本文表述事实不清楚，行文中也缺乏对错误的性质、危害的分析。(3) 处理依据的表述不够明确。通报处分依据一般应明确显示以下内容：本人认错态度、相关的法律法规及本单位的有关规定、本单位某级会议的决定等。用"根据"或"依据"字样提出。(4) 结尾部分应写明要求或希望。本文结尾表述不够充分，且有错别字"届"。(5) 落款不够规范。

【修改稿】

××中学关于王×同学考试作弊的批评通报

×中发〔2013〕×号

各部门、班级：

我校高中部二年级 3 班学生王×在 11 月 22 日下午的语文课程考试中无视考试纪律，夹带课本并抄写作答，被监考教师当场发现，且事后该同学拒不认错。王×同学的行为不仅严重违反了考试纪律，而且破坏了我校的良好考风，造成了恶劣的影响。鉴于该同学作弊情节严重及态度恶劣，为严格考试纪律，端正考风学风，根据《××中学学生违纪处罚制度》第×条规定，对王×同学予以全校通报批评并记大过一次的处分。

望王×同学能认清错误、积极改过、吸取教训。同时望其他同学引以为戒，端正学习态度，严格遵守考试纪律，为营造我校优良的考试氛围作出贡献。

××中学

2013 年 12 月 12 日

三、通　知

(一) 通知的适用范围

《条例》规定：通知"适用于发布、传达要求下级机关执行和有关单位周知或者执行的事项，批转、转发公文”。通知是各级党政机关、社会团体、企事业单位在日常工作中使用范围最广泛、使用频率也较高的常用公文。

（二）通知的种类

通知根据不同的功能可以分为以下三种。

1. 批转性、转发性、印发性通知

这类通知包括批转性、转发性和印发性三种情况。其中批转性通知适用于上级机关对下级部门的文件加批语下发，需在标题中加“批转”两字，如《国务院批转发展改革委等部门关于深化收入分配制度改革若干意见的通知》等；转发性通知适用于转发上级机关和不相隶属机关的公文，需在标题中注明“转发”字样，如《××省人民政府转发国务院关于开展全国物价大检查的通知》；印发性通知主要适用于印发由本机关撰制的规章及工作要点、计划、纲要、领导讲话等普通业务文书，如《国务院关于印发中医药发展战略规划纲要（2016—2030年）的通知》等。

2. 指示性通知和事项性通知

这类通知一般用于上级机关安排和部署某项工作，或者对于工作中出现的带有一定普遍性的新问题、新情况需要明确处理办法。如《国务院办公厅关于加强旅游市场综合监管的通知》《××大学关于评选第六届卓越奖学金的通知》等。其中指示性通知内容比较原则化，事项性通知的内容则比较具体化。

3. 知照性通知

用于告知下级机关、有关单位或人员需要周知的事项。如机构设置与调整、干部任免、公章启用、召开会议、作息时间的改变、电话号码的调整等均可使用知照性通知。如《××市人民政府关于调整部分市政府领导分工的通知》等。

（三）通知的结构与写法

1. 标题

（1）完全式

标题由发文机关、事由和文种组成。如《国务院办公厅关于加强旅游市场综合监管的通知》。

（2）省略式

①省略发文机关

如《关于举办“中华美学精神与民间文艺评论”柯桥高峰论坛的通知》。

②省略多余的“关于”“通知”和中间机关

有的被批转、转发公文标题中已有“关于”和“通知”字样，有的通知是多层级转发，为避免标题冗长，一般可保留末次发布文件机关和始发文件机关，省略过渡机关，省略多余的“关于”和“通知”字样。如教育部就做好学校稳定工作下发了一个通知，××省教育厅转发后，××学校又需转发，这时就可直接将标题拟制为《××学校转发教育部关于做好学校稳定工作的通知》。

2. 主送机关

通知一般需标明主送机关。通知的主送机关往往较多，要注意其排序的规范性。

3. 正文

不同类型的通知有不同的写作要求。

（1）批转、转发、印发性通知

批转、转发、印发性通知的正文一般有两种形式。

①单一的批转、转发和印发决定

正文只包括转发的态度和执行的要求。

例：《国务院关于印发中医药发展战略规划纲要（2016—2030 年）的通知》（国发〔2016〕15 号）的正文举例如下。

现将《中医药发展战略规划纲要（2016—2030 年）》印发给你们，请认真贯彻执行。

②由批转、转发和印发决定和指示构成

其中指示的内容主要涉及批转、转发、印发的目的或理由；对受文单位提出贯彻执行的具体要求；根据具体情况做出补充性的规定等。

例：《国务院批转煤电油运和抢险抗灾应急指挥中心关于抢险抗灾工作及灾后重建安排报告的通知》（国发〔2008〕6 号）的正文如下。

国务院同意煤电油运和抢险抗灾应急指挥中心《关于抢险抗灾工作及灾后重建安排的报告》，现转发给你们，请认真贯彻执行。

2008 年 1 月中旬以来，我国经历了一场历史罕见的低温雨雪冰冻灾害，持续时间长，影响范围广，危害程度深。在党中央、国务院的领导下，各地区、各部门和广大干部职工、人民解放军、武警官兵及公安民警，按照“保交通、保供电、保民生”的工作要求，奋起抗灾，顽强拼搏，取得了重大的阶段性胜利。

目前，救灾和灾后重建任务仍十分繁重，抗击低温雨雪冰冻灾害斗争由应急抢险抗灾转入全面恢复重建阶段。各地区、各部门要继续加强领导，精心组织，早谋划、早部署、早启动，统筹人力、物力、财力，尽快恢复重要基础设施，尽快恢复工农业生产，尽快安排好受灾群众生活，尽快恢复正常的生产生活秩序，努力把这场灾害造成的损失减少到最低程度，奋力夺取抗灾救灾斗争的全面胜利，确保国民经济平稳运行，确保社会和谐稳定，为实现全年经济社会又好又快发展创造条件。

批转、转发、印发性通知必定带有附件。此类通知的附件是实际上的正件，通知是为它而发的，且在标题中已出现被转发、批转或印发的文件名称，因此正文后面无需标注“附件说明”。另外，此类通知的版记应置于转发件之后，不宜放在正文与附件之间。同时被转发件的版头和版记应该删除。

（2）指示性通知和事项性通知

指示性通知和事项性通知用于向下级单位作出指示、布置工作。一般说来，指示性通知原则性较强，事项性通知操作性明显。以下结合《国务院办公厅关于加强抗旱工作的通知》（国办发〔2007〕68号）分析其正文的结构。指示性通知的正文一般由三部分构成。

①通知缘由

阐明通知的原因、目的、意义或根据。用语简练概括，突出通知的必要性，一般以“特通知如下”“现就有关事项通知如下”等作为文种承启语。如举例如下。

> 党中央、国务院始终高度重视抗旱工作。经过多年努力，我国水利基础设施建设不断加强，抗旱服务体系进一步完善，水资源调度与管理日益规范，节水型社会建设逐步推进，抗旱减灾取得显著成效。但是，随着全球气候变暖，干旱缺水的问题日趋严重。为进一步做好抗旱工作，预防和减少干旱灾害损失，经国务院同意，现就有关事项通知如下。

②通知事项

主要提出解决问题的原则、要求、任务、措施和方法，为正文的主体部分。要求内容明确、行文清晰，一般采用分条列项的形式。其中事项性通知的内容更为具体而具有可操作性。举例如下。

> 一、充分认识加强抗旱工作的重要性（略）
> 二、指导思想、基本原则和目标任务（略）
> 三、加强抗旱工作的主要任务（略）
> 四、加强抗旱工作的保障措施（略）
> 五、加强对抗旱工作的组织领导（略）

③执行要求

提出执行通知的希望和要求。它可以使用习惯尾语，如“以上通知，请认真研究执行”等；也可以使用结尾段，重申通知的意义或提出具体的办理要求；执行要求部分也可以省略。举例如下。

> 各地区、各有关部门要根据本通知，结合实际，制订本地区、本部门贯彻落实的具体措施。

（3）知照性通知

知照性通知体式多样，主要是根据通知的内容，交代清楚知照事项。大多数知照性通知内容单一集中，行文简洁明快。通知缘由比指示性通知和事项性通知更为概括，且一般无执行要求，也可用“特此通知”结尾。举例如下。

①任免通知的正文举例

经研究决定：

××同志任绍兴市便民服务中心主任；

×××同志任绍兴市住房公积金管理中心主任，免去其××市市长公开电话受理中心副主任职务。

②设立或调整机构通知的正文举例

为加强对促进中小企业发展工作的组织领导和政策协调，国务院决定成立国务院促进中小企业发展工作领导小组（以下简称领导小组）。领导小组组成人员名单如下。

组　长：×××　　国务院副总理

副组长：×××　　工业和信息化部部长

×××　　财政部部长

×××　　国务院副秘书长

成　员：×××　　工业和信息化部总工程师

……

领导小组办公室设在工业和信息化部，承担领导小组的日常工作，负责研究提出促进中小企业发展的政策建议，督促落实领导小组议定事项，承办领导小组交办的其他事项。工业和信息化部中小企业司司长×××任办公室主任，财政部企业司司长×××任办公室副主任。

领导小组成员因工作变动等需要调整的，由所在单位向领导小组办公室提出，报领导小组组长批准。

③公布和调整节假日通知的正文举例

根据《国务院关于修改〈全国年节及纪念日放假办法〉的决定》，为便于各地区、各部门及早合理安排节假日旅游、交通运输、生产经营等有关工作，经国务院批准，现将2010年元旦、春节、清明节、劳动节、端午节、中秋节和国庆节放假调休日期的具体安排通知如下。

一、元旦：1月1日至3日放假公休，共3天。

二、春节：2月13日至19日放假调休，共7天。2月20日（星期六）、21日（星期日）上班。

三、清明节：4月3日至5日放假公休，共3天。

……

节假日期间，各地区、各部门要妥善安排好值班和安全、保卫等工作，遇有重大突发事件发生，要按规定及时报告并妥善处置，确保人民群众祥和平安度过节日假期。

④启用印章的通知的正文

由于××县旅游局印章磨损，从即日起启用新印章。

特此通知。

⑤会议通知的正文举例

为了解和掌握全系统年度财务状况、经营成果和社有资产保值增值情况，做好 2015 年度全市系统的会计决算工作，经研究，决定召开全市供销社系统财会工作会议。现将有关事项通知如下。

一、时间地点

时间：2015 年 3 月 10 日上午 9：00，时间半天。

地点：市社大楼 8 楼大会议室。

二、参加对象

各区、县（市）供销社财会负责人及负责会计报表编报人员。

三、会议内容

1. 交流 2015 年经济运行及财务指标完成情况，分析存在的问题及应对措施。

2. 交流 2015 年财会工作情况，研究布置 2016 年财会工作思路。

3. 探讨供销社农村合作金融体系建设情况、存在问题及发展对策。

4. 表彰 2015 年度会计基础工作考核先进单位。

5. 互审汇编 2015 年度会计决算报表。布置大型全资及控股企业分户直报事项。

四、其他事项

2015 年度会计决算报表编报表种共 10 张，具体按省供销社《关于做好 2015 年度会计决算工作的通知》（浙合办室〔2015〕42 号）表种及要求填报（报表编制人员请准备好 2015 年决算报表及 2015 年 12 月快报）。

请参加会议人员准备好会议内容要求的材料，准时参加会议。

联系人：×××

联系电话：886××××

（四）通知和通报的区分

通报和通知都是具有沟通情况交流信息作用的告知性公文。二者的区别如下。

一是从适用范围看，通知主要适用于发布、转发和批转文件，安排部署工作；而通报主要适用于表彰先进，批评错误，传达重要精神和告知重要情况。

二是从要求上看，通知大多是要求办理、执行的；而通报则主要要求知照情况。

三是从制发时间看，通知是在事前发文；通报则是事后行文。

四是从表现方法看，通知的表现方法主要是叙述，告知人们做什么、怎样做，叙述具体，语言平实；通报的表现方法则常兼用叙述、说明、分析和议论，有较强的感情色彩。

【例文 2-9】

××学院关于评选第十二届卓越奖学金的通知

××学院发〔2016〕27 号

为倡导“摒弃浮躁、拒绝平庸、脚踏实地、追求卓越”的校园精神，表彰在品德、学习、文艺、体育、社会工作等某一方面取得卓越成绩的在校学生，根据××学院发〔2008〕160 号《××学院卓越奖学金评定办法（修订稿）》等有关规定，决定评选第十二届卓越奖学金，现将有关事项通知如下。

一、指导思想

坚持公开、公平、公正的原则，努力通过评选，树立先进典型，营造人人参与评选的校园民主氛围，形成“学习榜样，争做榜样，成为榜样”的良好氛围，积极推进校风学风建设。

二、申报对象

全日制在校学生（研究生、本专科生）。

三、申报方式

采取个人申报与组织推荐相结合的方式进行。

四、申报条件

在品德、学习、文艺、体育、社会工作等某一方面取得卓越成绩，并得到师生的广泛认可和好评。

五、评选方式

（一）本次评选共分为社会评选、校内投票、现场展示会三个环节，权重分别为 25％、25％、50％，计算总得票情况，按得票数取前 6 名。

（二）各学院联合书院举办学院小型推荐展示会推选 1～2 名候选人。候选人递交材料中，包括申报表、事迹材料、教授推荐词及每人 5 分钟的视频展示。

（三）学校卓越奖学金评审小组到候选人所在学院、书院进行民主评议考察，集体评议，确定 10 名卓越奖学金候选人。

（四）进行社会评选、校内投票、现场展示会等各类投票活动。

（五）评选结果分三个等级，共 6 名，其中一等奖 1 名，二等奖 2 名，三等奖 3 名。经校党委会讨论后，确定获奖人员及等级，并报×××副主席夫妇和××市人民政府同意。

六、时间安排

（一）3 月 8 日—3 月 17 日，各学院联合书院根据班级上报的初选名单确定 1 名候选人，并在本学院和所在书院内公示，公示时间为三天。

（二）3月18日前，各学院上报候选人材料，附件1、2纸质材料及获奖证明材料复印件交校学生工作部（行政楼340室），附件1、2的电子版、300字以内的事迹材料、300字以内的教授推荐词、5分钟个人视频（flv格式，推荐分辨率为640×480，小于100M）及生活照1张发至××邮箱。

（三）3月25日前，学校卓越奖学金评审小组考察评议，确定10名卓越奖学金候选人。

（四）3月26日—4月1日，校学生工作部（处）组织社会评选、校内投票、现场展示会等各类评选活动。根据投票结果和权重，计算总得票情况，按得票数取前6名。

（五）4月上旬，经学校党委会讨论后，确定获奖人员及等级，并报×××副主席夫妇和××市人民政府同意。

（六）举行颁奖仪式，具体时间择期另定。

七、工作管理

（一）卓越奖学金申报的工作由校学生工作部（处）牵头，各学院具体负责。

（二）申报工作必须按照条件、方式及程序严格评审，宁缺勿滥，如本学年奖项有空缺，则将奖金余额转入下一学年使用。

（三）学校设立申报工作咨询、监督热线（略），接受同学的咨询和投诉。

八、奖励办法

（一）学校发文表彰，颁发荣誉证书，有关获奖材料均存入学生本人档案，并报送×××副主席夫妇和××市人民政府。

（二）奖金总额2.7万元，其中一等奖1名，奖励8000元；二等奖2名，每人奖励5000元；三等奖3名，每人奖励3000元。

请各有关部门、各学院认真组织，保证申报工作及时、顺利完成。

附件：1. ××学院第十二届卓越奖学金申报候选人基本情况汇总表
　　　2. ××学院第十二届卓越奖学金申报表

××学院

2016年3月8日

【评析】

本文属于事项性通知。这类通知在基层单位最具有普遍性和广泛性，使用非常频繁。本文标题三要素齐全，主送单位明确，通知缘由部分目的、依据清楚，用文由承启语引出通知事项。由于事项涉及内容比较丰富，故用分条列项的方式显示，从指导思想、申报对象、方式、条件、评选方法、时间安排、工作管理等方面明确布置了卓越奖学金的评选工作。条理清晰，内容具体。结尾概括地提出执行要求。文章结构完整、语言简洁。

【例文 2-10[①]】

××市公安局关于批转《××省公安厅关于学习宣传〈中华人民共和国治安管理处罚法〉的通知》的通知

（06）×公安第 005 号

各分公安局、县公安局、市局各单位：

现将《××省公安厅关于学习宣传〈中华人民共和国治安管理处罚法〉的通知》印发给你们，请认真贯彻执行。

为维护社会治安秩序，保障公共安全，保护公民、法人和其他组织的合法权益，规范和保障公安机关及其人民警察依法履行治安管理职责，制定了《中华人民共和国治安管理处罚法》。该法已由中华人民共和国第十届全国人民代表大会常务委员会第十七次会议于 2005 年 8 月 28 日通过，自 2006 年 3 月 1 日起施行。1986 年 9 月 5 日公布、1994 年 5 月 12 日修订的《中华人民共和国治安管理处罚条例》同时废止。《中华人民共和国治安管理处罚法》与《中华人民共和国治安管理处罚条例》相比，有较大变化，各分、县公安局要认真组织学习，广泛宣传。在工作中，依法办案，切实维护好社会秩序和公共安全。请各单位于×月×日之前将学习宣传情况报市局宣传处。

××市公安局（印章）

06 年×月×日

【评析】

本文属于转发性通知，其主要问题在于：（1）标题拟写不正确。“批转”使用不正确。对于上级机关、同级机关和不相隶属机关的公文只能用“转发”。“××市公安局”是“××省公安厅”的下级，不能批转省公安厅的公文，只能用“转发”。标题中书名号使用不当。只有当被批转、转发的文件是法规、规章时才能使用书名号。“关于”“通知”重叠。（2）发文字号不合规范。年份省写且前置；用圆括号标注年份；序号前加“第”字且编虚位。（3）正文拟写错误。转发性通知正文内容为阐述转发的目的、意义，并对受文单位提出贯彻执行的要求和希望。阐述转发的目的、意义时要注意紧扣被转发文件的基本内容，对其作肯定性的评价，指出其指导作用，使受文单位有所了解。写作时要注意简明扼要，内容高度概括，不要与被转发文件内容重复。因为通知事项的主要精神已在被转发文件中，故这类通知不需要在通知事项上多费笔墨，而应着重写出执行要求。这份通知第二段对被转发的文件只字不提，却花了较多的笔墨阐述《中华人民共和国治安管理处罚法》制定的宗旨、目的，通过的时间、正式施行的时间等，而这些内容与该转发通知的主题关系不大。另外，本文发布于 2006 年，故成文日期不宜使用阿拉伯数字。

---

① 原文及评析根据雷莉的《评改一份通知》（《秘书》2006 年第 7 期）改写。

【修改稿】

××市公安局转发××省公安厅
关于学习宣传《中华人民共和国治安管理处罚法》的通知

×公〔2006〕5号

各分、县公安局，市局各直属单位：

现将《××省公安厅关于学习宣传〈中华人民共和国治安管理处罚法〉的通知》转发给你们，请认真贯彻执行。

《中华人民共和国治安管理处罚法》已由中华人民共和国第十届全国人民代表大会常务委员会第十七次会议审议通过，将于2006年3月1日起施行。《中华人民共和国治安管理处罚法》与《中华人民共和国治安管理处罚条例》相比，有较大变化，各单位要按照××省公安厅《通知》精神，认真组织学习宣传。在工作中依法办案，切实维护好社会秩序和公共安全，保护公民、法人和其他组织的合法权益。请各单位于×月×日之前将学习宣传情况报市局宣传处。

××市公安局（印章）

二〇〇六年×月×日

第四节　报告　请示　批复

一、报　告

（一）报告的适用范围

《条例》规定：报告“适用于向上级机关汇报工作，反映情况，回复上级机关的询问”。报告是使用频率较高的陈述性上行文，适用范围广，是下级机关和基层单位经常使用的党政公文。

（二）报告的种类

报告可以从不同角度进行分类，常见的分类方法如下。

1. 根据报告用途的分类

（1）工作报告

工作报告用于汇报工作。下级机关向上级机关汇报某一阶段工作的进展、成绩、经验、存在的问题及今后的打算，可以使用工作报告。

（2）情况报告

情况报告用于反映情况。情况报告的情况不同于例行的工作情况，它一般指本地区、本单位发生的重大事件或者有重要参考价值的新情况、新问题。与工作报告相比，情况报告具有突发性和不确定性，同时，报告时间要求更及时。

（3）答复报告

答复报告属于被动行文，上级有所询问时下级机关才有答复报告。一般询问，下级可以口头答复；比较重要的事项，上级为了更全面准确地了解情况，往往要求下级予以书面报告，于是形成了答复报告。

（4）报送报告

报送报告是下级机关或部门向上级领导机关报送业务文书或其他材料所作的简要报告。

另外，报告中原有的建议报告随着《国家行政机关公文处理办法》的推行，已逐渐被上行性意见所替代。

2. 根据报告性质的分类

（1）综合报告

全面反映本地区、本单位的情况的报告称为综合报告。这种报告内容全面，篇幅较长，是全面总结本机关工作并向上呈报的重要形式。综合性报告带有综合性工作总结的某些特征，但两者并不等同，综合报告是多方面的工作情况综合，主要是具体表述工作的进展情况，不注重经验上的提炼；而工作总结是概括地表述工作情况，侧重于在事实的基础上总结经验或教训，使认识上升到理性的高度。

（2）专题报告

这种报告的内容比较单一。是单就某一方面情况、某项工作或某个活动向上级所作的报告。专题报告突出“专”字，是一事一报的专门性报告。专题报告是一种不定期报告。

3. 根据报告行文目的的分类

（1）呈报性报告

呈报性报告是单纯向上级机关汇报工作，反映情况，而不要求转发的报告，一般只陈述情况，不提出意见。

（2）呈转性报告

呈转性报告是呈报上级要求加以批转的报告。报告内容涉及面广，往往涉及其他平行机关或其他不相隶属机关，且基本都是向上级提出工作意见与建议。故呈转性报告多为建议性报告。报告提出工作意见与建议，请上级机关审阅并批转有关机关执行。随着建议性报告的淡出，呈转性报告已逐渐被呈转性意见所取代。

（三）报告的结构与写法

1. 标题

报告的标题一般由发文机关、事由和文种构成。如《××区人民政府关于黔江特大交通事故的报告》。

2. 主送机关

报告必须有明确的主送机关。

3. 正文

报告正文的构成一般是：报告缘由＋报告事项＋尾语。不同类型的报告的正文的结构各有差异。

（1）工作报告

工作报告的正文大体分三部分：首先是报告的缘由，交代清楚所报告的是什么工作，进展到什么阶段，达到什么程度，要报告哪些问题；其次要写清楚报告的事项，要具体地分条分项地陈述所取得的成绩，分析取得这些成绩的原因，包括做法和体会等，这是该类报告的主体部分；最后要说明工作中存在的问题和今后的打算。

（2）情况报告

情况报告的正文一般由“情、因、策”三部分构成。情况报告的写作目的是要向上级机关汇报以下问题：出现了什么情况（“情”）？为什么会出现这种情况（“因”）？怎样应对这种情况（“策”）？这便自然地构成了情况报告所特有的行文思路：陈述情况—分析原因—提出对策（措施或建议）。

（3）答复报告

答复报告的内容具有规定性，专题专报，单一明确。答复报告的正文包括答复依据和答复事项两部分内容。答复依据指答复上级回答的缘由，表述十分简要。答复事项指针对所提问题答复的意见或处理结果，既要写得周全，又要注意不要节外生枝，答非所问。

（4）报送报告

报送报告正文部分行文非常简单，其结构一般为：报送说明＋报送材料（文件的名称、数量）＋结语。其实质性内容是作为附件出现的文件或材料。

3. 尾语

报告的结尾一般有较为固定的结语。如“特此报告”“专此报告”。如果是呈转性报告，其结语通常使用“以上报告，如无不妥，请批转各地区、各部门贯彻执行”。

（四）报告写作的注意事项

1. 报告事项要客观真实

报告事项要客观真实。报告中所反映的问题、汇报的情况，必须实事求是，尤其是典型事例与统计数字要十分精确，不能有水分和虚假浮夸的成分，不能报喜不报忧。因为报告是上级机关了解情况、制定政策、处理问题的依据。情况不确凿，就会给工作带来失误甚至重大损失。

2. 报告要及时

报告的主要任务是向上级反映情况、提出意见或建议、答复询问等，没有时效性，就失去了报告的意义。特别是突发性、重大情况，报告更要及时，如果延误时间，就有可能承担瞒报的行政责任。

3. 报告内容要突出重点

各类报告的内容都要突出重点。专题性报告，一事一报，始终围绕一项工作、一个问题陈述，中心明确。即使是综合性报告，反映的是全面工作情况，也要求主次分明，简繁适度，有点有面，重点突出，不能事无巨细盲目地堆砌材料。

4. 报告不得夹带请示事项

报告和请示不可混用。尽管报告和请示同为上行文，但是由于受文单位对两种公文有不同的处理要求，因此，为了有效解决问题，请示和报告不可混用，确切地说，报告中不能夹带请示事项，否则，容易延误工作。

【例文 2-11】

××省人民政府关于××市第三棉花加工厂特大火灾事故检查处理情况的报告

×政发〔20××〕××号

国务院：

××××年4月21日，我省××市第三棉花加工厂发生一起特大火灾事故，烧毁皮棉101980担，污染1396担；烧毁籽棉5535担，污染72600担；烧毁部分棉短绒、房屋、机器等。造成直接经济损失20129000余元，加上付给农民的棉花加价款3669000余元，共损失23799000余元。

火灾发生后，虽然调集了本省和邻省部分地区的消防人员和车辆参加灭火，保住了主要的生产厂房、设备，抢救出部分棉花，但由于该厂领导组织指挥不力，加上风大、垛密，缺乏消防水源，致使火灾蔓延，给国家造成了巨大损失。事故发生后，省委、省政府立即采取紧急措施，派有关部门负责人赶赴现场，协助调查处理这一事故，做好善后工作。经过上下通力合作，该厂于4月30日正式恢复生产。

从调查核实的情况看，这次火灾是一起重大责任事故，其直接原因是该厂临时工李××违反劳动纪律，擅自扭动籽棉上垛机上的倒顺开关，放出电火花引燃落地棉所致。但这次火灾的发生，领导负有重大责任。一是长期以来，厂领导无人过问安全工作。从去年棉花收购以来，该厂有记录的火情就有12次，并因仓储安全搞得不好，消防组织不健全，消防设施失灵等，多次受到通报批评。厂长段××严重丧失事业心和责任感，对火险隐患听之任之，对上级部门的批评置若罔闻，直至得知发生火灾消息后，也没有及时赶到现场组织抢救。因此，段××对这次火灾应负主要责任。分管安全生产工作的副厂长张××，工作不负责任，该厂发生的多次火情，从未研究、采取措施，对造成这次火灾负有重大责任。二是××市委、市政府对该厂的领导班子建设抓得不紧。19××年建厂以来，一直没有成立党的组织，班子涣散，管理混乱。这次火灾发生后，分管财贸工作的副市长×××同志，忙于参加商品展销招待会，直至招待会结束才到火灾现场，严重失职，对火灾蔓延、扩大损失负有重要领导责任。三是这次事故虽然发生在基层，但也反映出省政府、××行署的领导，在经济体制改革的新形势下，对安全生产工作中出现的新情况、新问题认识不足，抓得不力。

另外，近几年来，××市棉花生产发展较快，收购量大幅度增加，储存现场、垛距、货位都不符合防火安全规定的要求。再加上资金缺乏，编制不足，消防队伍的建设跟不上，消防设施不配套，也给及时扑救、控制火灾带来了困难。

为了认真吸取这次特大火灾的沉痛教训，我们采取了以下措施。

（一）认真学习国务院关于搞好安全生产的有关规定，提高对新形势下搞好安全工作的认识。省政府于5月上旬发出了《关于加强安全生产工作的紧急通知》，要求各级政府、各部门认真学习有关安全工作的规定，牢固树立“安全第一，预防为主”的思想，迅速制定安全措施，建立健全安全生产、安全管理、安全监察等各项制度。××市第三棉花加工厂发生的火灾事故已通报全省。

（二）在全省开展安全生产大检查，及时消除事故隐患。从5月中旬开始，省政府确定由一名副省长负责，组织了4个检查组，到有关地市，对矿山、交通、棉储、化工、食品卫生等行业进行重点检查。各地市也分别组成检查组，进行安全检查。

（三）对××市第三棉花加工厂发生的这起特大火灾事故，省政府责成省供销社、省劳动局、省公安厅会同××地委、行署核实案情，抓紧做好善后工作。××地委、行署几次向省委、省政府写了检查报告，请示处分，并已整顿了企业领导班子，决心接受这次事故的教训。事故的性质和责任已经查明，对肇事者李××已依法逮捕，负有直接责任的厂长段××、副厂长张××依法处理。对××市政府分管财贸工作的副市长×××同志，给予行政撤职处分。

我们一定要在现有人力、物力、技术条件下，尽最大努力做好安全工作，防止此类事故的发生。

以上报告，如有不当，请指正。

××省人民政府（公章）

二〇××年×月×日

【评析】

这是一篇有关于事故的情况报告。写作结构非常具有该类报告的特性。“情”“因”“策”分布非常清晰，第一、第二两小节用一系列的数据准确地介绍了火灾发生的过程及损失的情况。三、四两节深刻地剖析了火灾发生的原因。在分析原因的基础上提出了一系列的措施并表明了发文单位的态度。文章结构典型、层次分明、表述清楚。

【例文2-12】

浙江省劳动和社会保障厅关于报送《浙江省〈禁止使用童工规定〉实施细则（修订草案）》（送审稿）的报告

浙劳社〔20××〕××号

省人民政府：

根据《浙江省人民政府2006年制定规章计划》的要求，我厅在深入调查研究、广泛征求意见的基础上，起草了《浙江省〈禁止使用童工规定〉实施细则（修订草案）》（送审稿），现报上，请予审议。

附件：1. 浙江省《禁止使用童工规定》实施细则（修订草案）（送审稿）

2. 关于《浙江省〈禁止使用童工规定〉实施细则（修订草案）》（送审稿）的说明

浙江省劳动和社会保障厅（公章）

二〇××年×月×日

【评析】

这是一篇报送性报告。这类报告一般行文比较简短，内容比较单纯。本文正文部分直接写清楚了报送的缘由和报送材料的名称。用“请予审议”规范结尾。被报送的材料用附件形式显示。

【例文 2-13】①

关于受台风“海葵”影响受灾情况的报告

×府字〔2012〕40号

县政府：

受今年第11号台风“海葵”影响，我乡8月10日遭遇大风、强降雨天气，根据县委、县政府及县防汛办的统一部署，我乡高度重视，迅速应对，全力以赴做好抢险救灾工作，现将有关情况汇报如下。

一、受灾情况

全乡共降雨497.0毫米，受灾人口9640人，转移群众2400人，其中坪上村、越溪村、珠田村受灾较为严重，全乡估算损失3640万元。

1. 水利设施

一是水渠损毁1538米，受损1000米；二是拦河坝损毁944米；三是水沟塌方7600余米。估计损失169万元。

2. 道路

冲毁道路2900米，堵塞3处100余米，受损道路3200米。估算损失361万元。

3. 房屋

房屋倒塌9户25间，严重损坏11户20间。估计损失58万元。

4. 农作物

二级稻受灾9405亩，一级稻绝收2190亩；冲毁蔬菜1549亩，棉花成灾350亩，浸毁西瓜200亩，其他农作物成灾555亩。估计损失1628万元。

5. 牲畜

倒塌猪舍2栋，冲走鸡鸭等1000只，水淹鱼塘299亩，游走鲜鱼6万余斤。估算损失172万元。

6. 基础设施

全乡基础设施和公益设施损毁都比较严重，估算损失626万元。其中较突出是冲毁大小桥梁20座，冲毁机耕道3000多米。

---

① 例文及评析根据杨红星、张蕊薪《对一篇“报告”的评改》（《秘书之友》2013年第7期）改写。

7. 其他

乡粮站336库被淹，335库、334库后墙体倒塌，损失粮食5万公斤；越溪门楼里村、坪上村村内全部被淹，家庭财产损失831万元；工矿企业损失25万元；冲毁车辆2辆，损失5万元。

二、救灾情况

灾情发生后，乡党委、政府针对灾情，立即启动应急预案，采取措施，组织抗洪抢险，及时进行抗灾自救。

1. 加强组织领导

成立了由乡党委书记为组长的抗洪抢险领导小组，全体班子成员、各村支部书记为成员，有序组织抢险救灾，把损失降到最低程度。

2. 全力做好抢险救灾

一是各村成立了应急队伍，对发生的灾害险情采取了有效措施，进行抢救排险。二是对重点地质灾害隐患，安排人员进行24小时监测，一旦发生险情，立即组织人员安全撤离，并立上报，统一安排抢险避险。三是做好宣传稳定工作，促进受灾村、受灾群众积极主动投身到抗灾自救和灾后恢复工作中，确保社会稳定。

3. 全力恢复生产

各受灾村充分发挥基层党组织的战斗堡垒作用，号召广大党员带头，发动群众及时投身到抗灾自救和恢复生产活动中去。目前，全乡恢复了供电，生产自救工作也在有序开展。

三、请求县政府解决的问题

我乡这次灾情严重，全乡农业、工业和社会经济事业遭受重创。为妥善安排好受灾群众的基本生活，开展好灾后重建工作，我乡已支出应急生活救助资金10万元。但由于我乡财力相对薄弱，为此恳请上级给予帮助：一是解决灾后重建资金；二是安排损毁的基础设施和公益设施的项目或资金扶助。

特此报告，恳请县政府研究解决。

乡党政办

2012年8月16日

【评析】

一般来讲，“情况报告”尤其是“抗灾救灾情况报告”的内容主要由两大部分组成：第一部分是基本情况，以反映情况为主，要把发生的情况、造成的损失等写清楚。如果是自然灾害一般可不作原因分析，但应有准确的统计数据。第二部分是应对措施，以报告情况发生后发文单位所做的具体工作为主，该部分要做到内容翔实、措施具体、条理清晰、逻辑严谨。该文是抗灾救灾情况报告，全文对受灾情况和应对措施做了较详细的交代，但还存在如下几点问题需注意避免。

第一，内容不够具体、翔实。原文介绍情况较为具体翔实，基本做到了“用数据说话”“用事实说话”，但似仍有不够的地方，如其中的“坪上村、越溪村、珠田村受灾较为严重”这一说法较为模糊，“较为严重”到底严重到什么程度，让人难以把握，影响上级统筹作出相关决策，从而影响到对这三个村救灾计划的具体实施。因此，可考虑在此补充一些相关数据。又如应对措施的概括不尽切实。第二大部分“救灾情况”概括了三条具体措施，一定程度上说明该乡为救灾做了一定努力，但仍嫌不够详尽。

第二，语言表达不到位。（1）行文逻辑不够严谨。受灾情况中的第1点“水利设施”、第2点“道路”、第6点“基础设施”，从逻辑上来看，第6点应包含第1点和第2点，因为“水利设施”和“道路”都属于“基础设施”。因此，严格来讲，这三点应予以合并。还需指出的是，原文第6点“基础设施”部分主要讲的是“桥梁”和“机耕道”，用“基础设施”来概括有“题大文小”之嫌，可考虑将其改为“桥梁、机耕道及其他”。受灾情况中的第5点是“牲畜”，其中却提到了“冲走鸡鸭等1000只，水淹鱼塘299亩，游走鲜鱼6万余斤”等内容，亦是题文不符，逻辑不严密。可考虑将小标题改为“家庭养殖”。救灾情况中的第1点“加强组织领导”应是“全力做好抢险救灾”的措施之一，两者在逻辑上是包含关系，将两者并列似乎欠妥。此外，救灾情况中的第2点是“全力做好抢险救灾”，将“灾后恢复工作”纳入其中，与第3点“全力恢复生产”的内容有重合之处，应注意将两者加以区别，可先介绍“抢险救灾”采取了哪些具体措施，再介绍“灾后重建，恢复生产”的工作情况，这样更合乎逻辑。（2）用词不准确。公文用语讲究准确、严谨，综观全文，这方面尚有瑕疵。例如，标题“关于受台风‘海葵’影响受灾情况的报告”，没有准确、完整地概括正文的内容，有题文不符之感，可考虑改为“关于遭受台风‘海葵’灾害及救灾情况的报告”。开头一段中“全力以赴做好了抢险救灾工作”，“了”在这里是表示动作完成的语气助词，不够准确。从实际情况来看，抢险救灾工作并未结束。因此，应把“了”字删除。

第三，内容有不符行文规则之处。（1）报告中夹带请示事项。《条例》明确规定，“不得在报告等非请示性公文中夹带请示事项”，该文文尾却仍带有“请求县政府解决的问题”这一请示性内容，原文中有关的请示事项应另行“请示”。（2）越级行文。该文的发文机关是“××乡党政办”，收文机关是“县政府”，二者不是典型的上下级关系。按规定不宜由“乡党政办”直接向“县政府”行文。因此，建议将落款中发文机关改为“××乡人民政府”。

【修改稿】

××乡人民政府关于遭受台风“海葵”灾害及救灾情况的报告

×政发〔2012〕40号

县政府：

受今年第11号台风“海葵”影响，我乡8月10日遭遇大风、强降雨天气，根据县委、县政府及县防汛办的统一部署，我乡高度重视，迅速应对，全力以赴做好抢险救灾工作，现将有关情况汇报如下。

一、受灾情况

全乡共降雨497毫米，受灾人口9640人，转移群众2400人。全乡估算损失3640万元，其中坪上村、越溪村、珠田村受灾较为严重，受灾人口占全乡的，转移群众占全乡的，因灾损失占全乡的。具体如下。

（一）基础设施

1. 水利设施

一是水渠损毁1538米，受损1000米；二是拦河坝损毁944米；三是水沟塌方7600余米。估计损失169万元。

2. 道路

冲毁道路2900米，堵塞3处100余米，受损道路3200米。估算损失361万元。

3. 桥梁、机耕道及其他

冲毁大小桥梁20座，冲毁机耕道3000多米，加上其他基础设施被毁情况，估算损失626万元。

（二）房屋

房屋倒塌9户25间，严重损坏11户20间。估算损失58万元。

（三）农作物

二级稻受灾9405亩，一级稻绝收2190亩；冲毁蔬菜1549亩，棉花成灾350亩，浸毁西瓜200亩，其他农作物成灾555亩。估算损失1628万元。

（四）家庭养殖

倒塌猪舍2栋，冲走鸡鸭等1000只，水淹鱼塘299亩，游走鲜鱼6万余斤。估算损失172万元。

（五）其他

乡粮站336库被淹，335库、334库后墙体倒塌，损失粮食5万千克；越溪门楼里村、坪上村村内全部被淹，家庭财产损失831万元；工矿企业损失25万元；冲毁车辆2辆，损失5万元。

二、救灾情况

灾情发生后，乡党委、政府针对灾情，立即启动应急预案，采取措施，组织抗洪抢险，及时进行抗灾自救。

（一）加强组织领导。成立了由乡党委书记为组长的抗洪抢险领导小组，全体班子成员、各村支部书记为成员，有序组织抢险救灾，努力把损失降到最低程度。

（二）积极筹措资金和救灾物资，保障灾民生活。（略）

（三）组建队伍，加强监测，做好宣传稳定工作。一是各村成立了应急队伍，针对发生的灾害险情采取有效措施，抢救排险。二是对重点地质灾害隐患，安排人员24小时监测，一旦发生险情，立即组织人员安全撤离，并立即上报，统一安排抢险避险。三是做好宣传稳定工作，确保社会稳定。

（四）全力恢复生产。各受灾村充分发挥基层党组织的战斗堡垒作用，号召广大党员带头，发动群众及时投身到抗灾自救和恢复生产活动中去。目前，全乡恢复了供电，生产自救工作也在有序开展。

特此报告。

××乡人民政府

2012年8月16日

二、请　示

（一）请示的适用范围

《条例》规定：“请示适用于向上级机关请求指示、批准。”请示是上行文，一般应向具有隶属关系的直接上级行文。请示在基层单位有较高的使用频率。

（二）请示的类型

根据请示的适用范围和行文目的的不同，请示可以分为请求指示的请示、请求批准的请示和请求批转的请示。

1. 请求指示的请示

请求指示的请示就是针对工作中出现的问题，向上级单位申明情况，请求予以答复的请示。常见的有：对上级有关方针、政策、指示或法规、规章不够明确或有不同理解，需要上级机关做出明确解释和答复；从本地区本单位的实际情况出发，需要对上级的某项政策、规定做出变通处理，有待上级重新审定，明确作答；在工作中出现新情况、新问题需要处理而无章可循、无法可依，需要上级机关做出明确指示等。

2. 请求批准的请示

请求批准的请示即请求上级解决本地区、本单位的某一具体问题和实际困难，请求上级单位予以支持、帮助的请示。其内容涉及人员编制、机构设置、干部任免、领导班子组成与调整、经费预算等问题等。

3. 请求批转的请示

请求批转的请示多为请求上级单位审核批转本机关制定的意见或措施，这种请示在性质和写法上都与建议性报告相似，但建议性报告提出的建议仅供上级机关参考，上级机关不一定需要批复。建议性请示则具有请求答复的要求，上级机关不论批准与否，都应该给予明确的答复。近年来，请求批转的请示已多为上行意见所替代。

（三）请示与报告的区别

在相当长的时间内，请示和报告处在混用状态，从各地政务信息公开的文件中，请示报告混用的情况比比皆是，以“××市市级政府网站的文件”为例，同样是关于资金问题，一份是《××市体育局关于要求解决市网球协会经费的请示》，另一份则是××市文广局《关于要求减免××市美术馆人防费的报告》。有些则将请示和报告并举，生造出“请示报告”，如国家统计局向国务院上报的《关于计算农村社会总产值和把村（队）办工业从农业划归工业的请示报告》等。政府机关尚且如此，基层单位在实践中就更难规范了。

请示和报告的混用是有历史原因的。1951 年政务院发布中华人民共和国成立后的第一个公文处理法规性文件《公文处理暂行办法》中规定“对上级陈述或请示事项用‘报告’”，并没有请示这一文种。尽管1957年，国务院秘书厅在《关于对公文名称和体式问题的几点意见》中增加了请示文种，但延续历史习惯用法，人们往往将请示事项写于报告中。事实上，请示与报告在现行的《条例》中是两种截然不同的上行文。

尽管请示与报告行文方向一致，均属上行文，公文格式相近，都应当注明签发人、会签人姓名，但两者不同之处还是非常明显的。

1. 行文目的、作用不同

请示旨在请求上级批准、指示，需要上级批复，重在呈请。报告主要是向上级汇报工作，反映情况，答复上级机关的询问，不需上级答复，重在呈报。

2. 行文时间不同

请示需要事前行文，报告一般在事后或者事情发生的过程中行文。

3. 受文机关处理方式不同

请示属办件，收文机关必须及时批复。报告多属阅件，除需批转的建议报告外，收文机关对其他报告都可不行文。

4. 写作侧重点不同

虽然两者都有陈述情况的内容，但报告的重点是在汇报工作情况，报告中不能夹带请示事项；而请示中所陈述的情况只是作为请示的原因，所占的篇幅再大，其核心依然是请示事项。

(四) 请示的写作结构

1. 标题

请示的标题通常由发文机关、事由和文种构成。如《××局关于建立统计工作联席会议制度的请示》。

2. 主送机关

请示的受文机关具有单一性，行文过程要避免多头请示的状况。《条例》规定：“受双重领导的机关向一个上级机关行文，必要时抄送另一个上级机关。”

3. 正文

请示的正文结构模式是：请示缘由＋请示事项＋请示要求。

(1) 请示缘由

与其他文种不同，请示缘由是请示正文重要的构成部分。因为所请示的事项，能否得到上级单位的指示或批准、同意或解决，关键在于本部分的理由是否充分，是否言之有据，是否能抓住实质、切中要害。在写法上，一般采取叙事和说理相结合的方式。叙事要精练、说理要透彻。有些比较详尽的事实和数据可以放在附件中。请示带附件的现象比较常见。

(2) 请示事项

请示的事项或建议的事项指请求上级机关批准、帮助、解答的具体事项，是正文的关键部分。请示的事项要符合国家法律、法规，符合实际，具有可行性和可操作性，因此，请示事项要求写得具体、明确，切忌笼统、含糊，避免使用“大概”“或许”等模糊词语。与请示缘由相比，请示事项在篇幅上往往比较简短，甚至只有一二句话，但请示事项在请示中的核心地位不可忽视。

（3）请示要求

为使请示的事项得到答复，发文机关要提出要求。请示的要求一般是固定格式的请求语。如“当否，请批示”“妥否，请批准”“以上意见如无不妥，请批转有关单位执行”“以上请示，请批复”等。请示的要求一般不能省略。

（五）请示的行文规则

请示在行文时必须遵循以下规则。

1. 一文一事

《条例》规定：“请示应当一文一事。”下级单位请求上级单位指示的问题很多，为了便于上级机关研究答复，行文时必须遵守一事一请示的原则，以利于及时迅速地解决问题。

2. 主送一个机关，切忌多头主送

《条例》规定：请示“原则上主送一个上级机关，根据需要同时抄送相关上级机关和同级机关，不抄送下级机关”。限定只主送一个机关，是为了避免出现两家或两家以上单位互相推委、扯皮的现象。如果单位有双重领导关系，也应根据领导单位的职责确定一个机关为主送，另一单位用抄送形式告知。另外，应注意除上级机关负责人直接交办的事项外，不得以机关名义向上级机关负责人报送“请示”。

3. 不可越级请示

请示应根据隶属关系和职权范围确定，下级要逐级向上请示，一般不得越级行文。如果因特殊情况或紧急事项必须越级请示时，要同时抄送被越过的直接上级机关。

4. 理由充足，要求具体，语气谦恭

请示理由要充足，有说服力。要求要明确，有些请示可以为上级提供不同的解决问题的方案，供领导决策参考。同时，请示作为上行文，要注意语气谦恭，多用“请”“拟”“建议”等用语。

【例文 2-14】

××市社会和劳动保障局

关于建国前参加革命工作老工人医疗待遇问题的请示

×市老社〔2005〕1号

浙江省社会和劳动保障厅：

省政府《关于印发浙江省推进城镇职工基本医疗保险制度改革意见的通知》（浙政〔2000〕5号）对离休人员、老红军以及二级乙等以上革命伤残军人、省部级劳动模范的特殊医疗待遇作了明确。

建国前参加革命工作的老工人，可否参照上述对象享受类似的特殊医疗待遇？请予明确。

特此请示，请批复。

××市社会和劳动保障局（公章）

二〇〇五年三月四日

【评析】

本文为一则请求指示的请示。这类请示多涉及政策、认识上的问题，由于本单位无权决定，请求上级予以明示。本请示正文开门见山，明确了请示的依据和缘由，并以问题的形式提出了请示的事项，最后提出要求，请求上级机关批复。全文主题明确，表述干净利落。

【例文 2-15】

××市安全生产监督管理局
关于要求举办乡镇（街道）安监站安全生产监察人员培训班的请示

×市安监〔2008〕76 号

省安全生产监督管理局：

近年来，我市坚持把加强基层安全生产监管队伍建设作为重点工作加以推进，各乡镇（街道）已基本建立安监机构，配备了安监人员，开展了对乡镇（街道）安监人员的执法培训。去年，省局在我市举办了三期乡镇（街道）安监人员培训班，已有 279 人通过考试并取得了安全生产监管执法证，队伍业务素质有了较大提高，基层一线的安全生产监管工作得到了加强。今年年初，××县又有 7 个新型镇（街）设立了环保和安监站，其他县（市、区）的乡镇（街道）安监人员也有所调整，这些人员尚未经过取证培训。根据《浙江省安全生产监督管理局关于印发〈浙江省安全生产监管执法人员培训管理暂行办法〉通知》（浙安监管培〔2007〕52 号）和《浙江省安全生产监督管理局关于做好乡镇（街道）安全监管机构人员换发证有关问题的通知》（浙安监管培〔2006〕187 号）精神，有 64 名乡镇（街道）安监人员符合培训取证条件，我们要求省局近期在××县举办一期乡镇（街道）安全监察人员取证培训班。

以上请示妥否，请予核准。

附件：××市乡镇（街道）安全生产监察人员拟参加取证培训人员名册

（联系人：孟××　电话：0575-853359××）

××市安全生产监督管理局（公章）

二〇〇八年八月二十七

【评析】

这是一份请求批准的的请示。标题三要素齐全，事由清楚但不够简洁，“要求”两字可以省略。正文部分的请示缘由和请示事项采用了连贯的形式。缘由依据充分，表述清楚，请求事项简洁，但用词尚可斟酌，如用“请求省局”更合适，同时可拟定更明确的培训方案作为附件上呈。另外联系人的信息宜放在附注中。

【例文 2-16】①

关于申请增设××派出所的请示报告

××市局领导：

我分局下属的淮河派出所管辖战线长、地域广，近年来由于城市经济的快速发展，导致人口迅猛增多。该派出所辖区又系城郊接合部，治安情况极为复杂。

据此，我分局向市局请示，拟增设××派出所。管辖原属淮河派出所管辖的部分地段，这样可以加大管理力度，缓解淮河派出所警员的工作压力．从而提高工作效率，确保一方平安。请领导尽快研究。早日答复。

当否？请批示。

××分局（公章）

20××年 5 月 10 日

【评析】

这是一份请求批准的请示。行文多有不当。主要表现在以下几个方面。

第一，标题。(1) 词义重复。本文标题中的"申请"应删去。(2) 文种使用错误。这是××分局向××市局行文，要求增设派出所，以适应工作需要。这属于按上级机关和主管部门有关政策规定，不经请示有关部门批准，无权自行处理的问题。因此，符合"请示"的适用范围，标题应为"请示"，而非"请示报告"。

第二，主送机关。请示不能主送给领导者个人。

第三，正文。(1) 正文的缘由部分表述不充分。缺乏条理性和说服力，上级部门看了以后，会感到情况不具体，不足以体现成立新派出所的必要性。本文这部分以概括说明为主。"管辖战线长、地域广"，战线有多长、地域有多广，没有具体数字，由于标准不同，也许你认为的"长""广"，上级认为正合适；"人口迅猛增多""治安情况复杂"，也都是模糊用语，没有具体数字说明。还有，缘由部分没有说明现有的淮河派出所的规模，这是个非常重要的因素。由于表述不充分，因而这部分文字缺乏说服力。(2) 事项部分存在以下问题：事项不具体，本文事项部分只有一句话，"部分地段"用语模糊，不明确；事项和原因混杂，"这样可以加大管理力度，缓解淮河派出所警员的工作压力，从而提高工作效率，确保一方平安。"一句属于缘由阐释，应放在前一段中说明。

第四，结尾态度生硬，语气不当。

第五，2012 年前的成文日期应用汉字标注。

第六，文尾缺少附注。

① 本例及评改根据吕向文的《评改一篇请示》改写，原文载《应用写作》2005 年第9 期。

【修改稿】

××分局关于增设××派出所的请示

××发〔20××〕×号

××市公安局：

我分局下属淮河派出所于19××年经市局批准成立，辖区位于城乡接合部。东西从××街至××街，南北从××路至××路，管辖地域广。总面积达××平方千米，战线长，东西22千米。近年来，随着我市经济的迅速发展，外来务工人员不断增加，辖区人口由建所之初的5万人，增加到现在的12万多人，由于流动人口比例增大，导致该地区治安情况复杂。近三年来，刑事案件以每年5%的速度增长，治安案件增速更是高达8%，分别比我市平均值高出2%和4%。淮河派出所现有民警20人，由于长期高强度、超负荷工作，身体健康状况令人堪忧。由于该所辖区狭长，使得出警不及时，不能有效地处理各种案件，致使群众对民警不信任，治安形势十分不稳定。

鉴于上述情况，我分局拟增设××派出所，具体方案如下：

一、规模：为科级建制，人员编制为20人。

二、位置：××派出所设于西江街83号，原建设宾馆招待所。

三、辖区：管辖原属淮河派出所管辖的怒江街以东地区。

当否，请批示。

××分局（公章）

二〇××年五月十日

（联系人：李××　电话：×××××××）

三、批　复

（一）批复的适用范围

《条例》规定：批复“适用于答复下级机关请示事项”。批复是与请示相对应的公文，下级有请示，上级才有针对该请示的批复。

批复作为答复性的下行公文，具有以下特点。

1. 行文的被动性

批复是被动行文。它是应下级机关来文的请求而行文；没有下级机关来文请求，上级机关就不能使用批复。反之，如果上级机关对下级机关的请示不予及时批复，那么，上级机关就是失职。

2. 内容的单一性

批复既然是针对请示，那么请示是一文一事，批复内容也具有专一性。因此批复大多篇幅短小，语言简练。

3. 内容的权威性

上级机关所作的批复，往往体现上级机关的意图和权威，能够解决或审批下级机关请示事项或问题。批复的内容具有行政约束力，也是对下级工作的指导，请示单位必须严格遵行。

（二）批复的种类

批复与请示相对应，可作如下分类。

1. 批准性批复

批准性批复是对请求批准性请示的答复，是针对请示单位提出的问题经审核后所作的批示性答复。如对增设机构、增加编制、追加经费等事项，需要从工作实际出发，对所请示的内容进行论证审核，依据有关政策规定作出审批性答复，明确表示同意、部分同意或不同意等的意见。

2. 指示性批复

指示性批复是对请求指示性请示的答复。这种批复不仅只对下级机关的请示事项作明确表态，而且还就请示事项的落实、执行或就该事项的重要性、意义等发表指示性意见。这类批复往往在一定范围内具有较普遍的指导意义。

（三）批复与复函的的区别

复函即答复性函，是为答复问题而制发的函。批复与复函虽然都属于答复性公文，但属于两种不同的党政公文，存在以下区别。

第一，行文方向不同。批复是典型的下行文，行文对象是下级机关；复函行文方向灵活，最基本的行文对象是平级机关和不相隶属机关。

第二，事项重要程度不同。批复往往答复较重要的事项，复函可以用于一般性问题。

第三，被动程度不同。批复的被动程度要比复函更大。

（四）批复的写作结构

1. 标题

批复的标题模式一般采用公文标题常规写法，由“发文机关＋事由＋文种”组成。与其他文种的标题略有不同的是，批复的标题可以有一些变化形态，比较常见是在事由中，可以明确表示对请示事件的意见和态度，如《国务院关于同意将浙江省金华市列为国家历史文化名城的批复》，其中，“同意”二字就是用来表明态度和意见的。如果不批准请求事项，标题中可以不出现态度和意见，到正文中再表态；如果是答复请求指示的批复，也无须在标题中表态。

2. 主送机关

批复的主送机关就是相对应的请示的发文机关。

3. 正文

批复正文的结构模式是：批复引语＋批复事项＋尾语。

（1）批复引语

批复引语就是批复的缘由和依据。主要涉及两个方面。

一是对方的请示，主要引述所批复的请示的来文时间、来文标题、来文文号或者来文事项等要素，程式较为固定。如：

你省《关于再次要求将金华批准为国家历史文化名城的请示》（浙政〔2007〕3号）收悉。现批复如下。

二是与请求事项有关的方针政策和上级规定，或者其他批复依据。有关的文件和规定是答复请示的政策和理论依据。可表述为："根据××关于××的规定，现作如下答复。"

（2）批复事项

批复事项是针对下级请示的事项所发出的指示或者作出的审批性决定。如果内容复杂，可分条表述。对于求批性请示，上级机关应明确"准"与"不准"。如果同意请示事项，要给予肯定性答复，必要时可以有一些指示性意见；如若不同意请示事项，则应简要阐明理由。对于求示性请示，批复事项主要是针对请示内容给予政策上的指导和内容上的解答。

（3）尾语

批复一般用专用尾语结束全文，如"特此批复"专此批复""此复"等。也可以不写尾语，自然结束。

（五）批复的写作要求

1. 批复要及时

批复是针对请示而写的，是为下级机关答疑解难的，所以必须及时。有些机关为了防止拖拉推委的官僚作风，一般会限定批复的最迟期限，如收到请示7天内必须批复等。

2. 态度要明确

批复必须对请示事项表明态度，是可办还是不可办，不能使用模糊词语，同时语言表述要严密，不能有破绽和漏洞。

3. 一文一批，行文简洁

批复必须坚持一文一批的原则，行文一般都比较简短，具有原则性。

【例文 2-17】

××大学关于同意××学院要求划拨人事编制的批复

××发〔2013〕×号

××学院：

你院关于要求划拨事业编制的请示收悉。根据学校人事编制的规模，结合××学院的实际情况，经研究，决定同意划拨给你院事业编制（自筹经费）150 名。请你院合理规划和使用好事业编制，从严掌握事业编制的准入条件，严格按照校部规定的进入程序操作，科学合理地做好人员分类管理，促进学院更加健康有序发展。

特此批复。

××大学

2013 年 6 月 6 日

【评析】

本文是××大学对其下属××学院的请示的批复。标题用“同意”来表明行文单位的基本态度。正文由“批复引语＋批复事项＋尾语”构成。批复引语与批复事项采用连贯形式，在同意请示事项的基础上提出了要求和希望，最后用惯用语结尾。全文针对性强，态度明确，表述简洁明了。

【例文[①] 2-18】

关于××粮管所建房需要增加资金问题的批复

××区粮站：

你站关于××粮管所建房需要增加资金问题的请示收悉。××粮管所的营业室、办公室、职工住房改建大修，经我两局××××年联合下文批复，计面积 1400 平方米，资金 100 万元（其中大修费 50 万元、更改资金 50 万元）。由于物价变化，钢材、木材等多系议价，加上建筑税、配套费等，致使超出原批计划，目前房子还未修好，尚差资金 37.6 万元。鉴于这一实际情况，同意增加计划 37.6 万元（包括粮站内部安装），其资金由粮食局拨自有资金 15 万元，本站动用发展生产基金 22.6 万元。营业办公室的水电安装费用，可以列入企业管理费报销。

特此批复。

××县粮食局

××县财政局

××××年×月×日

【评析】

本批复主要存在以下一些问题。

一是一般不能联合行文。批复“适用于答复下级机关的请示事项”，是被动性行文，

① 例文评改部分根据卢华东的《评改一则批复》改写，原文载于《应用写作》2008 年第 1 期。

与“请示”构成双向对应的行文关系，而请示只能有一个主送机关，不能多头请示。因此，请示的答复机关也只能是一个，何况粮站与财政局也不是隶属的上下级关系，不能使用请示和批复行文。

二是批复事项不明确，没有针对性。批复事项要根据请示的内容给予明确答复或具体指示，可以先复述请示的主要内容，再表态。而这则批复却先复述上次批复的相关内容，纯属多此一举。请示的事项是“建房”所需资金，而批复中涉及的皆是修房和内部安装事宜，没有针对性。

【修改稿】

××县粮食局关于增拨××粮管所房屋修缮款的批复

×粮发〔××××〕×号

××区粮站：

你站《关于增拨××粮管所房屋修缮款的请示》（×粮发〔××××〕×号）收悉。经研究批复如下。

一、同意增拨 37.6 万元（包括粮站内部安装），其资金由粮食局拨自有资金 15 万元，你站动用发展生产基金 22.6 万元。

二、营业办公室的水电安装费用。可以列入企业管理费报销。

三、请抓紧组织，并加强管理，降低成本，提高效率，力争在年前修缮完毕，投入使用。

特此批复。

××县粮食局（公章）

××××年×月×日

第五节　函　纪要

一、函

（一）函的适用范围

《条例》规定：函“适用于不相隶属机关之间商洽工作，询问和答复问题，请求批准和答复审批事项”。函适用范围广泛，使用灵活方便。既可用于相互商洽工作，询问答复问题，又可用于向主管部门请求批准事项及主管部门审批或答复事项。函属于典型的平行文。

（二）函的类型

根据不同的标准，我们可以对函作如下分类。

1. 按照内容和用途，函可分商洽函，询问、答复函，请批、批准函

（1）商洽函

商洽函指主要用于平行机关或不相隶属机关之间商洽工作、联系有关事宜的函。常用于商调人员、联系租赁、洽谈业务等，如《××学校关于商洽×××同志调动工作事宜的函》。

（2）询问、答复函

询问、答复函指主要用于不相隶属机关之间互相询问、答复有关问题的函。如《××省科学技术委员会关于询问贯彻全省科学技术工作会议情况的函》。

（3）请批、批准函

请批、批准函主要指向不相隶属的业务主管部门制发的请批函，以及业务主管部门向不相隶属的机关单位制发的批准函。如《×××××学报关于申请广告许可证的函》。有关机关、单位涉及部门业务工作，需向不相隶属的业务主管部门请求批准，但又因相互之间不是上下级的隶属关系而不宜用请示行文，就应用函。例如干部录用、调动、经费拨付等。同理，有关主管部门向不相隶属的机关单位批准某些业务事项，也应用复函。但在实际工作中，这类函常常误用为请示、报告、批复。

2. 按照文面规格，函可分为公函和便函

（1）公函，按一般公文格式需具备标题、主送机关、正文、落款等要素，也需要编制发文号，发文号既可以统一编号，也可以按函件单独编号。

（2）便函，格式灵活、简便，写法较自由，可以省略标题，不编文号。便函不列入正式文件范围。

3. 按照行文方向，函可分为去函和复函

（1）去函也叫来函，即是发文单位主动发出的函。

（2）复函则是针对来函所提出的问题或事情，被动答复的函。

（三）函的结构和写作要求

1. 函的结构

函的标题一般遵循三要素的原则，函须有确定的主送机关。

函的正文结构，一般由去函（复函）缘由、去函（复函）事项与尾语组成。

2. 函的写作要求

（1）去函的写法

去函包括请求批准的函、询问性函、商谈性函、告知性函等。

①请求批准的函

这种函与请示的写作方法大体相同，可参照请示的写法拟函。首先要把请求批准的理由、可行性写清楚，使问题引起业务主管部门的注意；其次，要明确写出要求业务主管部门批准的问题、处理意见和方案，以供其参考。

②商谈性函

要明确提出所要联系和商谈的事项的具体内容。同时要写清对方的要求和希望。所提的要求和希望要能在对方解决的范围之内，提得恰到好处。

③询问性函

要写明询问的目的、原因及询问的具体内容。

④告知性函

这类函只要把事项写清楚即可，不要求答复。代用通知的函，可参照通知写法写作。

去函的常用尾语有："即请函复""专此函达""妥否，请函复"等。

（2）复函的写法

复函是答复问题的函。其正文由复函引语＋答复事项＋尾语组成。

①复函引语

复函如同批复要引据来文，一般表述为"×年×月×日的来函收悉"，接着简要复述对方提出的问题和要求，之后用"经……研究现答复如下"语句承上启下，过渡到下面答复的内容。

②答复事项

复函答复时另起一行。对对方提出的问题或商谈的工作要作出具体明确的答复，写作时，根据答复问题内容的多少，可以一段连贯表述，也可以分条答复。必要时，在答复之后还可以提出一些要求或注意事项。

③尾语

可用"特此函复""此复"结束，也可以省略尾语。

（四）撰写函应注意的问题

1. 文种使用正确

正确处理函与请示和批复的关系。使用函还是请示或批复，主要依据发文机关与受文机关的关系。函主要用于平级单位之间、不相隶属单位之间以及有业务上的主管和被主管关系的单位之间的工作往来。请示或批复则用于有隶属关系的上下级机关。

2. 开门见山，内容单一

函一般比较简短，简明扼要，开门见山，直叙其事，且提倡一事一函。

3. 措辞得体，语言简洁明了

函的语言表达比较讲究，必须礼貌、谦和、态度诚恳。一般不用"必须""应该""注意"等指示性语言，常使用"拟""承蒙""鼎立相助""承蒙惠允""贵""贵单位"等礼貌性语言。

【例文 2-19】

关于申办领事认证不再提供介绍信的函

省司法厅公证管理处：

为进一步加强机关效能建设，提高办事效率，方便办证人员，根据外交部有关文件精神，经研究，决定从 2004 年 3 月 1 日起，个人申办领事认证不再提供介绍信，但必须在申请时填写《申请领事认证档案登记表》；单位申办领事认证仍需提供单位行政介绍信。

现特致函，请贵处将此调整事宜通知有关单位为盼。

浙江省人民政府外事办公室护照签证处（公章）

二〇〇四年二月二十六日

【评析】

上文是浙江省人民政府外事办公室护照签证处发给浙江省司法厅公证管理处的告知性函，行文主体间属于不相隶属关系。标题省略发文机关，由事由和文种组成，正文部分“为进一步加强机关效能建设，提高办事效率，方便办证人员，根据外交部有关文件精神”为发函缘由，“经研究……”为函件事项，最后一段为尾语。

【例文 2-20】

××市环保局关于组织实施山下湖镇省级农村环境保护试点工作的函

×市环函〔2009〕31 号

××市人民政府：

《关于要求推荐××市山下湖镇为省级农村环境保护工作试点单位的函》（×政函〔2009〕2 号）收悉。经推荐，省环保局同意将××山下湖镇列入省级农村环境保护工作试点单位。

请你们根据省环保局《关于开展农村环境保护试点工作通知》和《浙江省农村环境保护试点工作实施方案》精神，结合××山下湖镇实际，抓紧编制试点工作方案，加强组织领导，落实保障措施，加大投入力度，尽快组织实施。通过整治，切实解决一批农村突出的环境问题，进一步改善农村生活和生产环境。同时，要注意及时总结提高，为全市开展农村环境保护工作提供经验。

××市环保局（公章）

二〇〇九年三月二十七日

【评析】

上文为××市环保局给××市人民政府（所属县级市）的复函。行文双方为上级政府部门与下级政府部门，这类行文关系在实践中经常误用为“请示”和“批复”。正文开头首先引述对方的来文标题和文号，然后简要说明答复事项。本函将重点放在了答复后的要求上。

【例文 2-21】

关于“助行工程”安装假肢取模的函告

各有关村：

接县通知，安装小腿假肢的同志，请于 8 月 21 日上午 8：30 在县委党校取模，时间一天。免费安装小腿，如要装大腿，县残联只补贴每只 500 元，其余需个人自费。

参加安装假腿的同志，于 21 日早上 8 点整在××街道门口集中乘车至绍兴。

请各有关村及时通知到人，并由家人护送。

特此函告。

××街道残联

2003年8月14日

【评析】

这是一篇告知性的函，行文关系正确，内容基本清楚，但也存在一定问题。首先，标题中文种表述不规范；其次，正文的主要问题是条理不够清楚，比较随意，如“请各有关村及时通知到人，并由家人护送”等；第三，语言表述过于口语化，如“装小腿”“装大腿”等；最后，成文日期标注也不够规范。

【修改稿】

××街道残联关于“助行工程”安装假肢取模的函

各有关村：

为贫困下肢缺失者安装假肢是“助行工程”的一项主要内容，根据县残联的统一部署，现将安装假肢取模的有关事项函告如下。

一、安装对象

生活贫困的下肢残缺者。

二、安装取模的时间和地点

时间：8月21日上午8：30—下午4：30。

地点：××县委党校。

三、费用

根据有关规定，贫困截肢者可以免费安装小腿假肢。如要装大腿假肢，县残联每只补贴500元，不足部分需个人自理。

四、注意事项

1. 参加安装假肢取模的人员，请于21日早上8时在××街道门口集中乘车。

2. 每位残疾人员，需要有一名家人陪护。

请各有关村及时通知到相关人员。

特此函告。

××街道残联（公章）

二〇〇三年八月十四日

二、纪　要

（一）纪要的适用范围

《条例》规定：纪要“适用于记载会议主要情况和议定事项”。纪要产生于会议后期或者会后，属纪实性公文。纪要是根据会议情况、会议记录和各种会议材料，经过综合整理而形成的概括性强、凝炼度高的文件，具有情况通报、执行依据等作用。纪要是一个具有广泛实用价值的文种。

（二）纪要的种类

纪要按其内容和功用的不同可以分为指示性纪要、通报性纪要、消息性纪要。

1. 指示性纪要

对工作具有指导作用的会议纪要，其功能类似于决议。如中共中央转发的《全国城市经济体制改革试点工作座谈会纪要》等。

2. 通报性纪要

有关领导同志主持召开的办公会议，对讨论的问题做出了决定，可以以纪要的形式发至一定的范围，使受文单位了解会议精神和决定事项，以便贯彻执行。如《××集团公司经理办公会议纪要》《××校长办公会议纪要》等。

3. 消息性纪要

这类纪要一般不具有贯彻执行的要求，只起到消息报道的作用，使人们对会议情况有所了解，座谈会、学术性会议纪要等大多属于此类。如《××学院思想政治教育座谈会纪要》。

（三）纪要的结构和写作要求

1. 标题

纪要的标题通常是由会议名称和文种构成的，如《全国城市爱国卫生现场经验交流会纪要》《全国课程目标专题研讨会纪要》等。也有的由发文机关、会议名称和文种构成，如《××集团公司经理办公室会议纪要》。

纪要的成文时间大多标注于标题下居中位置，用括号注明年、月、日。也有把成文时间写在尾部。

2. 正文

纪要一般分两大部分。

第一部分一般应写明会议概况，包括会议召开的时间、地点、届次、组织者、出席和列席人员名单、主持人、会议议程及对会议的总体评价等。

第二部分是纪要的中心部分，反映会议的主要精神、讨论意见和议决事项等。主体部分常见的写法有三种：第一可以采用综合报道式，把会议的基本情况、讨论的主要问题，用概括的方法，进行整体的阐述和说明。第二是分项叙述式，即把会议内容和决定分条款进行表述。第三可以采用发言提要式。这种写法是把会上具有典型性、代表性的发言加以整理，提炼出内容要点和精神实质，然后按照发言顺序或不同内容，分别加以阐述说明。这种写法能比较如实地反映与会人员的意见。

3. 尾部

包括署名和成文时间两项内容。署名大多适用于办公会议纪要，写明召开会议的机关单位名称。其他纪要一般不需要署名，不加盖公章。至于成文时间，如果在首部已注明，尾部不再标注。

（四）撰写纪要应注意的问题

第一，概括要全面，要如实反映会议精神。不得随意取舍，不得以偏概全，不能是自己赞同的就多写，不赞同的就略写或不写。

第二，例会和办公会议、常务会议的纪要，重点将会议所研究的问题和决定事项逐条归纳，做到条理清楚，简明扼要。

第三，纪要常用"会议"作人称，如"会议认为""会议确定""会议指出""会议强调""会议听取了""会议讨论了"等。

第四，纪要写成后，可由会议主办单位直接印发，也可由上级领导机关批转。有的纪要还可由会议主办单位加按语印发。

【例文 2-22】

浙江省假日旅游协调会议纪要

假日办〔2006〕7 号

9 月 13 日下午，省假日办组织召开了全省假日旅游协调会议，专题研究部署今年"十一"黄金周旅游工作。省旅游局、发改委、公安厅、交通厅、建设厅、卫生厅、工商局、质监局、广电局、气象局、统计局、机场、铁路等部门和单位的负责人参加了会议。

会议听取了省假日办各成员单位关于"十一"黄金周准备工作情况的汇报，分析了"十一"黄金周的形势和特点，认为今年"十一"黄金周由于受时间、季节、环境等因素的影响，将存在交通压力越来越大、安全压力越来越大、社会面稳定的压力越来越大的"三大"特点。会议要求各级假日旅游协调机构认真分析和把握这些特点，积极采取有效措施，切实做好"十一"黄金周假日旅游的各项工作，过一个"和谐、祥和、安全、有序"的黄金周。

会议明确了今年我省"十一"黄金周旅游工作的总体要求是：安全更可靠，确保万无一失；秩序更规范，创造良好的环境；实现质量、效益的双提高。为实现"十一"黄金周旅游工作的总体要求，会议要求各级假日旅游协调机构做好以下几个方面的工作。

一、加强领导，注重协调。要进一步树立执政为民，以人为本的思想，进一步加强领导，要明确主要领导、分管领导的职责，全面部署黄金周的各项工作。要做好计划，精心组织，加强组织协调，在进一步抓好纵向部门工作的同时，注重横向各部门之间的联系和协调，形成合力，提高公共服务水平。

二、明确责任，落实到位。要层层落实责任。既要落实领导责任，要把自己分管的工作做好；又要明确"谁主办、谁负责"，落实各类活动主办方的安全责任；也要落实景区等业主的直接责任，谁经营、谁负责；更要落实行业主管部门的监管责任，各部门特别是交通、公安、卫生、工商、建设和旅游等重点部门要按照工作职责，抓好各项工作措施的落实；还要落实从业人员的岗位责任，提高工作人员的素质；要落实旅游服务对象的个人责任，旅游服务部门要做到事先提醒和告知，构成全社会互动的责任机制。

三、强化检查，确保有序。一是安全的措施要到位，从安全环境、从业人员和安全管理者等三方面来落实安全措施；二是规范市场秩序的措施要到位，进一步打击虚假旅游广告、侵犯旅游消费者权益等行为；三是要完善应急预案，及时处置突发事件。

四、加强督查，确保安全。一是在每一次的大型活动之前要组织安全大检查，督查要“严、细、实”，对各类设施设备进行检查，确保安全运行；二是要对各级部门的工作是否到位进行督查，特别对一些“农家乐”旅游的吃、住等方面的安全隐患进行督查，加强对其安全意识的教育；三是要对容易出事故的重点环节进行督查，确保万无一失。

五、注重信息，完善制度。气象、建设、交通和机场、铁路等部门和单位要及时发布气象信息、交通信息、景区信息和卫生情况信息，努力提高黄金周的预测预警水平；同时要完善和落实假日值班制度，保持联络畅通，受理并解决游客投诉，及时处理旅游突发事件，做到有备无患。

六、强化教育，提升素质。要按照“提升中国公民旅游文明素质行动计划”的总体要求和中央文明办、国家旅游局电视电话会议精神，全面开展提升中国公民旅游文明素质的各项活动。各地要充分发挥自身优势，通过制作发布公益广告、设立文明监督岗、评选文明游客等方式，通过广播、电视、报纸、互联网等宣传渠道，加大文明旅游的宣传力度，引导和教育游客自觉提高文明意识，引导游客文明旅游，营造和谐的假日旅游氛围。

【评析】

例文属于指示性会议纪要。标题采用最常见的会议名称加文种构成。本纪要编有发文号（纪要也可以不编发文号）。正文开头部分介绍了会议概况，包括会议召开的时间、组织者、出席者、会议的主要议题等。本纪要的主体部分以“会议”为人称，主要采用了第二种写法。采用总分的方式提出了会议的要求，内容比较具体明确，可以作为有关部门安排工作的依据。

【例文 2-23】

××镇人民政府
关于“香雪梅海”总体规划评审会议纪要

二〇〇八年五月二十三日上午，××县王坛“香雪梅海”总体规划评审会在××镇政府二楼召开。浙江大学旅游规划专家周××教授及县建设局、旅游局、文广局、财政局、交通局、土管局等部门应邀参加了会议，会议对王坛东村旅游区总体规划进行了评审。会议首先由××规划设计院介绍了规划方案，接着与会专家和领导对规划作了认真审查，会议一致认为本规划资料翔实，符合王坛东村实际，具有较强的可操作性，可直接指导东村下一步的旅游开发与建设，与会专家及部门对规划提出了如下意见。

一、会议一致以为本规划资料翔实、符合王坛东村实际，具有较强的可操作性，予以原则通过。

二、原则同意规划的定性、规划的理念及原则。

三、原则同意“一环一溪五区”的总体布局和各景点、景区的规划设计布局。

四、原则同意旅游口号的设计。

五、与会专家和领导还对规划提出了以下建议。

1. 为突出王坛东村的资源特质与品牌影响力，建议将项目名称改为“香雪梅海”旅游区总体规划。

2. 建议加强山村风貌、生态环境及资源的保护，探索适合当地发展的新思路。

3. 建议道路规划须符合安全性的要求。

4. 建议旅游区的发展与当地农业生产发展相互促进。

5. 建议村庄规划需与本旅游规划相协调。

6. 建议加强旅游产品的整体营销，开拓市场。

最后，会议要求规划设计单位根据本次会议意见，认真修改完善相关规划内容，切实增强规划的可操作性。同时，要加强与相关部门的衔接，抓紧深化和完善。

××镇人民政府

二〇〇八年五月二十四日

【评析】

本会议纪要内容尚精练、条理较清楚，但结构的合理性值得推敲，语言表述也不够得当。原文正文第一部分没有明确会议主持人，而且将会议组织情况和会议内容杂糅在一起。纪要的主体部分中通过“香雪梅海”总体规划应该是会议的决定，而不仅是专家们的意见。纪要对会议的决议、意见、建议的表述不清。

【修改稿】

“香雪梅海”总体规划评审会议纪要

二〇〇八年五月二十三日上午，××县××镇人民政府主办的王坛“香雪梅海”总体规划评审会在××镇政府二楼召开。××镇人民政府镇长×××主持会议，旅游规划专家、浙江大学的×××、×××教授以及县建设局、旅游局、文广局、财政局、交通局、土管局等部门的相关负责同志应邀参加了会议，会议对王坛东村旅游区总体规划进行了评审。

会议首先听取了××规划设计院介绍的规划方案，接着与会专家和领导对规划作了认真审查，会议一致认为该规划资料翔实，符合王坛东村实际，具有较强的可操作性，可直接指导东村下一步的旅游开发与建设，因此予以原则通过。

会议原则同意规划的理念、原则以及口号设计，原则同意“一环一溪五区”的总体布局和各景点、景区的规划设计布局。在此基础上与会专家和领导对规划提出了以下建议：(1) 为突出王坛东村的资源特质与品牌影响力，将项目名称改为“香雪梅海”旅游区总体规划。(2) 加强山村风貌、生态环境及资源的保护，村庄规划需与本旅游规划相协调。(3) 旅游区的发展与当地农业生产发展相互促进，探索适合当地发展的新思路。(4) 加强旅游产品的整体营销，开拓市场。(5) 道路规划须符合安全性的要求。

最后，会议要求规划设计单位根据本次会议意见，认真修改完善相关规划内容，切实增强规划的可操作性。同时，要加强与相关部门的衔接，深化和完善总体规划。

××镇人民政府（公章）

二〇〇八年五月二十四日

实训练习

1. 改正下列文号和标题中存在的错误。

(1) 绍兴市政府通（12）第075号

(2)（15）第38号×县政府

(3) ××市人民政府批转市教育局关于建立爱国主义教育基地的报告

(4) 浙江省人民政府转发省工商局关于做好《合同法》贯彻实施工作意见的通报

(5) ××公司关于要求减免部分调节税的请求

(6) 关于遭受雹灾的报告

(7) 天虹机械厂关于安置工伤工人的请示报告

(8) 关于请求解决××河水污染农田问题的报告

(9) 关于贯彻执行县委、县政府经济上台阶方案的具体实施安排意见

(10) ××政府2016年主要工作

2. 根据下列材料写出该文的发文字号（序号用“××”或任意数字代替）和主送机关名称。

(1) 四川省政府2005年关于切实做好安全生产的紧急通知

(2) 绍兴市教育局2012年发出的《关于严禁各级各类学校乱收费的通知》

(3) 中国石油化工股份有限公司浙江绍兴分公司2008年发出的《关于要求解决新昌回山加油站新建项目建设资金的请示》

(4) 交通运输部200×年发出的《关于××次旅客快车发生重大颠覆事故的报告》

3. 根据正文拟写标题。

标题：________________

市商业局：

为了搞活经济，加强国内外科技信息交流，拟建立××市饮食服务公司商业科技住处服务部。该部与商业基建工程队合属办公。主要经营商业专业成果转让、科技咨询服务、引进技术及人才、代办来料加工、供应国内外等项目。

妥否，请审查批示。

××市饮食服务公司

××××年×月×日

4. 文书改错题。

以下公文在格式、用语上有五处以上的错误，请指出并改正。

中共××市委组织部关于要求正式出版《××县组织史资料》(第五卷) 的汇报

中共××省委组织部：

我市××县按照省、市委组织部的统一部署，精心准备、认真编撰，日前完成了《××县组织史资料》(第五卷) (2007.5—2012.5) 的编撰任务，全书采用文字叙述和图表说明相结合的表达形式，实录了该段时期全县党、政、军、政协、群众团体和部分企事业单位的组织机构、领导人名录等6个方面的组织史资料，大约超过30万字。此书已经我部初步审核，拟同意其由西泠印社出版有限公司印刷出版，现呈报你部，并请认真严格加以把关审核。

中共××市委组织部报

2012年9月26日

附件：《××县组织史资料》(第五卷)

5. 以下公文格式中有多处错误，请改正，如有缺项请补上。

份号 000129　　　　机密

特急

××省政府文件

×省发 2003 (20号) 文

<table>
<tr><td colspan="2">

关于××省人民政府切实做好××工作的通知

××省各级人民政府：

××。

××省人民政府
二零一三年六月二日

附件：1.《××××××××》　2.《××××××××》
抄送：×××××、×××××、××××××××××

</td></tr>
<tr><td colspan="2">主题词：××××　×××××　×××　××</td></tr>
<tr><td>印发　二零一三年六月二日</td><td>××省人民政府</td></tr>
<tr><td colspan="2">（共印 1050 份）</td></tr>
</table>

6. 根据下列材料，以绍兴市公安局的名义写一篇开展向烈士学习活动的决定。

杨钢林（1965—2003），男，浙江诸暨人，大学文化程度，中共党员。1988 年参加公安工作，一直在公安刑侦工作第一线，历任绍兴市公安局特警大队侦查员、公安局越城区分局刑侦大队重案中队中队长、公安局袍江分局刑侦大队大队长。1997 年以来破获重特大恶性案件 40 多起，5 次荣获个人三等功。2003 年 3 月 22 日凌晨，在追捕特大持刀抢劫案犯罪嫌疑人时，被犯罪嫌疑人袁刚用刀刺断右腿股动脉，经抢救无效牺牲。3 月 24 日，被绍兴市人民政府追授“忠诚卫士”荣誉称号；4 月 18 日，被浙江省人民政府追授“人民卫士”荣誉称号；5 月 14 日，被公安部追授为“一级英模”；5 月 30 日，被浙江省人民政府批准为“革命烈士”。

7. 试以××学院的名义，就关于加强考风考纪建设的问题，拟一份下行性意见。

8. 以下是××市人民政府发布的《××市人民政府关于开展现代农业园区建设工作的意见》的部分内容，根据下行性意见的要求将有关内容补充完整。

（　　　　　　　），根据《××省人民政府办公厅关于开展现代农业园区建设工作的意见》（×政办发〔2010〕6 号）精神，（　　　　　　　　　　　）：

一、（　　　　　　　　）

通过现代农业园区建设，加快转变我市农业发展方式，进一步提高农业资源利用率、土地产出率和劳动生产率，将现代农业园区建设成为我市农业主导产业集聚的功能区、科技成果应用示范的核心区、生态循环农业的样板区、体制机制创新的试验区，推动我市现代农业又好又快发展。

从 2010 年起用 3 年左右时间，建设省级现代农业园区（现代农业综合区、主导产业示范区和特色农业精品园）100 个以上，市级现代农业园区 150 个左右。

二、（　　　　　　　　）

省级现代农业园区按省定标准要求建设；市级现代农业园区规模要求为集中连片种植面积 500 亩以上、生猪存栏 3000 头以上，其余按省特色农业精品园标准建设。

三、建设要求

（一）（　　　　　）。围绕茶叶、蔬菜、畜牧、水产、花卉、竹木、干鲜果等七大主导产业，选择发展基础较好、比较优势突出、带动增收明显的重点产业和区域开展现代农业园区建设，使园区建设既推进主导产业发展，又促进农民增收。以特色产业强镇、强村为基础，通过统筹规划、整合优化、改造提升，进一步促进规模化经营和产业化发展。坚持以规模经营带动要素集聚，现代农业综合区要以一产为主，合理配套布局农产品加工、休闲观光等二三产，引导各种要素流向园区，延伸产业链条，健全产业体系，拓展产业功能，实现一二三产联动发展。

（二）科技水平领先。（略）

（三）产品优质安全。（略）

（四）设施装备优良。（略）

（五）运营机制健全。（略）

（六）（　　　　　　）。健全“三位一体”的农业公共服务体系，全面落实农技推广责任制度，实行农技人员园区建设的对口联系和指导，强化技术推广、病虫防治、疫病防控、质量监管、市场营销等服务。推行农业社会化服务，按照专业化、社会化服务要求形成配套的公共服务网络，进一步加强农机、植保等社会化服务组织培育，鼓励采取挂钩结对、委托代办、对口服务等多种方式，推进农资经营、农机作业、病虫防治、动物诊疗、产品销售等专业化服务，拓宽服务领域，健全服务机制，提高生产经营效率。

四、(　　　　　　　　　　)

(一)(　　　　　)市政府已成立××市现代农业园区建设领导小组(×政办发〔2010〕7号)，各县(市、区)也要成立相应的园区建设领导小组，确保园区建设有力、有序、有效推进。

(二)科学编制规划。(略)

(三)加大政策配套。(略)

(四)扩大示范效应。(略)

附件：××市现代农业园区建设计划表(略)

××市人民政府

二〇一〇年四月二十三日

9. **请以某市公安局的名义，用下列材料，拟定一份通告。**

最近，我市枪支弹药使用情况比较混乱，单位和个人非法制造、运输、买卖、存放、使用枪支弹药、爆炸物品的现象时有出现。为此，我市公安机关根据《刑法》和《治安管理处罚条例》和有关法规，作出如下规定：要求凡非法持有上述危险物品的，必须将这些危险品送交当地公安机关或所在单位保卫部门。凡主动交出非法持有的上述危险物品，如实说明情况并保证不再犯的，不予追究；拒不交出或继续违法制造、运输、买卖、存放、使用、携带上述危险物品的，依法从严惩处。各厂矿、企业、事业单位、机关、学校、街道和农村乡镇的保卫部门，要积极宣传，动员有上述行为的人员主动交出危险物品，并发动群众进行检举揭发，监督执行。

10. **浙江省人民政府决定授予悉尼奥运会举重金牌得主占旭刚“浙江省劳动模范”称号，晋升工资二级，奖励住房(三室一厅)一套，并在全省范围内予以通报表扬。请代为起草该通报。**

11. **分析下列公文，指出存在的问题。**

中共××镇委员会关于转发中共××县委组织部

《关于下发〈××县行政村工作规程〉的通知》的通知

镇委［2013］31号

各村(居)：

现将中共××县委组织部关于下发《××县行政村工作规程》的通知(×县组通［2012］21号)转发给你们，请认真贯彻执行。

附件：关于下发《××县行政村工作规程》的通知。

中共××镇委员会

2013年5月8日

12. 指出以下通知存在的问题并改写。

（一）

××市公交汽车总公司关于进一步开展职业道德教育活动的通知

各部门：

今年一月以来，公司开展了一系列以职业道德为主题的活动，各部门纷纷行动起来，采取各种各样的形式开展这一活动，在公司上下掀起了“爱我岗位，全心全意为乘客服务”的热潮。通过学习，许多干部职工明确了职责，服务质量不断提高，受到了乘客的普遍好评，收到良好的社会效益。但是仍然存在不少问题，有的乘务员对乘客态度冷漠，对他们的询问不理不睬；有的不按规定线路行车，给乘客带来很多不便，最近还发生了111号车乘务员王某殴打乘客的恶性事件，造成了极其恶劣的影响。这说明，在当前进一步深入开展职业道德教育十分必要。现将有关材料发给你们，望组织职工认真学习，不断提高干部职工的职业道德水平。

××市公共交通汽车总公司

2013年5月10日

（二）

关于公司全员发放旺季高温补贴1000元的通知

各公司、各部门及分厂：

时值高温酷暑，空调需求出现井喷式增长。为了给全国消费者送去一片清凉，全体格力员工团结协作，战高温，夺高产，及时满足市场需求，为公司经营发展作出重要贡献。为了激励员工再接再厉，继续拼搏，同时也为了体现员工的劳动价值，经公司研究决定，现对全体员工发放高温补贴，具体通知如下。

一、发放标准

在现有高温津贴的基础上，每人额外一次性发放1000元，统一发放至工资卡。

二、发放的范围

珠海总部、各子公司全体工作时间满一个月以上的在职员工。

三、发放时间

由于全国各地近期连续出现高温天气，为表达公司对员工的慰问与关怀，统一于8月8日发放高温补贴。

请全体员工立足岗位，不畏炎夏，齐心协力，坚定信心，以饱满的精神和昂扬的斗志决战旺季，为实现公司的宏伟目标努力拼搏。撸起袖子加油干！

人力资源部

二〇一七年八月七日

13. 根据下列材料撰写一份“关于黔江特大交通事故的报告”，以区政府的名义报予市政府。要求字数在800字左右。

2009年3月19日凌晨2点50分左右，重庆黔江区境内发生了一起特大交通事故。一辆载有31名乘客的双层卧铺客车，在行驶到黔江境内的沙弯特大桥处时，撞坏大桥护栏，摔落到距大桥80多米的山坡上，造成27人死亡，4人重伤。记者连夜赶往出事现场，下面先来看一下记者的现场报道。

记者：你好，打扰一下。

执勤交警：你好。

记者：我想问一下这个警戒带是从什么时候开始建立的?

执勤交警：这个警戒带是从今天（3月19日）凌晨三时交通事故发生之后立即设置的。

记者：那您现在在这的工作任务是什么?

执勤交警：我现在在这里的工作任务一是保护现场，二是指挥过往车辆安全通过。发生事故的三湘牌卧铺客车是18号晚上7点从重庆发往黔江区的，车牌号为H00182，属于渝运集团黔江分公司。19号凌晨2点50分左右，这辆客车在行驶到香山隧道至狮子峰隧道之间的沙弯特大桥处时，突然冲出大桥。

记者：当时车子是从哪个方向过来?

蒋晓明（重庆市黔江区公安局交警支队政委）：由隧洞出来驶向重庆方向。

记者：然后怎么样了?

蒋晓明：由于当时雾大，下了雨，路面湿滑，车速较快，怕出危险，驾驶员就踩了刹车。刹车之后车子发生侧滑、颤抖，行至那里大约15米的地方，车的左前轮就接触了路边的拦马石，前轮上了拦马石之后，车子发生侧翻，侧翻过后就从那个缺口冲了下去。

记者在现场看到，在长约300米的沙弯特大桥的左侧，大桥被撞断的13根护栏形成了一个长约33米的缺口。

蒋晓明：它由于侧翻过后（有）冲力，滑行了这段时间把栏杆都冲坏了。

记者：我看这个栏杆撞得很低，全都撞倒了，是不是说明当时的车速比较快?

蒋晓明：应该说是由于它车速较快，冲击力把它冲下去的。

记者在人行道上发现了一道又深又长的划痕。站在桥头向山坡下眺望，记者看到，坠落汽车几乎已经变成了一堆废铁，而床铺、乘客的行李和客车的零件等则在山坡上到处散落着。事故发生后不久，接到报警的黔江区公安局指挥中心就迅速组织公安、交警、消防、武警、120急救等救护力量赶赴现场进行先期救护。40分钟后，400多名搜救人员也全部到位。

杨昌武（武警重庆市总队第五支队参谋长）：当时的场面非常震撼，也非常（令人）吃惊，分布情况就是车子翻到这个位置的时候，尸体到处都是，横竖在四面八方，最远的尸体在18米外左右。

记者：车里的人多还是车外面的人多?

杨昌武：车里面人多。

记者：外面能有多少人?

杨昌武：外面有十三四个人左右。

记者：当时你们救护的时候，最困难的是什么?

杨昌武：最困难的就是交通工具，起重工具方面，人压在里面无法进行（救援），后来，消防支队官兵采用气割机，将车体切割开，然后我们武警官兵和公安干警一起把人员救出来。据了解，这辆核载35人的客车，当天实载33人，其中两人在彭水提前下了车，躲过一劫。而车上其余的31人中，有27人不幸遇难，这其中就包括两位客车司机，另外还有4人受了重伤。在黔江区中心医院，记者见到了这位从安徽来的幸存者。

车祸幸存者：很快的，也就是刹那间就掉下去了，真的，我就感觉好像翻了几个跟头，我第一反应就感觉肯定是出车祸了。

记者：当时车厢里大部分人是不是在睡觉？

车祸幸存者：对，应该是这样。

目前，其余3名伤员的病情仍然较重。一位年仅4岁的小男孩还处于浅度昏迷状态。

据了解，本来小男孩是由妈妈带着去重庆看病的，没想到却遭遇了这场灾难。虽然他幸存了下来，但他的妈妈却在这次车祸中永远离开了他。

目前，遇难者的亲属大都已经赶到现场，遇难者遗体也全部被送到了殡仪馆，黔江区还成立了20多个善后处理工作小组，将对死者家属开展“一帮一”的安抚。

虽然这次事故的善后处理工作进行得比较及时，但这20多条生命的逝去还是给我们带来了无法弥补的伤痛。那么，惨剧到底是怎么发生的？到底谁该为这些逝去的生命负责呢？

张泉灵：接下来我们来连线前方记者赵广强，广强你好。

赵广强：你好，泉灵。

张泉灵：现在关于这起特大事故的原因有没有一个初步的调查结果呢？

赵广强：最终结果没有出来，但是已经有三方面的初步的认定，一个就是因为当时下雨，隧道到桥面之间有一个湿道和干道的临界点，走到这儿的时候，产生了侧滑，造成司机控制车不稳。第二个是由于司机在隧道内超车速度过快，到了湿滑的路面上速度没有减下来。第三个，就是有专家分析可能是桥梁的设计稍微有一点点问题，导致了事故的产生。

张泉灵：你刚才说的第三条原因，其实我非常感兴趣，就是桥梁设计有问题，关于桥梁设计有问题你能不能说得稍微详细一点，是当地以前就发现了，还是通过这起事故才发现的？

赵广强：专家向我们介绍说，他们对桥梁本身进行了分析，从而发现了一个问题，就是在桥面上，从路面到护栏之间的人行道上，有一个台阶，大家通过镜头可以看到，这个台阶实际上按照正常的设计它是没有毛病的，但是由于事故多发，现在有的专家就认为，是不是可以把这个台阶提高一点，从而减少车辆在这儿发生事故的可能性。因为台阶提高了以后，车辆在往下冲的时候，可能会受到更大的阻力，从而减少车辆掉下桥去这样的惨剧，是这样一个情况。

张泉灵：你从重庆市区到黔江去的一路上，这样的桥肯定不止一个，其他的桥是不是也是相同的设计方法？现在监管部门已经发现由于路边的台阶不够高，很容易使大客车翻下去，他们有一些补救措施没有？

赵广强：一路上大部分的桥和台阶都是差不多高的，没有特别高的台阶，因为可能以前交通事故没有这么多，大家还没有发现这个问题，现在他们已意识到这个问题，正在研究通过加固护栏或者采取其他的办法等一系列措施，来解决这个问题。至于什么时候开始施工，定什么样的方案，他们现在还正在研究，我还没有得到明确的答复。

张泉灵：在整个事故现场采访的过程中，给你留下最深刻的印象是什么？

赵广强：救上来的现在正在抢救的，而且已经脱离危险的人当中，有一个差不多4岁的孩子。这个孩子我想肯定是在妈妈意识到出事之后，舍命保住孩子的。加上当地的老百姓是第一时间赶到现场，首先把这个孩子抢救上来，迅速地被武警送到医院，所以这个孩子保住了生命。希望这个孩子很快地好起来，健康成长。

14. 请根据下列材料代为煤矿向县人民政府撰写一份请示。

××煤矿王家矿井与王家乡水湾村相邻。今年6月份以来，山洪暴发、滑坡、泥石流致使煤矿和农民均蒙受重大经济损失。煤矿方损失为：王家车间井房屋冲垮、煤库煤炭冲走200余吨，各种损失近500万元；村民的损失为：部分农作物被冲毁，有的房屋受到威胁。

灾害发生后，村民认为这些损失是矿井开采所致，要求王家矿井赔偿损失。7月5日，村里组织100多名村民到矿井闹事，强行阻止生产，并有少数村民在矿井食堂抢饭吃。在乡党委、政府和村干部调解开导下，暂时控制事态的发展。7月6日，王家乡党委、政府，××煤矿矿部，王家矿井车间负责人，水湾村干部和村民专门就此事举行座谈。矿方认为损失是由暴雨洪水造成的，属自然灾害。双方意见分歧较大。为使矛盾不再激化，双方一致要求请县政府派遣相关技术职能部门进行实地考查，科学论证，明确责任，化解矛盾，以确保正常的生产、生活秩序。

15. 修改下列批复。

××大学关于《××学院关于给予丁××行政记过处分的请示》的批复

贵院报来的请示已收到。

丁××，女，29岁，××学院实验员，丁××于2013年11月2日晚，利用上夜班之机将实验室的精密仪器藏入大衣内袋企图于下班时偷出，当场被实验室主任抓住。

关于丁××偷盗仪器的问题，经学院办公会议讨论决定：

同意贵院意见，为教育丁××和广大员工，给予丁××记大过处分。扣发半年奖金。此复。

××大学

2013年12月10日

16. 县根据该县气候条件和特点，决定推广烤烟种植项目。为解决烤烟种植过程中的技术问题，××县农科所决定请××大学派技术专家来县里进行专业培训。共举办5期培训班，每期100人。参训学员为具有高中以上文化程度的农业技术骨干。请代××县农科所写一份函。

17. 以下文为例，分析函与请示及批复的关系。再代××中级人民法院写一份答复函。

关于××市中级人民法院重建办公机关需划拨土地的函

××市规划局：

我院原址在××市××区××街××号，因这里是老区街面，居住人口众多，街面狭窄，加上原有房屋设计格局的局限等原因，已无法适应现代化办公情况的需要。经报市人民政府批准，同意我院在××区××地重建，恳请规划局迅速研究，在该地划出××公顷土地，并望于××年×月×日前函复。

专此函达。

××市中级人民法院

××××年×月×日

18. 将以下会议记录改写成会议纪要。

××国税分局办公会议记录

会议名称：分局办公会议

会议时间：××××年××月××目

会议地点：××分局第×会议室

记录人：H

参加人员：A、B、C、D、T、F、G、H

会议主持人：A（分局长）

主要议题：关于刘家村服装加工户抗税案件的处理

A：我们这次会议，主要研究今天发生的刘家村服装加工户抗税事件的处理问题。先请B和C同志介绍一下情况。

B：我和C今天上午9点骑自行车到达刘家村，对该村部分服装加工户征收增值税。我们刚进杨志明家的院子，对正在加工服装的杨志明说明来意，杨志明就恶狠狠地说："没钱!"我们正准备继续做杨志明的工作，杨志明却一脚踢翻了身边的一个椅子，就势躺倒在地上大喊道："收税的打人了!"他老婆也跑到街上大喊："出人命啦，收税的打人啦!"不大一会儿，从外边涌进20多个人，这些人不容我们开口，一边对我们推推搡搡，一边大声责问我们为什么打人。领头的张小灵还喊叫着要把我们捆到乡里去，一边喊叫一边使劲抢C手里拿的装着税票的皮包。我们在杨志明家院子里被围攻了整整2个小时，后来一个乡干部赶来，我们才脱了身。

C：我认为这事是有预谋的。杨志明刚躺到地上，他妻子就跑到街上大喊大叫，不到5分钟就围了一院子人。这次带头围攻的杨志明和张小灵，上月收税时就赖着不缴，后来是请乡政府的人帮助收上来的。所以，今天这事很可能是他们预谋的。

D：事发后，我和两位同志吃完午饭赶到刘家村去调查此事。刚进村，也被围住了。喊叫着说我们所里的B和C打了姓杨的，根本不允许我们开口。看那阵势，他们还想闹事。为了防止事态恶化，我们就回来了。我同意C的看法，这件事是有预谋的，属抗税行为。我的意见是尽快将这一情况报告县局，请县局会同司法机关采取强制性措施。

E：我同意D的意见。杨志明等人上个月虽没闹起来，但抵触情绪很大，本月还是闹起来了。像这种明目张胆抗税的事不治一治，我们的税收工作就很难开展。

F：我也同意大家的意见。听说附近几个村都已经知道了这件事，影响很坏。别的纳税人都看着我们。如果我们软了，杨志明和张小灵还会更加明目张胆地抗税，还可能在该村和其他村发生类似的事件。

A：别的同志还有没有不同看法？

其他同志：没有。就按这个意见办吧！

A：好吧，D抓紧时间写一份报告，主要讲刘家村今天发生的情况和我们的意见。报告在今晚写好，明早我到县局汇报。大家还有没有别的事情？没有，散会。

主持人：×××（签名）

记录人：×××（签名）

第三章

事务文书

第一节　计划　总结

一、计　划

（一）计划的含义和特点

“凡事预则立，不预则废。”计划是为完成一定时期的任务而事前拟订目标、措施和要求的事务文书。这里所说的计划主要是指工作计划。

计划是计划类文书的统称，常见的“规划”“纲要”“设想”“方案”“打算”“安排”“要点”等文种，均属于计划文书。

“规划”“纲要”所跨越的年代较长，内容范围较广，是一个地区、一个系统或一项工作全局性的战略部署，它是展示发展远景与长远目标粗线条的计划，如《××市2015—2020年经济发展规划》《××省农业发展纲要》等。

“安排”主要指预定在短期内要做的一些具体事情，如《××区教育局开展素质教育的安排》等。

“打算”“设想”一般指预计在远期内要做的事情，且计划内容考虑还不十分周全。“打算”“设想”，是初步的、尚未成熟的计划，其特点是可变性较大，如《××县发展多种经营的设想》等。

“方案”是对专业性较强的单项工作作出具体、周密的布置、安排的计划，如《××厂设备改造更新方案》等。

“要点”是偏重于原则性的粗线条计划，如《××学校2008年工作要点》等。

计划是机关、单位或个人在预定期间内，为完成某项任务或采取某种行动之前，事先拟定目标、要求及相应的方法、步骤、措施、时限等所形成的文字材料。计划具有如下特征。

1. 针对性

计划是根据党和国家的方针、政策精神和有关法律、法规，针对本系统、本机关、本单位、本部门的实际情况制订的。不从实际出发所制订的计划，是毫无价值的计划。

2. 预见性

这是计划的本质特点。计划是在行动之前制订的，它以实现未来的目标，完成下一步工作和学习任务为目的。计划是在总结过去的成绩和问题，分析目前的工作实际，预测今后发展趋势的基础上制订的，对客观现实准确的认识和科学的预测是增强计划预见性的保证。

3. 可行性

这是计划能够实施的保证。计划如果没有预见性，那就失去了制订它的意义；而如果计划没有可行性，那么所谓计划，就如同一纸空文。所以计划所提出的目标和任务，方法和步骤，要求和措施等，应当是可靠的和切实可行的，可行性从客观上保证了计划的实施。

4. 约束性

计划一经通过、批准，其内容就有了一定的约束性，机关、单位、部门、个人在工作中必须按要求予以贯彻执行，不得随意变更，更不能不予实施。

（二）计划的分类

计划的应用范围十分广泛，种类也各式各样。按照不同的标准，可以把计划分为不同的种类，以下是几种比较常见的分类方法。

按性质分，有综合性计划和专题性计划，前者是一种比较全面的计划，后者一般只涉及某项具体工作。

按内容分，有生产计划、销售计划、学习计划、科研计划、教学计划等。

按范围分，有个人计划、班组计划、单位计划等。

按时间分，有长远规划、年度计划、季度计划、月份计划等。

按形式分，有条文式计划、表格式计划、条文和表格配合使用的计划等。

（三）计划的写作结构

计划一般由标题、正文和落款三个部分构成。

1. 标题

计划的标题通常包括单位名称、适用时限、内容要点和文种名称等要素。有的计划标题要素俱全，如《××集团公司 2001 年政治理论学习安排》等；有的标题省去单位名称，如《2018 年政治理论学习安排》等；有的标题省去时间项，如《××集团公司党员轮训工作安排》等；有的标题由事由和文种构成，如《业务考核计划》等。

所拟计划如还需要讨论定稿或经上级批准，就应在标题的后面或下方用括号加注“草案”或“初稿”或“讨论稿”等字样。

2. 正文

计划的正文通常包括以下几个部分。

（1）前言部分

介绍基本情况，说明制订计划的依据和指导思想。如计划依据的方针政策和上级指示；本单位的职责和实际情况；总的任务、完成计划的意义等。简要说明“为什么做”。

前言的文字表达要高度概括，简明扼要，有些简要的计划的前言部分可以省略。

（2）主体部分

主体是计划的核心部分，一般包括目标（做什么）、措施（怎么做）和步骤（分几步做完）三要素。

①目标和任务

这部分应根据需要和可能，写出计划要达到的目标、指标，即回答“做什么”的问题。目标或任务要求具体明确，可以提出数量上、质量上、时间上的具体要求等。

②办法和措施

办法措施是为了完成任务，实现目标所采取的方式方法，即回答“如何做”的问题。办法措施关系到计划能否完成。它主要包括组织分工、人员安排、物质保障以及工作方法等。内容上要注意科学性和可行性，便于操作。

③程序和步骤

这部分要按照任务完成的阶段和环节，写明实现计划的步骤、进展程度以及完成期限等内容，即回答“何时做”。这部分应按照任务完成的阶段和环节，明确先做什么，后做什么，体现出轻重缓急和先后顺序，以保证工作有条不紊地进行。

主体的表述方式常用的有综述式、条文式、表格式等几种。

（3）结语部分

总结全文，表明完成计划的决心。下发的计划可以提出希望和要求。结语部分可以省略。

3. 落款

落款通常包括两项内容：计划的制订单位名称和计划的制订日期。计划的制订单位名称如已在标题中出现，则可省略。

（四）计划的写作要领

第一，要明确制订计划的指导思想，处理好当前与长远、局部与整体的关系。

第二，要实事求是，注意从本单位、本部门的实际情况出发，不要脱离现实，坚持自下而上和自上而下相结合的工作方法，任务指标要切合实际，不要过高或过低。

第三，措施和办法要具体、可行，以便于落实和监督检查。

第四，表达方式要以说明为主，行文中不要夹杂不必要的议论。

【例文 3-1】

××××学院 2015 年工作要点

2015 年是全面完成“十二五”规划的收官之年，是谋划“十三五”规划的关键之年，也是全面深化改革，创建××大学的奋进之年。工作的指导思想是以党的十八大及十八届三中、四中全会精神为指引，深入学习习近平总书记系列重要讲话精神，围绕“育人”这个总目标，以“市场”作为资源配置的决定因素，紧扣“质量”这个高等教育的永恒主题，努力打造学生成长第一平台的好“环境”，进一步加强内涵建设，提高人才培养质量，提升社会服务能力。

一、深入学习习近平总书记系列重要讲话精神，切实加强党的建设

1. 深入学习上级重要讲话精神。加强组织领导，通过举办报告会、宣讲会、讨论会、座谈会等，积极开展习近平总书记系列重要讲话精神的学习贯彻和专题研究。深化中国特色社会主义和中国梦宣传教育，强调坚持立德树人，把培育和践行社会主义核心价值观融入教书育人全过程；全面推进党的建设各项工作，有效发挥基层党组织战斗堡垒作用和共产党员先锋模范作用。

2. 加强基层党组织建设。建立分党委（党总支）抓党建的责任清单，加强党建工作考核，探索建立分党委（党总支）书记向校党委报告党建工作制度。深化基层服务型党组织建设；健全落实“三会一课”等经常性工作；开展新一轮“深化服务增活力”为主题的支部建设创新活动；召开党建品牌工程现场推进会。严格党员先锋指数管理，加强“网上党校”建设。

3. 完善干部培养体系。做好省委教育工委巡查组对我校选人用人工作专项巡查的迎检工作；引入干部管理监督信息系统。注重干部锻炼培养，选派优秀干部参加省委教育工委等上级部门组织的专题培训，到地方政府、省内外高校等挂职锻炼。加大干部轮训工作力度，举办××片区校际联合培训班和暑期中层干部学习班。大力培养选拔优秀年轻干部，加强女干部、党外干部培养，开展第二轮挂职锻炼助理选任工作。

4. 持续推进作风建设。精心组织“三严三实”专题教育，持续抓好党的群众路线教育实践活动整改工作。全面推进校领导班子“两方案一计划”、2014 年度领导干部民主生活会整改任务分解清单和整改实事工程。严肃党内政治生活，组织好 2014 年度二级党组织领导班子民主生活会；进一步深化“相约星期三”活动，建立党员干部联系师生的长效机制。

5. 加强宣传与思政工作。深入学习贯彻中央《关于进一步加强和改进新形势下高校宣传思想工作的意见》，切实推进中国特色社会主义理论体系进教材、进课堂、进头脑。深入开展社会主义核心价值观和中国梦教育，进一步探索提炼具有我校特点的价值观表述；深入挖掘师生身边典型，办好校园媒体的道德建设栏目。积极贯彻《关于加强和改进教师思想政治工作的意见》。大力推进网上舆论阵地建设，推进辅导员、思政课教师博客、校务微博、校园微信公众账号等网络新媒体建设。

6. 深化校园文化建设。汇聚全校师生智慧，整合校内资源，扎实推进全省文化校园建设试点工作，力争通过省级检查验收。按照“求真、向善、尚美”的总体思路，大

力开展校园文化“一院一品”建设评选活动；坚持品牌战略，高标准办好“×××大讲堂”。

7. 加强党风廉政和作风效能建设。严格落实党风廉政建设“两个责任”，把惩治和预防腐败的要求贯穿到学校改革发展各项举措中，扎实推进学校党风廉政建设各项工作。落实依规依纪从严治党要求，严明政治纪律和政治规矩，加强纪律建设，维护党规党纪严肃性。进一步深化“预防腐败网络监管平台”建设，强化制度执行力。开展第六届“廉政文化周”活动，全面推进“廉洁教育进课堂”，推动校园廉政文化建设机制化长效化。深入开展机关作风建设活动，切实增强机关干部的服务意识和工作效能。

二、完善学校顶层设计，全面推进××大学建设工作

8. 编制“十三五”规划。重新研究新常态下的办学定位，进一步完善学科专业、师资、校园文化等建设与发展规划方案。总结分析“十二五”规划实施情况，研究制定《××××学院“十三五”发展规划》，进一步完善学校发展的顶层设计。

9. 推进“××大学”创建工作。深化改革，全面创新，加快推动学校内涵式发展，全面提升办学水平。修订××大学建设任务（2015 年），进一步分解落实，突破创建工作“最后一公里”，全力以赴做好申办××大学的迎检工作。进一步加强市、校两级联动。

三、大力推进依法治校，全面提升行政效率

10. 加快推进依法治校。出台《××××学院章程》，认真学习，全面贯彻，进一步完善内部治理结构。加大重要管理制度的修订和完善力度，进一步明确机关部处的管理职能和相互关系，进一步提高执行力。加强行政效能监察机制建设，出台《××××学院行政效能监察实施办法》，强化执行力。建立由监察处主导的重要行政工作督查制度，由校长办公室主导的行政过程全局监控体系。整治松懈懒散、不作为、乱作为等不良作风。进一步完善以资源配置为核心的各项规章制度，进一步理顺学术权力与行政权力的关系，严格依法治校，规范行政。

11. 强化民主管理。完善民主集中制决策机制。制定出台“××××学院重大决策暂行规定（暂名）”，进一步规范学校事关全局和教职工切身利益的重大事项决策程序、方式和要求。健全校院两级教代会制度建设，深化校务、院务公开；开好教代会，进一步推进民主办学。重视和加强统一战线工作，充分发挥民主党派和党外知识分子的优势和作用。

四、深化综合改革，全面提升人才培养质量

12. 深化人才培养模式改革。紧紧围绕提高应用型人才培养质量的目标，以社会需求为导向，优化资源配置，创新应用型人才培养机制，进一步完善 2014 版人才培养方案，全面推进实施。推出第一批辅修模块以及拓展、普适模块，着力提高人才培养质量。

13. 深化应用型人才培养改革。针对高考改革要求和市场化配置高等教育资源的原则，加快专业调整，制订 2015—2017 专业调整计划，努力打造特色专业和优势专业，并出台相应的学科和人才队伍建设计划，形成一个既有品牌专业，又能随社会需求进行灵活调节的专业布局。顺利通过教育部临床医学专业认证。研究教学工作量均衡化，进

一步改革教学工作评价办法。

14. 进一步推进继续教育工作。进行人事和分配制度改革，使之更符合市场规律；进一步理顺与各二级学院函授的工作关系，维护学校整体利益；充分整合学校教育资源，提高办学质量和效益；拓宽办学渠道，大力拓展“技能十学历”成人学历教育及政策性培训等各类非学历培训项目。

五、量质并举，加强硕士点学科建设和研究生教育工作

15. 认真研究研究生教育的定位。做好硕士点学科相关工作。准备新增硕士单位专项评估，确保顺利通过2016年的验收。整合校内学术资源，遴选第二批申报硕士点学科，力争在2016年申报中新增2个学术性硕士点、2个专业硕士点。跟进省市重点学科建设，及时了解省市政策，为“十三五”省、市重点学科申报做好前期准备。

16. 认真做好研究生招生工作。积极争取2015级研究生有100个招生指标，规范完成研究生招生复试、录取、调剂录取工作。进一步加大招生宣传力度，做好2016级研究生招生报名和命题工作，扩大研究生规模。

17. 推进研究生教育工作。进一步调研、学习省内院校经验，不断完善研究生教育制度，确保研究生培养质量。加强研究生导师队伍建设，建设好研究生实习基地。建立研究生学生会、研究生团总支，做好研究生思想政治教育工作和奖助贷学工作。

六、加强学术氛围培育，着力增强科研和服务地方

18. 注重科研和服务的社会需求导向，加强标志性成果培育。（怎么做）以落实“高级别项目、高层次获奖、高水平成果、科研经费、平台建设”等指标为主要工作目标，强化二级学院的责任意识，做好科研成果奖评奖大年的各项工作，争取有新突破。积极争取浙江省“2011”协同创新计划。争取国家级课题30项及以上，省部级及以上科研成果奖7项及以上。争取新增省级重点基地1个，四大收录及一级期刊论文（著）及发明专利授权（项）年均增幅10%。

19. 深化科研服务平台建设。积极落实和建设好合作发展项目，重点是国家岩土工程重点实验室分中心、中科院国家技术转移中心××分中心和××宝业建筑商学院等平台。通过联合创建企业研究院、实验室（工程技术中心）、科技创新平台、产业联盟等校企科技合作平台，进一步深化科技合作。充分利用已建立的7个县市区技术转移中心，通过组织教师与相关企业对接等方式，推动科技合作的常态化。通过工作机制创新，强化挂职教师和企业科技指导员的工作实效。推动人文社科类教师为地方服务工作取得新突破。

20. 完善校地合作机制。围绕《××××学院全面融入××经济社会发展行动纲要》，制定出台学校服务地方的政策意见，推动学校与地方的深度合作。加强合作对象的区域性、产业性规划，进一步凝练合作方向。与相关政府部门、行业协会合作，探索“驻点式”服务机制，进一步提升服务效率。进一步加强校友工作，探索成立行业校友会，凝聚校友力量。积极争取社会各界对学校发展和创建××大学的支持。

七、坚持引进培养结合，继续加大师资队伍建设力度

21. 重视引进领军人才。继续实施“高端人才引进计划”和“高水平团队建设计划”，计划引进学科带头人和学术骨干10名，优秀博士40名，其中引进1～2个学科创

新团队，引进2～3名具有国家级人才荣誉称号的学科带头人。进一步加强土木工程学科的师资引进工作。出台《××××学院人才队伍现状分析报告》，进一步修订完善《××××学院关于引进人才和招聘教职工工作的规定》。

22. 加强培养提升力度。根据学科、专业建设发展要求和教师自身发展需要，逐步构建教师学历进修、学科知识技能培训和高层次研究“三位一体”的中青年教师培养体系。继续实施青年教师博士化工程和海外人才培养工程。鼓励青年教职工攻读博士学位和赴国外学习研修，举办出国人员外语培训班。积极争取省市各类人才荣誉称号。

23. 改革完善职评制度。根据浙江省高校教师专业技术职务评聘制度改革的精神，进一步修订完善学校职评的相关政策文件，出台《××××学院专业技术职务申报条件》《××××学院2015年教师专业技术职务评聘实施办法》等文件。完善职评网络评审系统，实施职评阳光工程，公开职称的办事程序和服务流程。进一步争取职称评审中高级专业技术职务岗位，完善三年评聘规划。

八、进一步开放办学，深入开展国际交流与合作

24. 深化培养合作机制。加强与港澳台地区的联系与沟通。巩固与原有合作单位的关系，并在此基础上拓展新的合作领域与项目。继续配合省、市台办开展“绍台大学生书法研习夏令营”活动。科学合理地规划因公出访、师生海外交流培训等，并做好政策辅导、业务服务等工作。创建大学生国际交流中心。

25. 努力推进国际化教育。出台有关推进国际化教育若干意见，提升二级学院的积极性和主动性，加强合作，共同拓展国（境）外合作伙伴，提升合作项目的质量、数量与层次。全力推进在海外设立兰亭书法课堂项目以及医学院与芬兰高校、经济与管理学院与国外高校的合作，积极申报中外合作办学项目。

26. 开展留学生和交换生工作。通过出台《××××学院优秀学生出国（境）交流资助管理办法》《××××学院学生短期出国（境）课程学习资助管理办法》等，提高学生参加以学分互认为主体的出国（境）交流、交换和短期学习项目的积极性。加强与国外合作院校的沟通与交流，拓展留学生招生渠道。

九、强调立德树人，全力做好学生教育管理服务工作

27. 全面推进书院制改革。学生管理重心由学院转移到书院。创新学生工作机制，全面构建运行机制顺畅、服务体系健全、生活德育强化、学业指导多元、师生互动密切、成长环境舒心的书院育人机制，充分发挥书院在文化育人、管理育人、实践育人、服务育人中的积极作用，切实提高学校应用型人才培养质量。

28. 抓好招生就业工作。顺应高考招生制度改革，推进招生专业预警、退出机制建设。坚持以社会需求为导向，以扩大考生专业选择权为重点，通过三年的调整，到2017年基本形成与浙江省高考制度改革相适应又体现我校发展特点的招生体系。继续做好“三位一体”招生工作。加强就业创业指导服务工作，强化职业生涯规划教育指导。

29. 提升学生管理服务水平。完成大学生活动中心布局调整和环境建设。推进集思政教育、学生服务为一体的“微书院·微学工”微信平台建设，提高平台的吸引力和服务水平。推进以“学情通”为核心的学生工作信息平台建设，切实提高工作效率和服务

水平。抓实学生学业、学籍、舆情分析研判工作，密切关注学生学情状态，推进制度化、常态化建设。

十、完善综合规划，不断优化整体办学环境

30. 加强公共服务支撑体系。以校园网为依托完善数字校园和管理信息系统，建立完善多部门共享的数据库，为管理精细化科学化提供依据。推行无纸化办公。紧扣教学科研需要，加强实验室、图书文献、档案资料等公共资源建设，提高服务效能。加快附属医院昌安院区（康复医院）建设，提高医院服务能力和管理水平，办出特色。

31. 完成元培学院整体搬迁。继续推进元培学院易地新建工作，加快工程建设进度，完成整体搬迁工作；确保顺利通过教育部对独立学院的评估验收。

32. 深化和谐校园建设。按照人才培养要求和学科分布规律，进一步优化校园功能布局。实施二级单位用房的定额动态管理机制，全面调整校园布局，实行资源绩效考核。进一步关注民生。加大校园基础设施改造力度，完成电力扩容改造工程和学生公寓空调安装；以公共卫生间为重点整治校园基本设施；完善全校消防设施。加强交通安全教育，实行智能化管理。强化校园周边环境的综合治理力度，净化校园周边环境，深入推进“平安校园”建设。

33. 优化后勤保障。编制今后几年学校后勤发展与管理总体规划，深化校园物业管理和公共资源有偿配置改革，加强日常立项维修，完善邮政通信、车辆管理等运行机制。优化预算管理，提高资金使用的合法性、合规性、合理性；加强资金筹集；加强对外投资，实施河东闲置地块开发等重大项目；完善公司法人治理结构，建立现代企业制度；制定公司目标与考核办法，确保国有资产保值增值；规范管理校办企业；加强后勤保障，完善师生食堂和物业中心体制机制，提高服务品质和师生满意率。

附：××××学院2015年度重点工作行事历（表格略）。

【评析】

这是某学院一份年度工作计划。标题由单位名称、时限和文种构成。正文前言部分简要说明制订计划的指导思想。主体部分以小标题的形式提出了十大工作目标和任务，每一项任务用段旨句分解成更具体的任务指标，同时提出了具体要求和措施。工作时间、步骤以表格形式（行事历）附录于文后，以保证计划的有效实施。本计划指导思想明确，目标任务清晰，措施保障得力，可行性强，可供参考。

二、总　结

（一）总结的含义

所谓总结，是一种事后对一定时期的工作、学习、活动、思想等情况加以回顾和分析，并从中找出经验和教训，探求规律性的认识，以便为今后的工作或学习等提供帮助和借鉴的事务文书。

总结可以使本系统、本地区、本单位、本部门某一项工作的实践活动由感性认识上升到理性认识，以便发扬成绩，克服缺点，吸取经验教训，进一步认识事物的发展规律；总结也可以把工作情况作全面梳理，既有助于领导从实际出发，加强科学化管理，也有助于各个单位或部门互通情报，彼此借鉴，起到互相促进的作用。

总结使用范围广泛，是党政机关、企事业单位、人民团体乃至个人常规使用的事务文书。

（二）总结的特点

1. 客观性

总结是本单位或个人对自身实践活动的再认识过程，其内容应该紧紧依附并完全忠实于客观实际。总结所引用的材料要严格核实，不能凭空捏造，不能添枝加叶；总结所得出的结论要恰如其分，不能无限上纲，不能移花接木。

2. 理论性

总结的目的就是把过去实践中获得的大量零散的、感性的认识上升为系统化的、本质的理性认识。它既是对历史的回顾，又是对事物内部规律的揭示。因此，总结不能就事叙事，而应该叙议结合，以事论理。

3. 典型性

总结不仅是罗列过去工作中的成败得失，而是从得失中寻找事物的本质和规律。因此，越具有典型性和代表性的事例，就越容易体现其规律和实质。可以说，事例愈典型、愈突出，总结出来的经验教训就愈深刻。

（三）总结的分类

与计划一样，总结也可以从不同的角度进行分类，如按时间分，有年度总结、季度总结、月份总结等；按范围分，有地区总结、单位总结、部门总结、个人总结等。较典型的分类方法是按其性质和内容的不同，将总结划分为综合性总结和专题性总结。

1. 综合性总结

这是一种全面反映总结对象在一定时期内的所有情况的总结。内容全面，涉及的问题较多。主要内容包括：概述基本情况，叙述主要业绩，分析存在问题和教训，提出改进意见和打算。

2. 专题性总结

这是一种专门反映某项工作的情况或总结对象在某个时期的某个方面的情况的总结。它的内容集中单纯，因而更显具体深刻。

（四）总结的写作结构

总结一般由标题、正文和落款三个部分构成。

1. 标题

总结的标题主要有两种类型。

一类是公文式标题。公文式标题由单位名称、时间、事由、文种组成。如《××集团公司2015年度工作总结》《××县2013年普法工作总结》等。

一类是非公文式标题。非公文式标题比较灵活，可以是单行标题，如《走活三步棋选好“一把手”》；也可以是双行标题，如《加强安全教育　健全安全制度——××家用电器厂2015年开展安全生产教育活动的总结》。

2. 正文

(1) 正文的内容结构

①前言部分

说明目的，概述情况。前言，即正文的开头，一般简明扼要地概述基本情况，交代背景，点明主旨或说明成绩，为主体内容的展开做必要的铺垫。有的概括介绍基本情况，即交代工作的背景、时间、地点、条件等；有的先明确提出总结的结论，然后引出下文；有的对工作的主要内容作提示性、概括性的介绍；有的先提出问题，点明总结的重点，引起人们的关注；等等。如《走活三步棋选好“一把手”》的前言部分就是提示性、概括性地介绍了工作的主要内容。

②主体部分

这是总结的核心部分，其内容包括做法和体会，成绩和问题，经验和教训等。这一部分要求在全面回顾工作情况的基础上，深刻、透彻地分析取得成绩的原因、条件、做法，以及存在问题的根源和教训，揭示工作中带有规律性的东西。回顾要全面，分析要透彻。

a. 关于工作部分

这部分内容往往要从纷繁复杂、林林总总的工作中提炼若干重点事项，围绕重点工作挖掘提炼最有价值内容，不必事无巨细、面面俱到，但要抓住重点、亮点和特点。总结客观上不能把每个部门、每个人工作情况都事无巨细地囊括殆尽，而要努力避免把工作的重点和亮点淹没在琐碎事务之中，把总结弄得平淡无奇、索然无味。所有工作都有重点和关键所在。这些重点工作和关键事项就是总结应重点、着墨的地方。

b. 关于成效部分

成效是工作总结的目的所在，是工作成绩具体体现。工作总结必须恰如其分地把工作成效讲清楚、点到位。起草工作总结不是为了说明到底做了哪些工作，而是告诉大家取得的成效。总结成效同样要善于选择重点成果，按重要程度择要而述，我们通常可以围绕重点工作归纳总结成效，既然是重点工作，就要在成效上得到相应体现。避免工作部分讲了若干重点事项，总结成效和重点事项又无内在联系。工作与成效脱节将大大降低总结材料感染力。

c. 关于经验部分

工作经验是理性思考得出的规律性内容，是工作中创新得出的办法、机制、模式、路径和心得体会，可以复制运用于其他工作的办法和经验。工作经验要紧紧结合实际，并在真正创造经验的情况下写出来才有借鉴意义和实用价值。千万不要为了创造经验而闭门造车，总结提炼所谓经验，那样会吃力不讨好。拼凑出来的经验既没有实用价值，也不能打动人，还会给人矫揉造作之感。

d. 关于问题部分

天底下没有完美无缺的工作，也没有尽善尽美的事物。既要看到工作成绩，又要查找分析问题与不足。要找出工作中存在的问题与不足以及给工作带来的影响、造成的损失，实事求是地分析出问题、失误的主客观原因以及由此得出的教训。不同的总结对这部分内容的轻重处置不同，若是着重反映问题的总结，就要把这部分作为重点。

③结语部分

一般是进一步明确有待解决的问题和今后工作的努力方向。可以概述全文，可以说明好经验带来的效果，可以提出今后努力方向或改进意见。这部分要写得言简意明。

（2）正文的逻辑结构

从逻辑结构上看，总结正文部分一般有如下几种常用的方式。

①分部式

按“情况—成绩—经验—问题—意见”或者“主旨—做法—效果—体会”的顺序，分成几个大部分，依次来写。这是人们习惯使用的程式化写法。表述内容时要主次分明、详略得当，不能平均使用笔墨，做到前言、结尾惜墨如金，成效、经验浓墨重彩。这种写法适用综合性总结。

②阶段式

分阶段总结，即把总结的工作分成几个阶段，分别说明每个阶段的成绩、经验和教训。采用这种纵式结构，全文脉络清楚，便于看出工作发展进程和每个阶段工作的特点，适用于周期较长而又有明显阶段性的工作总结。

③条文并列式

把总结的内容按性质分类，逐条逐项排列，或以经验体会为序分条，或以工作项目为序分条。各条有相对的独立性，又围绕中心有密切的联系。各条文之间，表面看是一种并列形式，实际上要体现一定的逻辑关系。它适用于专题性经验总结。

3. 落款

总结落款的写法与计划相同。

（五）总结写作的注意事项

1. 要有实事求是的态度

写作总结时要从客观实际出发，恰如其分地反映实践活动。要用一分为二的观点全面地看问题，不虚报成绩，不掩饰问题。总结的写作应立足于具体的事实材料，切忌片面化和绝对化。

2. 要反映工作的规律性

这是撰写总结的根本要求。写总结就要从主要矛盾入手去探讨事物的本质特点，从而使感性认识上升到理性认识，总结出具有典型意义的经验教训。

3. 要兼顾全面，突出重点

总结必须建立在事实的基础上，工作的基本做法、经验等，都需要实际的材料，如人物、数据等作为支撑，这样才能保证总结内容的准确、客观、公正。在拥有充足的材料后，要注意精心筛选，那些既能显示本单位、本地区特点，又有一定普遍性的材料应作为重点选用。而一般性的材料则要略写。

4. 总结要用第一人称

即要从本单位、本部门的角度来撰写。表达方式以叙述、议论为主，说明为辅，可以夹叙夹议说。

【例文 3-2】

走活三步棋　选好“一把手”

“群众富不富，关键在支部；支部强不强，关键在班长。”能否选配好支部“一把手”，是加强农村基层党组织建设的核心。

在首期整组中，我们积极围绕支部班子建设这个重点，紧紧抓住配好支部书记这个关键，着力走好“选人”“育人”“用人”三步棋，努力把整组工作引向深入。

选人——围绕支书建班子

我县首期整组的共有30个村。为了确保整建任务圆满完成，在工作部署和指导思想上，我们突出支部班子这个核心和支部书记这个关键，主要抓了以下四个环节。

——坚持标准定调子。

首期整顿的后进村中，班子涣散软弱，缺乏凝聚力，工作拖后腿的有13个；领导班子成员不团结，工作配合不力的10个；班子不健全，主要领导成员缺额的7个。组织整顿一开始，县委明确提出了选用支部书记的三条基本标准。一是公道正派听党话；二是组织领导有能力；三是没有问题受拥护。依据以上标准，我们首先依据“看本质，看主流，看实绩”的原则，对全县30个整组村的152名村级干部进行了民主评议，积极开展思想整顿，确定出了稳定提高的14个村级班子；其次，坚持“不手软，不推诿，不回避矛盾”的原则，坚决不搞“凑合班子”“拉手班子”，对剩余16个村中只占位子、缺少点子、四平八稳、工作平庸的软班子和长期搞内耗、工作不协调的散班子和只拿补贴、不干工作、把公事当作捎带事的懒班子以及以权谋私、多吃多占的贪班子及主要领导成员缺额、工作瘫痪的瘫班子，果断予以调整。

——拓宽视野选苗子。

在工作实施上，我们改变过去在农村“一把手”选拔上，“找些人谈谈”“几个人议议”的考察方式，坚持“不画框框，不戴帽子，不任人唯亲”和“条件公开，提名公开，评议公开，选举结果公开”的原则，坚持群众路线，拓宽选人视野，从复退军人、回乡青年、乡镇机关和企业、农村专业户及农民技术员等多渠道中筛选，真正把在改革开放中成长和成熟起来的优秀党员骨干选拔到村级领导岗位上来，全力选准和配备能够总揽全局的支部“一把手”。降帐镇的街子、春光等村，为找一个好苗子，镇党委领导和工作组分别三进省城，三上太白，动员邀请在外搞建设的能人回村任职。法门镇南佐村工作组，与镇党委紧密配合，向全村党员和群众代表发放百余份征求意见书，充分依靠群众，民主推荐书记候选人。视野的扩大，为选准支书人选创造了条件，也为选举奠定了基础。

——严格程序搞选举。

在整组初期，我们参照有关章程、条例，及时出台了《关于村级组织设置及其有关问题处理的意见》，对村级组织设置、干部配备、职能职责、选举程序和干部报酬等，提出了规范性的意见和要求。班子建设中，我们坚持程序，依照组织章程办事，选出的新班子，普遍得到群众信任。召公镇袁新村，村情比较复杂，派性斗争严重，利用小字报互相攻击。在组织整顿中，工作组严格履行有关程序，积极稳妥地选出了能为群众谋好事、办实事的新的支部班子。

——着眼长远抓后备。

为了有效解决目前农村党员老化现象和村干部难选的问题，县委要求各工作组，在整组期间，每个村支部培养7～10名入党积极分子，对符合入党条件的积极分子，及时吸收到党内来，按照1∶1的比例，与乡镇党委配合，建立起村级干部后备队伍。各工作组以此为整组工作的主要任务之一，着眼长远抓后备，积极主动搞发展。据统计，全县30个村，在整组期间共培养入党积极分子271人，建立后备干部队伍187名。与此同时，工作组帮助村支部，落实发展责任，形成了基层党员干部队伍发展的良好机制。

育人——解放思想换脑子

随着建立社会主义市场经济体制实践活动的深入，农村党员干部旧的思维模式和工作方法越来越不适应经济发展的需要。为此，县委在抓好“选人”的基础上，下大力气狠抓村支书特别是新上任支书的教育培养工作，以提高他们的工作能力和政策水平。一是充分发挥县乡党校的作用，对整组村支部书记集中进行党的方针、政策和建设有中国特色社会主义理论的教育，引导他们解放思想换脑子，带动本村经济快速发展。二是建立领导谈话制度。县委提出，乡镇党委主要负责同志，针对整组村支部书记在发展思路、工作方法、领导艺术和工作作风等方面的实际，坚持同他们谈心，交流思想，帮助解决思想问题和工作上的具体困难。三是分类指导，重点培养。举办支部书记读书班、座谈会、现场经验交流会，重点培养其驾驭全局、统揽整体工作的能力。对能力强、工作方法欠妥的通过教方法、教思路，帮助提高领导水平；对有群众基础，但缺少致富本领的，帮助学技术、理思路，提高发展经济的能力；对缺乏闯劲，工作疲软的，通过“结对子”“走出去，请进来”的办法，帮助解放思想，振奋精神，不断创新；对主流是好的，但存在弱点和失误的，则通过支部班子民主生活会，开展批评与自我批评，帮助其克服不足，努力工作。

在培训方法上，努力做到四个结合：即形势教育同实用技术培训相结合；集中学习与电化教育相结合；培训学习与外出参观相结合；教思路与教方法相结合。通过多种形式的学习培训活动，新班子很快进入角色，老班子有了新的起色。南阳乡坊村、建和乡墩底村、城关镇扶乾等村支部，通过培训，进一步解放了思想。村支部班子围绕本村苹果、辣椒和笼养鸡等骨干项目，树立大市场，大流通观念，带领群众努力发展规模经济，形成了一条能够发挥各自产业优势的致富路子。

用人——明确职责压担子

在整组中，我们一方面要求驻村工作组长按整组的“五个好”目标全面完成整组任务；一方面又积极创造条件，让支部书记放手工作，不断激发村支部一班人努力进取的积极性。涉及班子调整的，在班子调整完后，县委根据新时期农村工作的任务和特点，及时明确了村党支部书记的五条工作职责，即抓经济，带领群众致富奔小康；抓支部，发挥其在村级组织中的核心作用和战斗堡垒作用；抓干部，建设好村组两级干部队伍；抓党员，发挥其先锋模范作用；抓思想，建设一个好的村风民风。以此来规范基层支部书记的行动。

在此基础上，要求乡镇党委对支部书记制定严格的考核标准，凭政绩用干部。一是考核经济发展水平，看致富奔小康实施情况和人均纯收入增加幅度；二是考核党支部的战斗力、凝聚力，看两支队伍建设和两个作用发挥情况；三是考核思想作风建设，看能否廉洁勤政，为群众办实事；四是考核精神文明建设，看有无打架斗殴、赌博、偷盗等违法乱纪行为。在明确职责、严格考核的同时，工作组还注意引导支部书记正确处理好四个关系：一是支部书记和支委的关系。使其明确在支委会重大问题的表决中，支部书记与其他支委享有同等的一票，支部书记起着组织、主持的作用。二是支部书记和党员的关系。支部书记有定期向党员大会报告工作的义务，自觉接受党员监督。三是支部书记与村干部的关系。村干部有为支部书记提建议的权利，支部书记要善于采纳合理化建议。四是支部书记和群众的关系。支部书记要能够倾听群众意见，走群众路线。

通过上述工作，促使支部书记和班子整体作用的发挥。不少整组村支部书记提出要“任职一届，致富一方”，也出现了一批“舍小家，顾大家”的支部书记先进典型。

【评析】

这是一份专题总结，标题揭示了总结的主题。前言部分用高度概括的语句点明了工作的主要内容。主体部分采用了阶段式的逻辑结构，分别总结了“选人”“育人”“用人”三个阶段中每个阶段的所做的工作以及取得的经验体会。结尾显示经验带来的效果。全文层次清楚，结构合理，观点与材料高度统一。材料运用上既注重典型性，又善于运用数字说明。语言表述具有较高的概括性，是一份具有典范性的工作总结。

第二节 简 报

一、 简报的含义和特点

（一）简报的含义

简报是党政机关、人民团体、企事业单位内部编发，用来汇报工作、沟通信息、反映情况、交流经验的一种业务文书。在实践工作中，简报又称为“××情况”“××动态”“××简讯”“××信息”“快报”“内部参考”“情况交流”等，有些具有文学色彩的名称如“××之窗”“××采风”也属于简报范畴。

简报作为机关内部刊物，可以用于向上级报告工作情况，便于上级了解下情，及时做出指示，指导工作；也可用于平级之间或与下级之间沟通情况、交流经验，便于开展与推动工作。值得注意的是简报不属于党政公文，对上级，它代替不了“请示”“报告”；对下级，它代替不了“通知”“决定”等党政公文。

简报主要有以下特点。

（一）简报的特点

1. 简明——简报的特性

“简”是简报的固有特性。简报篇幅短小，内容集中，语言简要，以概括叙述为主，每则几百字或千余字，把情况说明即可。

2. 真实——简报的生命

简报的内容必须实事求是、真实准确，不能夸大、缩小或虚构。简报涉及的时间、地点、人名、地名、数字等均要逐一核实，领导的讲话稿、会议的发言也应尽量请本人过目审核。

3. 新颖——简报的价值

简报的内容要有新闻价值，反映的应是新情况、新问题、新经验、新动向、新观点、新措施等，能给人以启发和借鉴。简报的内容如果众所皆知，不言而喻，简报就失去了存在的价值。

4. 快捷——简报的效率

简报采集、编写和印发迅速及时，讲究时效。简报类似新闻中的消息，时效性强。如会议简报，往往在会议召开期间发布，及时报道会议的进程和有关情况。信息及时，才能赢得工作主动。

二、简报的分类

从不同的角度，可以把简报划分为不同的类别。比较常见的分类方法是按其内容的不同将简报分为以下几类。

（一）工作简报

工作简报是指反映本地区、本单位、本部门日常工作情况的常规性简报。内容包括：党和国家方针政策的贯彻执行情况，工作任务的完成情况，工作中出现的新思想、新问题或经验教训，本单位或本部门发生的重要事件和开展活动的情况等。

（二）专题简报

专题简报是指为配合某项工作或针对某项中心任务而编发的非常规性简报，此项工作完成后即停发。如“深入学习科学发展观活动简报”“人口普查简报”“财务大检查简报”等。

(三）会议简报

会议简报是一些大型会议的秘书处所编发的反映会议情况的简报。内容包括会议概况、会议进程、主要议题、与会者重要发言等。它能使上级机关和有关方面及时了解会议的全面情况。

(四）动态简报

动态简报又可分为两类：一类是反映社会动态的简报，如有些单位编发的“内部参考”“情况反映”等，这类简报有时具有一定的保密性，供较高层机关领导人参阅；另一类是反映本系统、本部门动态的简报，如“文艺动态”“理论动态”等。

三、 简报的格式

简报一般由报头、报核和报尾三部分组成。如图 3-1 所示。

密级　　　　　　　　　　　　　　　　　　　　　　编号

简　　报　　名　　称

期数

编发单位名称　　　　　　　　　　　　　　　　编发日期

目录

标题

正文

报：
送：
发：

共印×份

图 3-1　简报的格式

1. 报头部分

报头又称为版头。一般占首页的三分之一，用红线与报核部分间隔。报头包括以下内容。

（1）简报名称

简报名称位于报头正中。用套红字体简报，名称一般固定不变，要求醒目大方。

（2）编发期数

期数居名称下方，各期按顺序排列，如“第×期”，有的还要注明总期数。

（3）编发单位

编发单位居期数左下方，如“××公司办公室编”“××大会秘书处编”。

（4）印发日期

印发日期在期数右下方，标出印发简报的年、月、日。

（5）密级

标在简报左上端。根据需要标出“绝密”“机密”“秘密”或“内部刊物，注意保存”等字样。

（6）编号

位于简报右上端。一份一号，以便保存、查找。大部分简报不需要编号。

2. 报核部分

报核是简报的核心，一般由以下部分构成。

（1）目录

一期简报有多篇报文时，应在报文首部标明目录或要目，包括每篇文章的标题和页码，以方便阅读。

（2）标题

标题是简报内文章的题目，要求简洁醒目，使读者见题明义，一眼就看出简报的主要内容或主要思想。在形式上可采用单标题或双标题两种写法。

（3）编者按

转载性简报和内容重要的简报，编者常在正文前加一段按语，或说明材料来源、转载原因和目的，或提示简报内容的重点和要点，或表明态度并对下级提出要求。

（4）正文

正文是报核的主体部分。简报的正文除三言两语的简讯外，一般由以下部分构成。

①导语

类似新闻报道中的导语部分，要提纲挈领地概括出简报的主要内容，包括时间、地点、人物、事件、原因、结果等基本要素，点明主题。

②主体

主体是简报的中心部分，它的任务是用足够的、典型的、富有说服力的材料把导语部分的内容具体化。

③结语。对主体内容的小结，或者提出希望和要求。结语部分可以省略。

（5）署名

在正文右下侧标明简报的作者姓名。如果作者是编发单位则不必署名。

3. 报尾

位于简报末页下端，一般由两部分组成。

（1）发送范围

上级机关用“报”，不相隶属机关用“送”，下级机关用“发”。如果发送机关较多，可用同类型机关的统称。发送范围上下各用一横线为界。

（2）印制份数

在发送范围下界线右下方标明本期简报共印份数。

【例文 3-3】

××学院信息简报

第 7 期

（总 158 期）

××学院党委校长办公室编　　2009 年 12 月 21 日

本期要目

学校党委专题学习党的十七届四中全会重要精神

学校党委传达学习省委十二届六次全会精神

学校召开党委扩大会议

学校召开学科建设工作会议

中国人民大学校长纪宝成教授做客“×××大讲堂”

省政协系统书画作品巡回展在我校兰亭书法艺术学院开展

国务院学位办××副主任莅临我校检查指导学科建设工作

温州大学校长×××教授来校作报告

学校首次召开副教授专业技术资格评审会议

我校与加拿大曼尼托巴大学签署合作协议

我校音乐学院合唱队喜获多项荣誉

一组简讯

学校党委专题学习党的十七届四中全会重要精神

9 月 23 日，校党委理论学习中心组就学习和领会党的十七届四中全会重要精神召开专题学习会。校领导×××、×××、×××、出席会议。会议由校党委副书记×××、主持。

×××书记传达了省市关于学习贯彻党的十七届四中全会精神的重要指示，并就全会的内容和精神进行了深入解读。×××书记还就学校如何结合实际，学习好、宣传好、贯彻好全会精神作了重要部署。他指出，当前，学习贯彻党的十七届四中全会精神要从学校建设和发展的实际出发，用全会精神指导学校各项事业科学发展。×××书记强调，要从理论学习和实践落实两个角度出发，把学习贯彻全会精神作为今后较长一段时间内的重要政治任务来抓，要努力做好加强学习、继续抓好干部队伍建设、加强党内民主和党风建设、加强反腐倡廉、做好宣传学习等5项工作。

×××书记在会上还就学校做好新中国成立60周年主题宣传教育活动、办好办学百年纪念庆祝活动、做好甲型流感防控工作和确保学校安全稳定等重要工作作了部署落实。

与会领导还就学校发展进入新的历史阶段后，如何切实贯彻落实好全会精神进行了讨论。党委委员×××作了题为“新时期党的建设的宣言书”的中心发言。

党办、组织部、宣传部、工会和团委等党群部门负责人参加了会议。

（略）

报：省委办公厅、省政府办公厅，省委教育工委办公室、省教育厅办公室，市委办公室、市政府办公室、市委宣传部、市委组织部、市教育局

【评析】

这是某学院的常规性工作简报。报头由简报名称、期数（总期数）、编发单位及编发日期组成。由于简报内容没有涉及秘密事项，故不设保密要求。主体由目录、标题、正文组成。例文列举的是第一则信息的全文。该信息为该校党委专题会议信息，以简洁的笔法介绍了会议的基本情况和主要议题，符合简报写作的基本特征。报尾列举了报送单位。但列举不够全面，缺少下发单位，“报”“送”单位没有区分。根据简报编写规则，或根据单位类别写明“报”“抄”“送”单位，或统一标“发送单位”。

四、信息的编写

（一）信息和简报的关系

“信息”一词作为日常用语，通常是指“音讯、消息”的意思。“信息”的定义众说纷纭，不同的学科对信息有不同的理解。从一般意义上说，信息是能够通过文字、图像、声音、符号、数据等为人类获知的知识。

信息和简报关系密切，有人认为信息和简报并无区别，两者属于等同关系；有人认为简报是正式文件，信息不是正式文件，一般不能公开发布的，两者属于并列关系；也有人认为简报是信息的一种，两者属于包含关系。我们的理解是：信息和简报两个概念的角度不具有同一性。确切地说，简报是传递信息的载体之一。信息可以通过简报这种载体和工具表现出来，也可以通过其他载体传递。

（二）信息的写作结构和写作要求

1. 标题

标题是对信息需求者提示和推荐信息正文的窗口。除了标题的准确性和概括性要求外，能否抓住阅读者的眼球，是评价信息标题好坏的主要标准。信息标题的写作要掌握新、精、巧、实等要领。

（1）新，即写作角度要新

相似内容的信息，去年也报，今年也报，甚至一年还报好几次。同样的工作，这个部门也报，那个部门也报，如某地房管部门应对办证高峰，不同的房管所就拟制了以下标题："想群众所想，急群众所急——加班加点为群众办证""二手房交易征个税办证窗口势头火爆""住房政策调整开始影响'房市'——房管处积极应对'高峰'"等。这就要求信息的编写者发掘新的写作角度，比如反映企业改革情况，就不能反复使用《××市把企业改革作为重中之重来抓》《××市举全市之力推进企业改革》等题目。相比之下，《××市"组大组强"走活企业改革一盘棋》《××县通过外资嫁接使一批企业起死回生》更能吸引人。

（2）巧，即巧妙

运用多种方法，巧妙使用文字巧技把题目做出特色。常见的有以下方法。

①比喻法

如《××市农业产业化巧打"特色牌"》，打牌是一种比喻，这就比《××市农业产业化力创特色》更具形象感。

②修饰法

如《××县出狠招治"三乱"》，"狠"是形容词，用以修饰"招"的程度，这就比《××县认真治"三乱"》显得更有动感和力度。

③悬念法

如《××系统治理公款吃喝顽症有良方》，就比《××系统狠刹公款吃喝风》更有吸引力。

④渲染法

如《电子游戏室坑害青少年已经到了非整治不可的时候了》，又比《电子游戏室坑害青少年应予整治》更有鼓动性和紧迫感。

⑤对称法

如《党员一通　工作轻松》《千里返乡只为党　一身本领献家乡》，文字对称、音节整齐的标题念起来节奏感强，朗朗上口，易于接受，方便记忆。

（3）实，即朴实、实在

我们强调题目要讲究技巧，绝不意味着可以堆砌辞藻、故弄玄虚。对于信息来说，最通俗、最自然的题目往往也是最精彩的题目。特别是没有导语的信息更要注意标题的明白易懂。常见的方法有：大量使用陈述句，并且多用主谓型结构。如《〈××物流中心总体规划〉通过专家组评审》《××市切实加强猪肉禽蛋及制品类市场监管》。用数字说话，比如《××厂投入3.3万元改善职工生活条件》《××公司建成投产28个月累计缴纳增值税 9930 万元》。

（4）精，即精炼

精炼不仅仅指句子简短，还包括概括性要强。标题简洁明快不但便于阅读，也易给人留下深刻的印象。比如这样的题目《××县狠抓林产加工业、钨钼制品加工业、绿色食品工业和电力工业促进工业经济大发展》，句子明显过于拖沓。如果把它改成《××县力促工业经济大发展》，句子是短了，但又显得太笼统，把它改成《××县主攻四大支柱力促工业经济大发展》，这样才符合精炼的要求。

2. 正文

正文主要由开头和主体两部分组成。

（1）开头

精练简洁是信息编写的典型特征，因此，信息的开头必须开门见山，直截了当。最常见的方法是叙述式。

叙述式，即在开头部分简明扼要地写出主要事实、经验，或对全篇事实材料进行综合概括，揭示主要内容。举例如下。

> 市房管处以满足群众需求为核心，努力实现服务理念、服务机制、服务手段、服务水平上的新发展、新超越，明年将推出“开一列直通车、送一张导办卡、设一个安全锁”的“三个一”服务工程（《房管处明年将推出“三个一”服务工程》）。
>
> 10 月 28 日，学校召开党委会传达学习省委十二届六次全会精神，并就贯彻落实省委全会精神作了部署。党委书记×××主持会议并讲话，校党委班子成员参加会议（《学校党委传达学习省委十二届六次全会精神》）。

除了叙述式开头，评论式（对所报道的事实先作出评论性结论，然后再用具体事实来阐明）、提问式（把消息中要解决的问题或要介绍的经验、做法以设问的形式提出，然后再用事实作答）、描写式（对富有特色的事实或有意义的一个侧面，用简练的笔墨进行形象描绘，给读者以鲜明的印象）也有所见。

（2）主体

主体是信息的主要部分。它承接开头，阐述开头所揭示的主题，或回答开头中提出的问题，对开头的事实作具体的叙述与展开。主体部分展开的方法如下。

①按时间顺序表述

即按事件发生、发展和结束的自然顺序来写，比较适合报道一个完整的事件。如“×月×日，××幼儿园发生集体食物中毒事件”，就可以用时间顺序来表述。

②归纳分类表述

归纳分类表述即围绕主题把所有的材料归纳成几个部分、几条经验、几种做法或运用几个并列的材料，突出某个观点的表述方法。反映工作中好的思路、措施、经验或特点等就常用这种方法。如反映某县在发展高效农业中突出果业、反季节蔬菜、食用菌、中药材等四个重点，这就是思路和做法，可用并列的方法进行展开。

③按逻辑顺序表述

即按事物的因果关系来安排材料，先摆出事实或提出问题，然后阐述产生这些事实或问题的原因；或先叙述重要的事实或问题，再叙述次要的事实或问题，按事物的主次关系安排材料，做到重点突出，照顾一般。如反映某县发展食品工业思路正确、措施得力、效果显著，那么就是先讲思路是什么、采取了什么措施，后讲取得了什么效果，这就是逻辑顺序法。

主体无论采用哪一种形式展开，都应做到结构紧凑。以《××县实施“小城镇、大发展”战略》为例，原文如下。①

经过反复调查论证，总体目标是：在重点发展县城镇的同时，合理发展一批建制镇，到2003年全县城镇化水平达到32%。该县强调，小城镇建设必须把发展经济摆在首位，夯实小城镇建设的基础。要解放思想，以市场为导向。调动各方面的积极性。要科学规划，合理布局。“规划年年变，一年一个样”的状况必须改变。一定要充分运用市场规律，避免过去那种政府包揽一切的做法。要多渠道筹集建设资金，要用好用活小城镇建设资金，大力推进城镇社会保障制度改革。要积极开展土地使用制度创新。妥善解决小城镇建设用地问题。要搞好户籍管理制度改革，落实鼓励农民进城镇的有关政策。务必深化小城镇行政管理制度改革，走“小政府、大社会”的路子。

这条信息最大的问题就是结构不紧凑、杂乱无章，而且废话不少。

【修改稿】

总体目标是：在重点发展县城镇的同时. 合理发展一批建制镇，到2003年，全县城镇化水平达到32%。具体做法是：以解放思想为动力，以市场作为手段，以调动各方面积极性做保证。落实好4项措施，一是科学规划，合理布局；二是多渠道筹集并管好用好小城镇建设资金；三是深化小城镇行政管理制度改革，走“小政府、大社会”的路子；四是深化土地使用制度和户籍管理制度改革，落实鼓励农民进城的有关政策。

（四）处理好三种关系，提高信息的采用率

编写信息是为了为有关部门采用并发挥其应有的作用，为了引起有关部门的重视，编写信息时要特别注意处理好以下三种关系。

一是质与量的关系。数量是基础，质量是关键；数量反映的是工作热情，质量反映的是工作水平。信息的编写，既要有数量更要有质量。高质量的信息具有重要性、建议性、新鲜性和警示性。所谓重要性，就是要抓住工作和生活中出现的重大事情，也就是对领导决策和全局工作有着重要影响的事情。所谓建议性，就是不仅要提出问题，更要

① 原文和修改稿来自谢亦深的《谈谈信息的编写》，该文载《应用写作》2006年第6期。

“出谋献策”，特别是要针对矛盾和问题的症结，提出相应的思路办法或可操作性的意见和建议。所谓新鲜性，就是要突出实践中出现的新生事物，如一项带有试验和探索意义的改革举措、一项重大创造发明等；所谓警示性，要抓住经济社会生活中带苗头性、倾向性的问题，认真思考，深入挖掘，使领导或有关部门、基层单位以从中获得警示和启发。

二是喜与忧的关系。“喜”指的是好的做法、成功的经验、取得的成绩和正面的典型，“忧”指的是失败的教训、存在的问题和反面的事例。“说真话、报实况”是信息工作的基本原则。但是实际工作是复杂的，实际情况是“喜”信息需要上不容易上，“忧”信息容易上又不敢随便上。尽管作为上级信息部门来说，很看重“忧”信息，但作为下级信息部门，唯恐报多了“忧”信息会让领导不高兴。有的信息部门甚至宁可放弃上稿率也不报“忧”。“报喜不报忧”是信息编写工作常见的现象。对此，我们倡导坚持喜忧并重，有喜报喜、有忧报忧。报喜时实事求是，恰如其分；报忧时“敢”字当头，同时要注意把握好尺度和角度。

三是热与冷的关系。“热点”固然是信息编写的主流，但“冷点”（难点、疑点、盲点）问题也不能忽视和放过。在处理“热”与“冷”的关系上，关键是要做到热的题材冷静写，冷的题材热心写，才能抓住根本，准确行文。

【例文 3-4】

市房管部门三大举措服务市民

今年以来，市房管部门以提供优质服务为目标，从服务社会民众着手，围绕民众关心的热点难点问题，从实际出发，适时推出一系列便民利民举措，以实际行动将优质服务真正落到实处。

一是推行网上挂牌和签约。积极与银行配合，有效杜绝在存量房交易过程中虚假报价、一房多卖、吃差价等侵害消费者切身利益的行为；规范交易市场，减少交易纠纷，为房屋登记提速、缩短办证时限创造条件，更好地方便群众办证，提高办事效率。二是实行存量房网上交易、资金无偿监管制度。二手房买卖时，当事人只要选择资金监管模式，监管机构将对交易过程进行全程监控，一旦发生限制交易的事件时，可以保障买卖双方在终止买卖的同时“专用账户”内的交易结算资金能安全返还购房者，实现房产交易“房钱两讫”，确保房屋交易安全。三是推行预告登记。2009 年 3 月起新订商品房合同中，规定由购房户单方申请预告登记，其次对按揭的预告登记，规定需提供国土部门出具的土地抵押情况证明，若土地已经抵押的，需由抵押权人（银行）出具的同意按揭预告手续，以规避由此引起的债权和物权登记风险。

【评析】

本则信息为某市建设局向市政府呈报的一则信息，为市政府信息部门录用。本信息文字简洁、结构紧凑、条理清晰、内容充实，较好地体现了信息的基本特征。信息以“市房管部门三大举措服务市民”为题，表达朴实准确，具有较强的概括性。开头部分采用常见的叙述法，揭示了信息的核心内容，主体部分采用横向结构模式，思路清楚，写作比较规范。

第三节　调查报告

一、 调查报告的含义和特点

（一）调查报告的含义

调查报告是针对某一现象、某一事件或某一问题进行深入细致的调查，对获得材料进行认真分析研究，发现本质特征和基本规律之后写成的书面报告。

（二）调查报告的特点

调查报告是一种在社会管理和科学研究中经常使用的文体。一般说来，调查报告具有以下特点。

1. 较强的针对性

调查报告的缘起通常是某一情况、某一社会问题、某一成功经验，引起了一定程度的关注，为了进一步了解它的详情、真相，认识它的性质，需要专门对它进行调查研究并提供报告。调查报告是一种针对性很强的文体。

2. 材料丰富翔实

调查报告需要列举大量的相关事例、统计数字和各方意见，在此基础上提出调查者的观点。在调查报告的写作中，大部分的文字都是在列举事实，精确的数字、典型的事例能使调查报告具有一种“事实胜于雄辩”的强大说服力。

3. 提供规律性认识

调查报告确切地说应该叫调查研究报告，它的价值不仅在于调查和报告，更在于研究。研究的结果就是得出规律性的认识，并把这些规律性认识提供给读者。这些规律性认识是在大量事实的基础上得出的，又是大量事实的理论归宿点。只列举种种现象，而缺少理论归纳的调查报告是肤浅的。

二、 调查报告的类型

（一）介绍经验的调查报告

这类调查报告以社会生活中值得推广的先进经验、优秀典型为调查对象，这些经验和典型往往具备代表性和科学性，若加以推广，可以获得以点带面的功效。因此，此类调查报告要写清基本情况，突出主要经验、具体做法以及经验的意义。

经验型调查报告与经验总结在写作上比较相似，其区别主要在于经验型调查报告要求材料更具体，叙述成分更多；同时，经验型调查报告一般用第三人称，而总结是第一人称。

（二）揭露问题的调查报告

这类调查报告针对现实中存在的各种问题或矛盾，作出敏锐的反应，并提出解决的措施与办法。这些问题和矛盾多是社会生活中存在的有代表性的问题或不良现象，这类调查报告的目的是引起有关部门和社会公众的重视，从中吸取教训或促进问题的早日解决。

（三）澄清事件的调查报告

这类调查报告着重反映历史的或现实的重大事件的来龙去脉。某些事件在一段时间内未被人们正确认识，甚至混淆视听，这类调查报告重在澄清是非，显露真相。

（四）反映情况的调查报告

这类调查报告可以反映某地区、单位的基本情况、发展状况。它着重较全面地反映现状、说明基本面貌及发展趋势。这类调查报告可以为上级机关研究工作、制订计划、调整政策或指导工作提供依据。

三、 调查报告的形成

调查报告的形成是以调查研究的展开为前提的，没有调查研究就无法形成调查报告。而调查报告又是调查研究的重要成果，也被认为是调查研究的最后阶段。调查报告的形成一般需要经历以下阶段。

（一）确定调查课题

调查课题决定着调查研究成果的价值和应用。调查课题应该是“必须的”，也应该是“可行的”。在选题方向上，要注意选有现实意义的课题，抓住苗头性、倾向性的问题和现实中的矛盾点和难点问题。

（二）掌握相关资料

掌握与课题有关的相关资料，包括相关的法律法规、方针政策、专业知识，充分了解前人已有的调查成果。

（三）制订调研计划和调查提纲

明确的调研计划和调查提纲有助于指导调查工作的实施。调查计划的内容涉及：调查的目的要求；调查的对象、范围；调查的方式方法；调查的时间、步骤和进程；调查人员的组织；经费预算及其他注意事项。调查提纲是调研内容的基本纲要，是编制问卷的基本依据，因此在制订调查计划的同时还要制定好调查提纲。

（四）采取各种调查方法，做好材料收集工作

在调查过程中，应该运用各种方法尽可能全面地收集相关资料，为研究提供扎实的基础。

（五）认真综合分析材料，得出正确的调查结论

对调查所得的各种信息资料先要经过整理，如核实、筛选、誊清、分类。在整理资料的基础上，要进行由此及彼、由表及里的思维加工，揭示事物的内在本质，说明事物的前因后果，预测事物的发展趋势，并在此基础上提出对实际工作的具体建议。

（六）撰写调查报告

调查报告是调查成果的集中体现。撰写调查报告，可以将调查所得的材料在分析研究的基础上得出的结论，以书面的形式向有关部门或社会各界报告，使之对所调查的情况有全面的了解，为有关部门的正确决策提供依据。

四、调查报告的体例结构

从形式上看，调查报告由标题、前言、主体、结语四个部分组成。

（一）标题

调查报告的标题常采用以下形式。

1. 单标题

一种是公文式标题，这类标题通常由事由和文种的组合反映出调查报告的主要内容，如《关于减轻农民负担的调查报告》等。一种是非公文式标题，这类标题具体方式灵活多样。可以用问题作标题，如《儿童究竟需要什么读物》等；也可以直接叙述事实，如《盖章一百二　工程遥无期》等。

2. 双标题

正题揭示调查报告的主题，副题标明调查的事项和范围。如《不断创新才能增强实效——关于山东省潍坊市地税局加强和改进思想政治工作的调查》等。

（二）前言

调查报告的前言一般要根据主体部分材料的结构方式来安排，常见的有以下几种类型。

1. 提要式

提要式就是把调查对象主要的情况进行概括后写在开头，使读者一入篇就对它的基

本情况有一个大致的了解。例如《靠名牌赢得市场——关于深圳市×××（集团）股份有限公司的调查》的开头。

> ×××（集团）股份有限公司是一家以生产钟表为主的大型企业，1987年成立于深圳。在经济特区这块改革开放的沃土上，该公司坚持不懈地实施名牌战略，终于在竞争激烈的钟表行业后来居上。历经12年的艰苦创业，终于由一个钟表小厂发展为总资产逾8亿元，年创利润8000万元的上市公司，成为国内同行的翘楚。

这个开头把×××公司发展情况和主要成绩作了概括的介绍，明确了主要观点，提纲挈领，统率全文。

2. 交代式

交代式即在开头简单地交代调查的目的、方法、时间、范围、背景等，使读者在入篇时就对调查的过程和基本情况有所了解。例如《3·15“维权万人行”消费电子质量与售后大调查报告》一文的开头如下。

> 为了促进厂商家提升产品质量，改善售后服务，维护和保障消费者合法权益，人民网在3·15之前举办了“维权万人行”消费电子质量与售后大调查活动。此次普查活动分为网上调查和卖场、社区等公共场合现场问卷调查两部分：其中公共场合问卷调查共发放一万份问卷，涵盖消费电子12个品类，另外，人民网还开通在线网络问卷，让网友反映或投诉在使用消费电子产品中遇到的问题。本次调查力求真实反映目前消费电子产品的质量和售后状况。

这个开头包括调查目的、时间、方法、范围等几个方面，属于交代式的开头。这类形式的开头在调查报告中非常普遍。

3. 问题式

在开头提出问题，引起读者对调查课题的关注，促使读者深入思考。这样的开头可以采用提问的方式引出问题，也可以直接将问题摆出来。

例如《农村发展社会主义市场经济的成功之路——贸工农一体化、产加销一条龙经营的调查》的开头如下。

> 近些年，随着农村改革的深化和商品经济的发展，贸工农一体化、产加销一条龙的经营方式，正在我国农村迅速突起。它一出现，就显示出旺盛的生命力和巨大的优越性，为农村经济的发展注入新的活力。这种经营方式对我国农业向商品化、现代化转化有哪些作用？应采取什么方针政策扶持其发展？我们就这些问题进行了调查，并同10个县（市）的有关同志进行了座谈，形成了一些共识。

如《明晰产权起风波——对太原市一集体企业被强行接管的调查》的开头如下。

企业要求按照有关法律、法规和政府规定明晰产权，本来是件好事。可太原市一家集体企业却因为明晰产权被所在区政府部门强行接管，陷于瘫痪。该企业把区政府两个部门告上法庭，至今已一年多时间，早就超过了审结期限，可法院却迟迟不判决。

前一段开头入笔先提问，后一段是采用叙述的方式直接暴露问题，都属于问题式写法。

（三）主体

前言之后、结语之前的文字，都属于主体。主体部分的材料丰富、内容复杂，在写作中尤其要注意的是结构的安排。主体的结构形态主要有三种：纵式结构、横式结构和纵横式结构。

1. 纵式结构

纵式结构是按具体事件发生、发展的时间顺序组织编写，或是按问题、原因、解决方法、具体措施一步一步组织编写，安排结构。如《不断创新才能增强实效——关于山东省潍坊市地税局加强和改进思想政治工作的调查》① 一文的主体部分就是按照“实践探索”“显著成效”“有益启示”的顺序来安排结构的。

2. 横式结构

横式结构是根据调查研究中获悉的情况或得出的结论，冠以小标题或序号来组织结构，安排内容。横式结构一般应用于材料数据较多，反映的面也较广，需要分几个方面或几大部分来展开阐述，或者从不同的几个角度反映事物的性质。如《“新苏南模式”的内涵与启示》② 一文的主体部分就被冠以以下四个小标题：“坚持一个目标：追求共同富裕”“协调好两只手：发挥市场与政府的合力”“弘扬‘三创精神’：艰苦创业、勇于创新、争先创优”“实现四大创新：产权结构、产业发展、社会结构、发展格局创新”。

3. 纵横式结构

纵横式结构是横式结构和纵式结构形式的交叉综合使用，横中有纵，纵中有横。纵横式交错的结构一般适用比较大型的调查报告，它对于反映和表述某些头绪复杂的事物可以起到纲目并举、条理清晰的作用。

（四）结语

结语，即调查报告的结束语。调查报告的结语一般有以下形式：一是总结式结尾，

---

① 戴焰军，刘玉瑛，李永华等. 不断创新才能增强实效——关于山东省潍坊市地税局加强和改进思想政治工作的调查［J］. 人民日报，2007-02-05.

② 江苏省委党校课题组. “新苏南模式”的内涵与启示［J］. 人民日报，2007-05-09.

概括全文，升华主题；二是启示性结尾，提出问题，引人思考；三是号召性结尾，提出要求，展望前景；四是建议性结尾，提出意见、建议、办法等，以利于问题的解决。

（五）附录

附录部分主要有两个内容。

1. 有关调查内容与调查工具的附录

调查资料中篇幅较长而又很重要的图、表、文字说明资料，可作为附录附在调查报告之后。其次，还有问卷、抽样方案、主要计算公式、主要数据等。

2. 参考资料

与本调查内容密切关联，或写作调查报告时重点参考过的书与文章目录。

四、 调查报告写作的注意事项

（一）选题要具备效用性和可行性

调查报告的选题要为现实服务。要选择那些在工作和生活中具有典型性的问题进行调查，或者选题能为领导者的决策提供有效的服务，切忌远离现实，不着边际。同时，调查报告的选题还应该具备可操作性，不能脱离实际，必须要切实可行。

（二）调查要深入

要得出正确的结论，就要深入实际做调查，这样才能掌握真实资料数据。走马看花，浮在表面，匆匆写成调查报告，得出的结论就不可能真实、可靠，还会产生误导，对工作造成不良的影响。

（三）用事实说话

用事实说话，就是从事实中概括经验，用事实去阐明道理。调查报告中的结论、观点，要通过准确、丰富、翔实的材料来说明，不能主观想象和臆断。在材料的使用中，常用的方法有：精选典型事例，巧用对比方法，恰到好处地运用精确的数据。

（四）做到观点和材料的和谐统一

调查报告需要丰富的材料，但也不是将材料作简单的堆砌和罗列。而必须对材料进行分析研究，去粗取精、由表及里，找出规律性的结论，将观点和材料完美地统一起来。其表达方法上可以以叙述为主，夹叙夹议。既要防止只叙不议，没有鲜明的观点；也要防止空发议论，成为议论文。

【例文 3-5】

关于领导干部“三小”现象的调查报告

“干部出问题，多数都是‘小洞不补，大洞吃苦’，干部管理监督要抓早、抓小，防患于未然。”2009 年 10 月，中组部部长李源潮在一次重要讲话中曾指出以上问题。但是，现实中，有些领导干部却被一些“小”所包围，建立自己的“小圈子”，结交“小兄弟”，放纵“小嗜好”。这些现象是否普遍？有怎样的表现方式？又会给领导干部带来怎样的影响？人民论坛杂志社联合人民日报社政治文化部做了“您如何看待领导干部的‘小圈子’‘小兄弟’‘小嗜好’”的问卷调查。

从 2009 年 12 月 28 日至 2010 年 1 月 7 日，人民网网络调查共有 2817 人参与，腾讯网共有 3872 人参与，总计 6689 人。同时，人民论坛记者采访调查了党政干部 960 位、专家学者 210 位、普通群众 350 位。本次调查参与人数总计 8209 人。

“小圈子”——

73.04%的受访者认为“小圈子”主要指“秘书、上下级”

领导干部搞“小圈子”的动机，76.09%的受访者认为是“可以为仕途助力”

“小圈子”不等于“圈子”。“小圈子”的特殊性在于以权力为纽带，以谋利为目的。其核心成员，大多是手握实权的领导干部，甚至是地方党政“一把手”。圈中人或谋求升官，或贪图钱财，或图办事方便，各有各的利益所需，公权力是互谋私利的工具。

您身边的领导干部有自己的“小圈子”吗？85.04%的受访者选择“有，相当普遍”，8.6%选择“有，但属个别”，2.54%选择“基本没有”，3.82%选择“搞不清楚”。从以上结果可以看出，八成以上的受访者认为领导干部“小圈子”现象相当普遍。

山东政法学院教授李克杰认为，领导干部身处“包围圈”是一种正常现象。但“领导干部搞‘圈子’的特殊性在于，一旦滥用权力或搞权力寻租，就会给自己及其圈子内的人员带来某种政治或经济利益，从而使这个‘圈子’改变性质，成了‘小圈子’”。

您认为领导干部的“小圈子”主要是指哪些人？73.04%的受访者选择“秘书、上下级”，56.25%选择“同乡、同学”，50.15%选择“亲戚”，42.75%选择“战友、司机”，另有 21.03%选择“其他”。

为何公众认为“秘书、上下级”是领导干部“小圈子”中的“头号人物”？江苏省洪泽县信息化办公室的倪洋军认为，秘书、上下级因为工作缘故与领导干部接触频繁，“‘鞍前马后’地天天跟在领导干部的身边，大多是领导比较认可、信赖的红人、心腹。”您认为领导干部搞“小圈子”的主要动机是什么？76.09%的受访者选择“‘小圈子’可以为仕途助力”，72.3%选择“可以带来某种经济收益”，48.46%选择“一旦仕途受阻，‘小圈子’可以提供后路”，15.05%认为是“官场难以交到朋友，搞‘小圈子’弥补情感需求”，5.03%选择“没有什么特别的动机”。

由此可见，在公众看来，领导干部搞“小圈子”、结交“小兄弟”，主要是出于“官运”或“钱运”的考虑。

当问到如果您是一位领导干部，您是否也会搞自己的“小圈子”时，却有55.58%的受访者选择“会”。这实际反映出公众的复杂心态，反对领导干部搞“小圈子”，但又表现出了一定程度的认同。专家认为，在这种认同心态的背后，实质折射出了对某种官场文化的无奈。

“小兄弟”——

75.70%的受访者认为“小兄弟”是“心术不正、趋炎附势的人”

结交“小兄弟”的途径，87.16%的受访者选择“具有某种共同利益”

您怎么看待领导干部的“小兄弟”？75.70%的受访者选择“心术不正、趋炎附势的人”，16.55%选择“普通人，特殊的地方就在于和领导干部关系密切而已”，6.06%选择“各界精英人士”，8.79%选择“不好说”。

由此可见，超过七成受访者对领导干部的“小兄弟”抱有负面的看法。领导干部交友乃是人之常情。但领导干部的“小兄弟”不是真朋友，更不是亲兄弟，而是千方百计接近领导干部，处心积虑拉拢领导干部，利用领导干部手中的权力为自己谋好处的小人。现实中，“小兄弟”往往也是领导干部“小圈子”中的重要人物。

领导干部结交“小兄弟”的途径主要是什么？87.16%的受访者选择“具有某种共同利益”，37.39%选择“工作上接触较多”，25.13%选择“性格或爱好相近”，20.94%选择“领导干部正常的社会交往”，6.28%选择“说不清楚”。

以上调查结果显示，超过八成的受访者认为领导干部和“小兄弟”具有利益纽带，而只有两成受访者认为这是领导干部正常的社会交往。由此可以看出，“小兄弟”现象的一个显著特点，就是以“感情”为掩护，追逐私利，互相利用。

清华大学公共管理学院廉政研究室副主任任建明认为，无论是搞“小圈子”、交“小兄弟”的领导干部，还是领导干部周围的“小圈子”“小兄弟”，本质上是一种互相利用的关系，共同分享着腐败交易的盛宴。

您认为领导干部结交“小兄弟”的危害主要体现在哪些方面？排在前三位的分别是：“易搞权钱交易，导致干部腐化堕落”（占总79.40%），“影响了选人用人的公信度”(占总73.27%)，“构筑了既得利益团体，影响了社会的公平公正”(占总67.88%)。另外，有61.24%的受访者选择“纸醉金迷，影响了干部群体形象，疏远了群众”，48.34%的受访者选择“不利于党内的和谐和团结”。

事实上，不少“出事”的领导干部，身边常常活跃着“要好”的“小兄弟”。原贵州省委书记刘方仁，长期认奸商为“小兄弟”；社会“黑老大”刘涌竟成了沈阳市原常务副市长马向东的座上宾；广州市公用事业局原局长丁振武常与一些“沙煲兄弟”周旋于灯红酒绿之间……

“领导干部手中有‘权’，因此许多人慕名而至，但最终目的都是一个‘利’字。如果将公共资源与‘小兄弟’发生某种不正当的联系，那么，腐败现象就不可避免。但凡涉及权钱之事都要引起领导干部的警惕。”重庆市酉阳自治县县委组织部副部长冉超这样表示。

"小嗜好"——

领导干部有了"小嗜好"，51.62%的受访者认为"不应张扬外露，要谨慎节制"

81.56%的受访者认为"'小嗜好'易被利用成为干部腐化堕落的诱因"

领导干部的"小嗜好"主要有哪几种类型？66.34%的受访者选择"喜欢喝酒"，49.18%选择"喜欢收藏奇珍异宝"，37.57%选择"其他"，29.12%选择"喜欢某种体育运动"，27.15%选择"喜欢书法绘画"。

现实中，很多领导干部的"小圈子""小兄弟"都是"小嗜好"做的"媒人"，他们因为喝酒、收藏等"小嗜好"而圈在一起。

那么，公众如何看待领导干部的"小嗜好"呢？51.62%的受访者选择"领导干部有了'小嗜好'不应张扬外露，要谨慎节制"，47.19%选择"领导干部应培育自己的'嗜好'，做一个脱离了低级趣味的人"，15.42%选择"说不清楚"，7.13%选择"'小嗜好'是小事情，无伤大雅"。由此可见，半数以上的受访者认为领导干部在"小嗜好"上要有所收敛，有所节制。

"集邮，可说是郑培民唯一的爱好。就是这个爱好，他也绝对保密，生怕有人投其所好。""领导干部首先是一个普通人，有自己的小嗜好也很正常。适当健康的爱好可以陶冶情操，无形中增加个人魅力。但是凡事皆有度，一旦痴迷沉醉于其中，就会为物所羁绊。"人民论坛网网友留言道。

您认为"小嗜好"对领导干部成长的影响如何？81.56%的受访者认为"有影响，'小嗜好'易被利用从而成为干部腐化堕落的诱因"，54.23%认为"有影响，沉迷于'小嗜好'易导致干部难有作为"，3.79%选择"没有什么影响"，7.56%选择"说不清楚"。可见，八成以上受访者认为领导干部"小嗜好"与腐败紧密相连，"小嗜好"不是好东西。

"不怕领导干部廉洁，就怕领导干部没嗜好。"在我们身边，总有那么一些人喜欢打听领导干部的喜好，对领导干部喜欢什么、不喜欢什么摸得一清二楚，以备紧要关头投其所好，派上用场。

因为"小嗜好"腐化堕落的干部不乏其人，如嗜好洋酒的开平原市委书记赵瑞彰，嗜好名人字画、古玩、瓷器的浙江海宁市原副市长马继国，嗜好兰花的浙江省临海市文化广电出版局原局长周华清，等等。

中央社会主义学院马克思主义教研部副主任赵丰在接受采访时表示，有"嗜好"，对于无权无势者来说往往是件好事；但对于领导来说却可能成为陷阱。领导的"小嗜好"大概就类似于"命门"——武侠小说中有很多高超的武功，但再高的武功也都有致命的弱点，即"命门"。谨慎嗜好，要求官员守好"命门"，不给那些居心叵测之徒打开缺口、突破防线的机会。

如何破除干部"三小"——

七成以上的受访者认为要"规范用人制度"或"加强党风廉政建设"

从总体上来看，您认为领导干部的“三小”现象是否普遍？83.8%的受访者选择“相当普遍”，6.85%认为是“一般情况”，4.52%选择“个别现象”，4.82%选择“说不清楚”。

由此可见，在公众看来，领导干部的“小圈子”“小兄弟”“小嗜好”现象非常常见，这需要引起我们的高度重视。

改革开放30多年来，我党在干部教育问题上付出了大量的心血，取得了不少阶段性成果，令世人瞩目。但是，也应该清醒地看到，工作、生活、社交中的“小圈子”“小兄弟”“小嗜好”现象在某些领导干部身上，表现得有过之而无不及。某些领导干部的堕落轨迹，大都与这三个“小”息息相关。

破除领导干部“三小”，您认为关键应从哪些方面入手？78.18%的受访者选择“进一步规范用人制度，提高选人用人公信度”，71.56%选择“加强党风廉政建设，以优良的官场环境提升干部的素质”，64.79%选择“进一步完善干部绩效考评制度”，42.34%选择“领导干部要多读书、读好书，以书香提升自身的境界和修养”，41.25%选择“领导干部要主动规范自己的交友圈”，9.12%选择“其他”。

从以上调查结果中可以看出，在公众看来，在制度层面上做文章是领导干部摆脱“三小”的重要举措，如规范选人用人制度、加强党风廉政建设、完善干部考评制度。

但就个体而言，关键在于加强个人修养，把好交友关。正如中共中央政治局委员、中组部部长李源潮在浦东、井冈山、延安干部学院2009年秋季开学典礼上所强调的，领导干部应择善而交，把好交友关。领导干部一定要对那些怀着个人目的来拉拉扯扯的人保持高度警惕，严把“社交圈”，更不能为了贪图享乐而去“傍大款”。要见贤思齐，见不贤而自省。

（记者艾芸　杜凤娇）

【评析】

本调查报告是《人民日报》记者对“如何看待领导干部的‘小圈子’‘小兄弟’‘小嗜好’”的专题问卷的分析报告。标题采用了公文标题的模式，直接明确。正文第一、二自然段为前言部分，用问题式开头，引起读者的阅读兴趣，同时说明了调查的时间、对象和范围。主体分为四大部分。按照“小圈子”“小兄弟”“小嗜好”及如何破除“三小”的顺序展开。引用关键性数据作为小标题的补充说明是本报告的一大特色。全文以科学的统计和精确的数据为基础，表现了调查报告的准确性和说服力。同时，本文并没有局限于对调查数据的罗列，对于提出的问题，不但有数据，还有分析和结论。如在提出“您身边的领导干部有自己的‘小圈子’吗”这一问题后，不但有数据说明，而且分析认为：“领导干部身处‘包围圈’是一种正常现象。但领导干部搞‘圈子’的特殊性在于，一旦滥用权力或搞权力寻租，就会给自己及其圈子内的人员带来某种政治或经济利益，从而使这个‘圈子’改变性质，成了‘小圈子’。”并且得出了结论：“由此可见，在公众看来，领导干部搞‘小圈子’、结交‘小兄弟’，主要是出于‘官运’或‘钱运’的考虑。”全文以叙述为基础，夹叙夹议。比较符合调查报告的基本特征。

第四节　声明　启事

一、声　明

（一）声明的含义

声明是政府部门、社会团体、企事业单位、其他组织或公民个人就有关事项或问题向社会表明自己立场、观点和态度的应用文体。属告启类文书的一种。

声明与党政公文中公告、通告一样具有公开告知的特点，但是它们的制发目的、制作的法律依据及制发的程序都不同，是两类不同性质的文书，前者具备公务文书的法律权威性和行政强制性；后者重在阐释立场、观点和态度。

声明使用范围非常广泛，大至国家小至个人，都可以使用声明。声明的主要作用如下。

一是表明单位或个人的立场、观点、态度，二是对侵权者起到警告、警示的作用，三是保护自己合法权益。

声明可以在报刊登载，也可以通过广播、电台播发，还可以进行张贴。

（二）声明的类型

声明通常分为两类。

一类是当自己的某种合法权益受到侵害，为维护自己的合法权益、引起公众关注，并要求侵权方停止侵害行为的声明。

另一类是在自己遗失了支票、证件等重要凭据或证明文件时，为防止他人冒领冒用而发表的声明。

（三）声明的格式、内容和写法

声明由标题、正文和尾部三部分组成。

1．标题

声明常见的标题有以下几种形式：一是只写文种“声明”；二是由事由和文种构成，如《遗失声明》等；三是由发文机关名称、授权情况、文种三项构成，如《××××有限责任公司授权法律顾问××律师声明》等。

2．正文

简明扼要地写明发表声明的原因，表明对有关事件的立场、态度。内容包括：“发表的缘起”，说明发表声明的原因；“事实的经过”，是辨析是非的前提；“是非的辩证”，是论述正反和是非的观点；而“表明的态度”，则是声明欲达到的目的。

遗失声明只需说明什么单位或个人什么时间遗失什么证件或票据，列出证件号码或票据号码，声明作废即可。如果票据不是一张而是数张或一本，可将其号码略写为××号—××号。

3. 尾部

包括署名、时间和附项三项内容：声明单位署名；年、月、日期；有的声明正文内容中写有希望公众检举揭发侵权者的意思，还应在署名项目的右下方附注自己单位的地址、电话、电子邮箱等信息，以便联系。

（四）写作声明的注意事项

1. 叙事要真实，辩白应符合逻辑，态度应明确

声明常见的是由社会团体、企事业单位所发表，目的是就某个具体事务向有关单位和公众表明立场、观点和态度；或反驳某些观点；或澄清事实，避免误会等。所以，声明要注重摆事实、讲道理。

2. 行文准确、严谨

声明要达到预定的目的和效果，行文的准确、严谨十分重要。不能使用文学性语言，尽量不用夸张、拟人等修辞手段。

【例文3-6】

遗失声明

本单位因工作人员不慎，将农业银行××××分理处30000008号现金支票遗失，声明作废。

××××（单位）

××××年×月×日

【评析】

本例文属于遗失声明，遗失声明单位和个人都可以使用。正文行文简洁，态度明确。

【例文3-7】

声　明①

近日，有群众向中国青少年发展基金会（以下简称“中国青基会”）查证“第十届全国青少年书画写作大赛”和“第六届全国青少年数学大赛”举办事宜。对此，中国青基会特授权北京市君宁律师事务所王宁、朱军律师发表声明如下。

希望月报杂志社是中国青基会所属事业单位。中国青基会和希望月报杂志社从未主办或承办过上述赛事活动，希望月报期刊早已于2008年7月休刊，并于2009年7月经国家新闻出版总署批准废止了刊号和刊名。现在市面上出版发行的《希望月报全国青少

① 摘自2010年03月27日《中国青年报》。

年数学大赛辅导专刊》实为非法出版物。本律师特提请社会各界保持警惕，谨防上当受骗。中国青基会将保留追究不法行为人法律责任的权利。

北京市君宁律师事务所
律师：×× ××
2010年3月26日

【评析】

这是一则授权声明。标题虽无错误，但表述过于简单。正文内容清楚，合乎标准。开头段为发表声明的缘由，主体段说明了事实的真相，并表明了声明者的基本态度，叙事真实，行文得体。

二、启 事

（一）启事的含义

启事是用简短的篇幅向社会公开说明某项事情，并希望获得人们关心和协助的一种常见的告知类应用文，启事应用广泛，其作者可以是单位，也可以是个人。

启事与声明有一定的相似性，两者都是遇事而发的告启类文种。但也存在明显的区别：首先，与声明相比，特别是与政府和公司的声明相比，启事涉及的问题性质较轻、范围较窄；其次，声明重在表态，启事重在说明和吁请。

（二）启事的结构和写法

1. 标题

一是以文种作标题，如“启事”“紧急启事”；二是以事由作标题，如“招聘”；三是以启事单位和文种作标题，如“××公司启事”；四是以事由和文种作标题，如“招标启事”；五是由启事单位、事由、文种构成标题，如“××商城开业启事”等。

2. 正文

启事正文通常由启事的缘由、启事的内容和启事者的希望三部分构成。如果内容较多，可分条列项，逐一交待明白。正文部分是体现各种启事不同性质和特点的关键部分，应依据不同启事的内容和要求，变通处置，注意突出启事的有关事项，不可强求一律。

文末可写上“此启”或“特此启事”，亦可略而不写。

3. 落款

写明启事单位名称或个人姓名和启事日期。如果标题或正文中已写明单位名称，此处可以省略。有的启事还需要写明单位地址、时间、电话、电子邮箱、联系人等。凡以机关、团体、单位的名义张贴的启事，应加盖公章，以示负责。

（三）启事的类型及写作内容

不同的启事，其正文的写作内容也各不相同。以下是各类常见启事的主要写作内容。

1. 招生启事

招生目的，招收专业、名额，招生方法，报名条件、时间、地点，联系方式等。

2. 招聘启事

招聘单位基本情况或招聘缘由，招聘岗位及待遇，招聘对象、条件，报名方式、时间、地点，招聘单位地址、电话、邮箱、联系人等。

3. 招领启事

丢失物品名称、认领地址及联系人等。

4. 征文启事

征文目的，征文对象、范围，征文题材、体裁、字数，起止日期、投递办法、评奖方法，征文单位地址、邮箱、联系人等。

5. 征订启事

出版物的影响、性质，出版物的主要内容，出版物的定价、订购方法等。

6. 征婚启事

征婚人基本情况，征婚对象的基本要求，联系方式等。

7. 寻物启事

物品名称、数量、形状、质地，丢失时间、地点，寻物者联系方式，表示感谢等。

8. 寻人启事

所寻人姓名，何时、何地、何因失踪，所寻人基本特征，联系方式，表示感谢等。

9. 开业启事

开业缘由，开业日期，服务项目，礼仪用语等。

10. 迁移启事

迁移原因、时间，新地址，联系方式等。

11. 更正启事

错误或疏漏的出处，错误或疏漏的内容或字句，改正后正确的内容或字句，致歉等。

（四）启事写作的注意问题

1. 标题要简短、醒目

启事标题应力求简短、醒目，主旨鲜明突出，高度概括，能抓住公众的阅读心理。尤其是广告性、宣传性的启事，标题更要注意艺术性。

2. 内容要严密、周详

启事的事项一定要严密、完整，且表述清楚。要求内容单一，一事一启，便于公众迅速理解和记忆。相关要素要一一交待清楚。

3. 用语要热情、恳切、文明

启事的文字要通俗、浅显、简洁、集中，态度庄重、平易而又热情、恳切、文明礼貌，以使公众产生信任感，达到的预期效果。

【例文 3-8】

“新形象　新风采”征文启事

为展示海外侨胞新风采，树立华侨华人“举止文明、遵纪守法、讲究诚信、关爱社会、团结和谐”的形象，推进和谐侨社建设，国务院侨务办公室、中国海外交流协会即日起联合推出主题为“新形象　新风采”的征文活动，由中国新闻社和中国世界华文文学学会具体承办。

一、征文时间：即日起至 9 月 30 日。

二、征文对象：海外华侨华人及归侨侨眷。

三、征文要求：（一）观点鲜明、主题突出、内容健康。（二）语言须为中文，体裁不限，字数不超过 3000 字。（三）来稿须为原创作品，严禁抄袭、套改、拼凑。如已在媒体发表过，务请注明。

四、投稿方式：请以电子邮件（纯文本格式）发送文稿至征文专设信箱：fengcai@chinanews. com. cn，不接受纸质来稿。请在邮件“主题”栏注明“征文”字样，并在文末提供作者本人真实联系方式。

主办方将邀请著名学者于丹等组成评审委员会，本着公开、公平、公正的原则评选出若干优秀作品，在中新网、中国侨网开辟专栏陆续刊登，并结集成册。优秀作品集除寄送作者本人外，还将以国务院侨办和中国海外交流协会名义赠送海外侨社。

欢迎海外华侨华人、国内归侨侨眷踊跃来稿。

国务院侨务办公室
中国海外交流协会
2010 年 5 月 1 日

【评析】

这是一则征文启事。开头说明了征文的目的和主办、承办单位。主体部分明确了征文时间、对象、要求、投递方式及评奖情况。语言简明、条理清晰、内容明确。

【例文 3-9】

××联合资源（香港）有限公司开业启事

本公司经过精心周密的筹备，各项工作已经准备停当，兹于二〇〇九年九月十七日正式开业。

我司主营业务以钢铁产品、煤炭、焦炭、铁矿石、有色金属、废钢铁、冶金和煤炭设备等产品的国际贸易为主，同时积极参与境外钢铁生产、加工贸易企业的投资控股；与钢铁产品或者资源相关的上、下游产品或企业的投资控股、技术开发和转让服务；物流和金融服务等。

欢迎海内外客商光临，这里有你需要的产品和信息，还有我们热情的服务。

××联合资源（香港）有限公司

2009 年×月×日

公司地址：香港湾仔告士打道 39 号夏悫大厦×楼××室。

电话：+×××-28×××××。

传真：+×××-286××××。

网址：×××××。

【评析】

这是一则开业启事。开业依据、开业日期、服务项目、礼仪用语诸要素齐全。

实训练习

1. 分析下列工作计划，并尝试补充相关的小标题或段旨句。

××县机关事务管理局 2007 年工作要点

一、____________________

以创建和谐社会和党的十六届六中全会精神为指导，以县委县政府提出的“两个更加”主题教育活动为契机，围绕“管理科学化、保障法制化、服务社会化、经营市场化”的现代后勤总目标，以和谐后勤、绿色后勤、效益后勤为主线，审时度势，顺势而为，乘势而上，完善体制，搞活机制，推动“两个职能”分开，在服务质量、管理品位、市场化运作等方面狠下苦功，不断拓展机关后勤新领域，最大限度深挖潜力发展后勤经济，切实增强后勤服务保障能力，实现机关后勤事业更好更快发展。

二、____________________

创建和谐后勤，打造绿色后勤，发展效益后勤。

三、____________________

(一) ____________________

人是最活跃的因素，强化服务机关意识，是构建和谐后勤的核心。机关后勤要本着“真心”换“真诚”，使“真诚”变“放心”，转“放心”为“安心”的服务理念，切实提升机关服务满意度，营造和谐后勤服务环境。

1. 努力树好“队伍”新形象。一要完善用人机制。（略）二要加强业务培训。(略)。三要强化岗位考核。(略)

2. 尽力服务“大局”指挥棒。一要围绕中心搞服务，在“高”字上下功夫。(略)二要围绕接待搞服务，在“细”字上下功夫。(略）三要围绕节会搞服务，在“精”字上下功夫。(略)

3. 全力谱好“大院”精品曲。一要加强大院后勤服务精细化管理。(略) 二要加大大院社会化服务竞争力度。(略) 三要加快新轻纺城大剧院建设进程。(略)

4. 倾力奏响“大众”交响乐。以县委县政府提出的“两个更加”为目标，以人为本，切实做好“五子”(车子、房子、孩子、筷子、院子) 管理服务工作，提升满意度。一要管好“车子”保“安心”。（略）二要管好“房子”显“贴心”。（略）三要管好“孩子”报“放心”。（略）四要管好“筷子”赢“称心”。（略）五要管好“院子”求“舒心”。（略）

（二）____________________________________

机关后勤处于管家理财的关键位置，建造节约型“绿色后勤”是职责所在，需要沿可持续发展的轨道前进，改革体制，搞活机制，创新发展。

1. 创新质量管理谋发展。（略）

2. 推行绩效管理增效益。（略）

3. 完善机关效能求实效。（略）

4. 拓展后勤信息促交流。（略）

（三）乘势而上，拓展效益后勤经济平台。

转服务型后勤向效益型后勤发展，已成为机关后勤改革发展的必然趋势，机关后勤要取得长足发展，关键是要深挖后勤潜力，大力发展后勤经济产业，增强自身“造血”功能。

1. 引进市场力量变革机关后勤。一要加快实行市场化运行模式。（略）二要因地制宜地选择经营方式。（略）三要建立内联外引的联合经营链。（略）

2. 转服务型后勤为经营型后勤。一要搞活机关餐饮内部服务经营机制。（略）二要挖潜医务室外向发展经营新路。（略）三要摸索温馨物业公司经营方式。（略）四要增强稽山宾馆行业竞争力。（略）五要拓展文印中心对外业务。（略）

3. 变国有资产实物型为价值型。（略）

四、____________________________________

1. 进一步加强思想政治建设。紧紧围绕县委县政府“坚持经济中心，推进率先发展”为工作重心，以“两个更加”主题教育为契机，加强全体人员思想政治建设，形成务实、高效、廉洁、勤政的工作作风。

2. ____________。按照“办后勤与管后勤”分离的原则扎实推进“两个职能”分开，加大步伐，大胆创新，完善体制，搞活机制，实现后勤事务“粗放型”向“集约型”、“服务型”向“经营型”转变。

3. ____________。以“廉洁、勤政、规范、高效”为目标，深化后勤事务“阳光工程”，践行“两个更加”主题教育活动，健全后勤事务监督约束机制，促进党风廉政建设的高度落实和事务工作的高效运转。

总之，2007 年是全面贯彻十六届六中全会的一年，是全面建设机关和谐后勤的关键之年，做好今年的工作，关系重大，意义深远。我们将紧紧围绕县委县政府的中心工作，以高度的责任感和使命感，使机关后勤工作做得更加放心，更加满意，为实现全县经济社会又好又快发展作出应有贡献。

二〇〇七年一月一日

2. 以下是某学院 2006 年度的学生工作总结，分析该总结存在的问题并提出修改思路。

2006 年度××学院学生工作总结

一、工作总体思路

1. 贯彻执行中发〔2004〕16 号文件精神，加强党建工作和学生工作队伍建设，突出典型教育，加强正面引导，努力做好学生思想教育工作。

2. 始终坚持“以人为本”和规范管理的工作理念，加强学风建设，努力营造良好的学生成才成长环境，努力提升学生的综合素质，为构建和谐体院扎实工作。

二、主要特点

（一）学生党建工作扎实推进

一是加强学生党员的理论学习，健全支部理论学习制度，努力构建“学习型支部”。特别是学习“八荣八耻”中，总结出了体育专业学生的荣辱观：对思想意识要以爱国爱民为荣，以背离民众为耻；以服务社会为荣，以好逸恶劳为耻；对学习、学术要以追求真知为荣，以不求甚解为耻；以刻苦钻研为荣，以抄袭剽窃为耻；对工作、生活要以脚踏实地为荣，以好高骛远为耻；以艰苦创业为荣，以骄奢淫逸为耻；对人际交往要以团结互助为荣，以损人利己为耻；以诚实守信为荣，以背信弃义为耻；对体育事业要以尚武修文为荣，以粗鲁称霸为耻；以追求超越为荣，以斗志不坚为耻。

二是实行党员义工制，义工的内容主要有宣传党的方针政策、帮困结对、承担突击队等，通过给任务、压担子等形式，让学生党员成为党的方针政策的宣传者，激励青年学生成为政治上积极要求上进的引领者、各项突击任务的先锋者，在实践中教育和培养学生党员。

三是推行党员联系寝室制。

四是按计划高要求培养和发展学生党员，特别是做好培养教育工作，一年中，共组织92名新生参加党章学习小组，147名学生参加党校积极分子培养班，有163名学生被列入组织发展视野进行培养考察，共发展学生党员45名。

（二）学院主要领导十分重视学生工作

一是定期专题研究学生工作现状，特别是对节假日等关键时间、27个重点关键人物、公寓和校外租房等关键地点、违纪违规等关键事件等方面作专题讨论，制定工作方案，确保校园稳定，学院学生工作领导小组组长由院长或书记亲自担任。

二是主要领导亲自召开学生大会，某院长2006年至少参加过5次学生大会，有：学生违纪后的大会教育、考试前的诚信应考教育、三本学生的稳定情绪教育等。

三是建立了领导与处分学生的联系制度，定期谈话，了解掌握这些学生的信息。

（三）制度完善

××学院学生管理制度重点是落实晨间锻炼制度、晚自修制度、晚就寝制度、新生生活指导员制度、教练负责制、家校联系制度，并做到每周反馈一次，每月统计一次，每学期与家庭联系一次。

（四）典型教育突出

积极开展了院级“十佳大学生”“十佳优秀运动员”“优秀班干部”“优秀裁判员”等评选活动，并采取了网上投票和纸质投票同时进行的方式，扩大了优秀学生在全院的影响力，同时隆重召开表彰大会，大力表彰先进，鼓励先进，营造良好的院风。在学校富有特色的学生最高荣誉奖的评比中，每次都有学生受奖，如卓越奖、十佳大学生、十佳自强不息奖等。

（五）积极创设平台，服务学生的成长成才

一是积极组织开展暑期社会实践活动，特别是“新农村建设的调研”实践活动，组织小分队赴绍兴市上窑村，进行为期15天的调研之路，编写了《上窑之行》实践册子三册，《新农村知识宣传册》《健康知识宣传册》各一册。

二是延伸课堂教育的手臂，大力支持学生课余的实践活动，组织学生承担全市各种体育比赛的裁判任务，积极推荐学生在各大健身中心担任教练，积极支持学生在全市各青少年培训机构担任指导教师，支持舞龙舞狮、武术、街舞等社团组织出演，进一步提高学生的社会实践能力。

三是做好心理健康教育工作，成立心理健康协会，并积极开展了相关活动，并开展心理健康月活动。

四是关心经济困难家庭学生的生活学习，尽力帮助解决一些后顾之忧。

（六）违纪率下降

2006年，主要在赌博、考试作弊、打架方面有少量学生违纪，共有16个学生受纪律处分，比2005年的58人有大幅度下降。

三、2006年完成的主要工作任务

1. 组织开展党的先进性教育建设月活动。

2. 2006届毕业生顺利毕业，至8月30日二本学生就业率达86%，三本学生达76%。

3. 借助社会力量成功举办学院篮球全明星赛。

4. 成功举办学院寝室文化节活动。

5. 组织开展第二期学生干部培训班活动。

6. 成功组织学院排球联赛。

7. 2005级学生军训顺利完成，并获先进连队。

8. 按照要求做好新生接待，开展富有特色的新生始业教育活动。

9. 借助社会力量成功举办学院2006年“迎新生、迎国庆”晚会。

10. 成功举办学院足球联赛。

11. 崇尚先进、宣传先进，开展了丰富多彩的先进典型宣传活动。

12. 成功举办心理健康宣传月活动。

四、不足之处

1. 学生的违纪虽已得到控制，但还是防不胜防，仍有不少违纪事件，尤其是赌博和考试作弊等方面。

2. 思想政治教育中的政治教育方面比较薄弱。

3. 工作中缺少研究，忙于应付。

3. 撰写一份课程学习总结。

4. 以下是某房管所编写的一则信息，拟报市房管处行风建设领导小组编印的《行风建设简报》录用，请以该简报编辑的身份修改之。

管道工：拆卸管子取戒指

8月中旬的一个中午，长安乐苑新村柳园×幢103室的×××业主在自家厨房水池里洗菜，洗着洗着，突然感到戴在自己手中的一只金戒指滑了出来，正好顺着水池的下水口流入了下水道。“啊，怎么办?”情急之中，她抱着试试看的心情火速赶到小区物管处求助，希望小区管道工帮帮忙，能在下水道找到金戒指。听完×女士的诉说，已是中午12点，本已到了下班时间，管道工陆××急业主所急，立即背起工具包去了×女士家。在仔细检查了下水道的走向以后，陆师傅毅然将紧固的下水道管一节一节地拆下来。虽然盛夏高温天，老陆干得满身大汗淋漓，但终于在一个弯道处摸到了金光灿灿的金戒指。×女士和陆师傅都感到满心欢喜。等装好管子已是下午1时多了。×女士挽留陆师傅吃便饭，但被他婉言谢绝了。据×女士称：金戒指是从香港买来的，十分精致，重约9克，目前市价起码在1200元以上，要是找不见，真要肉痛。为了感谢物业员工的敬业精神，×女士特地去做了面书有“敬业爱岗排忧解难”8个大字的锦旗，近日送到了××房管所。

5. **评析以下调查报告，并提出修改思路。**

关于我院学生汉字书写情况的调查

一、调查背景

随着电视节目《中国汉字听写大会》《汉字英雄》等节目的播出，汉字书写的问题越来越引起社会各界的高度重视。推行规范汉字，学校是基础阵地，而高等学校的师生更应是推行规范汉字的重要方面军。为了了解我院学生汉字书写的情况，引起学生对于汉字书写的重视，本小组特作此调查。

二、调查目的

1. 了解我校学生汉字书写的情况。

2. 帮助大学生树立规范书写汉字的意识。

3. 提出增强我院学生手写能力的建议。

三、调查范围

学院各系部。

四、调查时间及地点

2013年10月21日—11月15日。

五、调查方法

问卷调查法、个体访谈法。

六、调查结果分析

(一) 我校学生汉字书写的情况

1. 对于年级和专业的调查

我们随机抽取了60名大学生参与本次调查。其中，艺术专业和非艺术专业各30名；大一学生10人，大二学生28人，大三学生22人。

2. 对于常用词是否能够书写正确的调查

运筹帷幄、趋之若骛、醍醐灌顶这三个成语的正确率分别为30%、40%、20%。

3. 对于错别字类型的调查

音近致误、形近致误和义近致误排在错别字类型的前三位，分别占到21%、20%和19%。(略)

（二）影响大学生汉字书写的因素

随着娱乐平台的日益增多，如QQ、微信、微博、博客等，传统的纸质日记和随笔早已被它们取代了。绝大部分的人都会在自己的微博、博客、空间中记录自己的心情，分享自己的最新动态。而在本次的调查中，100%的学生选择用电子平台记录事情或心情。

影响学生对汉字认知的重要渠道中，网络交际和流行语言占重要比例，相反，家庭教育和学校教育所占比重并不大，而电视广告和报刊杂志的比例与家庭学校的比例只相差2百分点。

七、结论与建议

（略）

6. 组成调查小组，确定合适的调查课题，完成一份调查报告。

7. 近来，绍兴咸亨酿酒总公司发现××省市场上有不法单位大量倾销假冒“咸亨”散装加饭酒，为此委托其律师发表声明，请代拟之。

8. 评改以下开业启事。

××大学跳蚤市场开业启事

全体同学：

大家好！

××大学跳蚤市场原定于2015年9月30日16：30—19：00开业，但由于台风天气影响，不能正常开业。在此我们敬请全体师生员工谅解。第二期开业时间为2015年10月13日16：30—19：00。

届时，欢迎全体同学踊跃报名，将自己的旧物品摆设在跳蚤市场供广大学生自由选购。只要你愿意跨出一步，无数学生将得到实惠。届时，如有意销售旧物品的同学，请到跳蚤市场现场审批处登记，现场工作人员安排地点销售。

××大学跳蚤市场本学期开业时间为每月的第二周周五下午16：30—19：00，在开业期间欢迎全体同学前来惠顾！如遇暴风雨天气，将停止开业。

祝同学们学习进步，学业有成！

后勤服务集团

2015年9月28日

9. ××市创意装潢公司自2017年10月20日起，将由原址搬迁到和平路38号，电话号码也变化了，请你为该公司撰写一则迁址启事。

10. 假设你母校将举行校庆活动。活动之一是面向全体校友开展“我与母校”的征文活动，请为之代写征文启事。

第四章

其他应用文

第一节　合　同

一、 合同的含义和特点

(一) 合同的含义

《中华人民共和国合同法》(以下简称《合同法》)规定：合同是“平等主体的自然人、法人、其他组织之间设立、变更、终止民事权利义务的协议”。合同的订立和履行，有利于保护当事人的合法权益，有利于规范市场的交易活动，有利于加强政府对企业的监督，有利于维护社会经济秩序。

(二) 合同的特点

合同的特点主要有以下几方面。

1. 内容的合法性

合同是具有法律效力的文书，其作用的发挥要以合法为前提，内容或者订立过程不合法，就被视为无效合同。

2. 格式的规范性

合同的格式较为固定、统一，许多类型的合同都有统一文本格式。

3. 条款的完备性

在合同中，当事人双方的权利、义务和责任都要分别写清，条款要全面、周详，不能有遗漏。

4. 措词的严密性

为避免在合同的履行中产生不必要的争执，也为了避免留下漏洞，合同的语言要十分准确、规范、严密，不能有模棱两可或含糊不清的情况。

二、 合同的种类

合同按照不同的标准，可划分为不同类别。根据《中华人民共和国合同法》规定，合同的种类共有 15 种。分别是买卖合同，供用电、水、气、热力合同，赠与合同，借款合同，租赁合同，融资租赁合同，承揽合同，建设工程合同，运输合同，技术合同，保管合同，仓储合同，委托合同，行纪合同，居间合同。

（一）买卖合同

是出卖人转移标的物的所有权予买受人，买受人支付价款的合同。其内容包括：标的，数量，质量，价款，履行期限、地点和方式，包装方式，检验标准和方法，结算方式，违约责任，解决争议的方法等。

（二）供用电、水、气、热力合同

供用电、水、气、热力合同是供电人、供水人、供气人、供热力人，在一定期限内供给一定种类、品质和数量的电、水、气、热力予使用人，而使用人向供方支付费用的合同。其内容包括供电、供水、供气、供热力的方式、质量、时间、容量、地址、性质、计量方式、价格、费用的结算方式，以及设施的维护责任等条款。

（三）赠与合同

赠与合同是赠与人将自己的财产无偿给予受赠人，受赠人表示接受赠与的合同。赠与人在赠与财产的权利转移之前可以撤销赠与。但具有救灾、扶贫等社会公益、道德义务性质的赠与合同或者经过公证的赠与合同不能撤销。

（四）借款合同

借款合同是借款人向贷款人借款，到期返还借款并支付利息的合同。借款合同的内容包括借款种类、币种、用途、数额、利率、期限和还款方式等条款。

（五）租赁合同

租赁合同是出租人将租赁物交付承租人使用、收益，承租人支付租金的合同。其内容包括租赁物的名称、数量、用途、租赁期限、租金及其支付期限和方式、租赁物维修等条款。租赁期限不得超过 20 年，超过 20 年的，超过部分无效。

（六）融资租赁合同

融资租赁合同是出租人根据承租人对出卖人、租赁物的选择，向出卖人购买租赁物，提供给承租人使用，承租人支付租金的合同。其内容包括租赁物名称、数量、规格、技术性能、检验方法、租赁期限、租金构成及其支付期限和方式、币种、租赁期间届满租赁物的归属等条款。

（七）承揽合同

承揽合同是承揽人按照定作人的要求完成工作，交付工作成果，定作人给付报酬的合同。承揽包括加工、定作、修理、复制、测试、检验等工作。承揽合同的内容包括承揽的标的、数量、质量、报酬、承揽方式、材料的提供、履行期限、验收标准和方法等条款。

（八）建设工程合同

建设工程合同是承包人进行工程建设，发包人支付价款的合同。包括工程勘察、设计、施工合同。建设工程合同应当采用书面形式。发包人可以与总承包人订立建设工程合同，也可以分别与勘察人、设计人、施工人订立勘察、设计、施工承包合同。施工合同的内容包括工程范围、建设工期、工程的开工和竣工时间、工程质量、工程造价、技术资料交付时间、材料和设备供应责任、拨款和结算、竣工验收、质量保修范围和质量保证期、双方相互协作等条款。

（九）运输合同

运输合同是承运人将旅客或者货物从起运地点运输到约定地点，旅客、托运人或者收货人支付票款或者运输费用的合同，包括客运和货运。其中货运合同托运人办理货物运输，应当向承运人准确表明收货人的名称、姓名，货物的名称、性质、重量、数量，收货地点等有关货物运输的必要信息。

（十）技术合同

技术合同是当事人就技术开发、转让、咨询或者服务订立的确立相互之间权利和义务的合同。技术合同的内容一般包括以下条款：项目名称，标的的内容、范围和要求，履行的计划、进度、期限、地点和方式，技术情报和资料的保密，风险责任的承担，技术成果的归属和收益的分成办法，验收标准和方法，价款、报酬或者使用费及其支付方式，违约金或者损失赔偿的计算方法，解决争议的方法。

（十一）保管合同

保管合同是保管人有偿或无偿地保管寄存人交付的保管物，并在约定期限内或应寄存人的请求，返还保管物品的合同。寄存人应当按照约定向保管人交付保管费（无偿保管除外）。保管人应当妥善保管保管物。

（十二）仓储合同

仓储合同是保管人储存存货人交付的仓储物，存货人支付仓储费的合同。提供储存保管服务的一方称为保管人，接受储存保管服务并支付报酬的一方称为存货人。交付保管的货物为仓储物，仓储合同属于保管合同的一种特殊类型。

（十三）委托合同

委托人和受托人约定，由受托人处理委托人事务的合同，委托人支付约定报酬或不支付报酬的合同。委托人可以委托受托人处理一项或者数项事务，也可以概括委托受托人处理一切事务。

（十四）行纪合同

行纪合同是指行纪人以自己的名义为委托人从事贸易活动，委托人支付报酬的合同。委托他人从事贸易活动的人为委托人，接受委托从事贸易活动的人为行纪人。行纪合同在我国《合同法》理论上又称信托合同。

（十五）居间合同

居间合同也称为中介合同。它是指当事人双方约定，一方为另一方提供成交机会或者充当订立合同的媒介，另一方支付相应的报酬的协议。在居间合同关系中，提供居间服务的一方为居间人，另一方为委托人。

另外，根据合同的内容，可分为转移财产的合同、完成工作的合同、提供劳务的合同；根据合同的形式，可分为条文式、表格式和条文表格式合同；根据合同生效的时间和条件，可分为诺成合同、实践合同等。

三、 合同订立的原则

合同的订立必须遵循公平、自愿、诚信、守法的原则。

（一）公平

合同双方不管资产多少、规模大小，其法律地位是平等的，在利益上应互相兼顾。不允许以上压下、以大欺小、以强凌弱，也不允许以小讹大、以穷吃富。

（二）自愿

签约双方在订立合同时，必须充分协商，在表达真实意思的前提下，达成一致协议，凡是采取欺诈、胁迫手段把自己的意志强加给对方，订立违反对方真实意愿的合同，都属无效合同。

（三）诚信

讲诚实、守信用，是合同当事人在经济往来中应遵守的基本原则，各级政府倡导开展的“重合同守信誉”活动，就是为了促进合同当事人的诚实守信。

(四)守法

合同的订立和履行是一种法律行为。依法订立的合同受法律保护，违反法律、法规的或者以合法形式掩盖非法目的的合同均属于无效合同。

四、合同的体例结构

合同一般包括首部、主部、尾部三部分。

(一)首部

1. 标题

标题就是合同的名称，主要用以明确合同的业务性质，即写明这是哪一类合同。写在第一行正中，如“农副产品买卖合同”“建筑安装工程设计合同”等。标题右下方写明合同编号。

2. 当事人

当事人也叫立合同人。在这个部分，应写明签订合同的当事人名称、法定代表人的名称以及地址等要素。名称应按营业执照上核准的全称来写，不应写简称，更不能写别人不了解的代称、代号。为使正文部分行文方便，可在括号中注明一方为“甲方”，另一方为“乙方”，如有第三方可称“丙方”。当事人的位置一般标于标题的左下方。

3. 引言

简单说明签订合同的目的或依据，常用“为了……”“根据……”等句式。

(二)主部

根据《合同法》规定，合同应具备的主要条款有以下几方面。

1. 标的

标的是合同双方的权利和义务所共同指向的对象。它可以是某种实物或货币，也可以是某项工程、劳务、科技成果或专利权，还可以是某种脑力劳动的成果，等等。标的必须明确具体，如工程项目要具体写出工程名称、地点，并附工程图纸，产品要写明品种、型号、规格、等级、花色等。合同必须有标的，没有标的，合同双方的权利义务就无法实现，合同履行也就失去现实意义。没有标的或标的不明的合同既无法履行，也不能成立。

2. 数量和质量

数量是衡量标的尺度，确定双方权利和义务大小的标准，是履行合同的具体条件之一。数量的规定要准确，要使用法定的计量单位，如长度用米，质量用克，容积用升等。计量单位有时用行业惯用的计量单位，如袜子、手套用“打”，但“一打”的具体数量须在合同上注明。

质量是标的的内在要素和外观形态的综合，是标的的性质和特征，也是履行经济合同的具体条件之一。质量有多种标准，如国际标准、国家标准、行业标准和协商标准，一般要求依次执行。合同中详细写明标的质量的技术要求和标准等，对于保证和检验标的质量有着重要的意义。

3. 价款或报酬

这是指取得标的的一方向付出标的的一方所应支付的代价，或者说是得到财物或接受劳务、劳动成果的一方向对方支付的代价。以实物为标的叫价款，以劳务为标的的称酬金。价款或者酬金应写明数量、计量单位、计算方法、支付方法、支付程序等。

4. 履行的期限、地点和方式

履行的期限是指履行合同的时间要求，是实现权利义务的具体时间。要求用公元纪年，年、月、日写齐全。如果是分期分批交货，要写清楚分几期、几批及每期的具体数量、期限。

地点和方式是指当事人履行合同的地点和方式。如交货方式（指双方约定的交接标的形式）、运输形式（指双方约定的用何种运输工具，采取何种方式运输）、交货地点（是指双方约定的交接标的的具体地点）。

5. 违约责任

违约责任是指在合同中明确约定的违约方应承担的具体责任。具体包括支付违约金、赔偿金和其他承担责任的法律形式。

有些合同根据需要还会写上解决争议的方法和不可抗力条款。

解决争议的方法。解决争议的方法是指履行合同时发生争议时解决问题的方式和程序，要明确注明是通过协商解决、仲裁解决还是诉讼解决。

不可抗力条款。如果发生了当事人不能预见、不能避免而且不能克服的客观事故（如洪水、地震、台风等），而导致履行合同困难时，当事人可以根据这一条款，依照《合同法》规定，部分或全部免于承担责任。此条款的内容包括不可抗力事故的范围、后果等。

以上是合同的主要条款，但合同种类很多，有些条款可以根据合同的类型和合同当事人协商一致的原则进行适当的调整。

（三）尾部

1. 合同的份数和保存

注明合同的份数、保管人，以及需报送的主管机关。

2. 落款

写明签订合同各方单位的名称和代表人的姓名并签名盖章，此外还要根据需要写明各方详细地址、电话号码、传真号码、邮政编码及开户银行、账号等，最后在右下方写明合同的签订日期。

【例文 4-1】

鲜蛋购销合同

供　方：××养殖场

需　方：××食品公司

根据《中华人民共和国合同法》等有关法律的规定，经双方协商，签订本合同，以资共同信守，严格履行。

第一条　品名、计量单位、数量。（略）

第二条　产品质量与标准：供方出售给需方的鲜蛋应新鲜完整、不破损、不变质，保持鲜蛋表面清洁，不沾附泥污等物。

第三条　包装要求：由自备或向需方租用硬塑箱及木箱，由供方付给需方押金与使用费。

第四条　价格或作价办法：全年实行季节差价。收购旺季实行量低保护价，鸡蛋每市斤________元，补贴饲料________斤；鸭蛋每市斤________元，补贴饲料________斤。

第五条　收购地点：____。

第六条　交货方式及运费负担：供方鲜蛋送往需方仓库，必须自备车辆、船只或其他运输工具。需方收货后则应按实际数量，每百斤补贴运输费、损耗________元，交食品站不补贴运杂费及损耗。

第七条　验收方式与期限：供方将鲜蛋送到后，需方依次过磅照验，在 24 小时内验收完毕，逾期验收由需方补贴损耗________%。

第八条　货款结算方式：需方通过验收后，应向供方及时支付货款。

第九条　超欠幅度：交售数量分月在合同规定数量超欠 5%以内不作违约论处。

第十条　违约责任：供方违约每欠一斤鲜蛋，应补给需方损失________元。需方违约拒收一斤鲜蛋，则补给供方损失________元。

第十一条　其他约定：供方现存生产蛋鸡________只、蛋鸭________只，若需淘汰更新，须经双方协商同意。

本合同一经签字，即具有法律约束力，双方必须全面履行合同规定的义务，不得单方任意变更或解除，若遇不可抗力，不能履行合同时，应及时通知对方，以书面形式变更或解除合同。

第十二条　本合同正本二份，购销双方各执一份，两份具有同等效力。

第十三条　本合同有效期自____年____月____日至____年____月____日止。

供　方：________________（盖章）　需　方：________________（盖章）

地　址：________________　地　址：________________

代表人：________________　代表人：________________

电　话：________________　电　话：________________

____年____月____日

【评析】

本合同为买卖合同。首部订立者相关要素明确。主部开头简单说明了签订合同的依据，主体部分各主要条款齐全，表述也比较清楚。尾部标注要素基本完整。但本合同计量单位不够标准化，付款方式未做明确说明，也未标明解决争议的方法。

五、合同的写作要求

（一）签订合同要谨慎

签订合同是一种法律行为，一定要注意遵循订立合同的基本原则。内容要合理合法，防止签订无效合同。

（二）项目条款要完整

合同所必备的各项条款不能缺少，要保持合同的完整性。缺少必要的条款会给合同的履行带来困难，如有的建设工程承包合同没有写明竣工交付的日期及超过期限的违约责任，导致建设项目迟迟不能交工。

（三）表达用词要准确

合同的写作采用说明方式．应做到周密严谨，概念准确，切忌议论、抒情、措辞不当、词不达意、一词多义。不使用“最近”“基本上”“可能”“大概”等词。如“定”“订”二字是同音，但定金非订金。预付款性质的“订金”不同于具有担保作用的“定金”，合同用词一定要注意准确无异义。

六、协议书

（一）协议书概述

协议书是国家机关、企事业单位、社会团体或个人之间，为完成某项合作或其他事情，经共同协商取得一致意见后订立的一种具有经济或其他关系的文书。协议书有广义、狭义之分。广义的协议书包括各种合同、条约、公约、联合声明及协议书等。

协议书与合同一样在社会和经济活动中具有凭证、约束作用，能促进单位、组织或个人之间的联系和合作。协议书可作为正式合同的“前奏”，起意向作用；协议书还可作为合同的组成部分，起补充或修正作用；当协议书的制订具备了合同所应具备的基本条款时，协议书兼有了合同的性质和作用。

协议书在合法性、制约性、对等性、一致性方面，与合同类似，但两者又有不同之处。

（二）协议书与合同的主要区别

1. 适用范围较广

协议书的使用比较灵活，局限性小，在生产建设、文化教育、社会治安、家庭财产等领域，都可以适用协议书。合同常用于购销、贷款、基建、储运和企业管理等经济事务中，尤以确认各当事人的物质利益的经济合同、技术合同为多。

2. 条款原则性强，内容简明概括

协议书一般只是当事人共同合作的基本原则的阐述，易于形成条文，其制作程序简单，使用方便。合同的内容比较具体，条款较详细，措辞较严谨，当事人双方的责任、权利和义务关系明确，较重要的合同还须经有关部门鉴定和公证。

3. 时效性长

合同一般用于买卖交易等经济合作，交易一旦实现，合同也就完成了使命。协议书的有效时间较长，有的甚至是永久性的。

4. 不一定具有违约责任条款

特别是用于非经济领域的协议书，一般只规定各自的权利和应当履行的义务，而不设立违约责任条款。

协议书的写作结构和要求与合同类似。

【例文 4-2】

协议书

××进出口公司××分公司（以下简称甲方）与××海外贸易公司（以下简称乙方），通过初步协商，双方就在××开设“××快餐食品公司”达成如下协议。

一、双方同意合资开办一家快餐食品工厂和餐厅。

二、甲方将负责中国境内的工作，乙方将负责国外的筹备工作。

三、甲方将提供：一座可建成日产10万份左右的快餐加工厂的厂房，2～3处在繁华地段的可供改建成快餐厅的场所。

四、甲方将向乙方建议不同品种的每份快餐的零售价格。

五、甲方将提供加工快餐所需原料的参考价格。例如肉、鱼、蔬菜等。

六、乙方将在甲方提供的有关资料基础上提出初步的设计方案和所需设备及价格，以供双方制定可行性报告。

七、双方一致同意在双方认为合适的时候，再举行下一轮会谈。

八、本协议书采用中、英两种文字，两种文本具有同等效力。本协议一式二份，甲乙双方各执一份。

××进出口公司分××公司
××（签章）
××海外贸易公司
×××（签章）

【评析】

本协议属于合同的先导，其实质为意向书。甲乙双方就开设“××快餐食品公司”事宜达成了原则性的协议。协议书没有必备条款的限定，只需将双方达成一致的意见表述清楚即可。

第二节　规章制度

一、规章制度的含义和特点

（一）规章制度的含义

规章制度是国家机关、企事业单位、社会团体为了实施领导和加强管理，在其职权范围内制定的，在一定范围内要求有关人员共同遵守的具有约束性的文件。

规章制度不等同于法规。法规是国家或地方立法机关、国家最高权力机关按照法定程序制定并发布实施的具有普遍约束力和强制执行性的规范性文书，包括条例、规定、办法等。

规章制度的作用范围和约束力都不如法规。它是国家机关、企事业单位、社会团体用于内部管理的文书，具有一定的行政约束力和道德规范性。主要包括章程、规定、办法、细则、规则、制度、守则和公约等。

（二）规章制度的特点

规章制度主要有以下特点。

1. 强制性和约束性

规章制度经过一定的法定程序，一经发布便具有很强的约束力，所涉及的部门和人员必须照章办事，不得违反。否则，重者受到法律或经济的制裁，轻者也会受到行政批评或处分。

2. 严密性和准确性

规章制度的作用是规范人们的行为，在写作上要求周全、严密，条文明确具体，不能有任何疏忽和遗漏。语言表述必须准确、明晰，杜绝模棱两可、歧义的现象。

3. 说明性和条款性

规章制度写作一般使用说明的表述方法，结构上采用条款式。采用条理分明的章断条连式结构或者条文并列式结构。其条款通常包括章、条、款三级，最多时包括章、节、条、款、项、目六级。

二、规章制度的分类

规章制度的种类很多，常用的有以下几种。

（一）章程

章程是政党、团体对本组织的性质、宗旨、任务、机构、组织成员及活动规则等作出明文规定的文书，也是企事业单位制定的处理业务的规约性文书。章程是依据国家的有关法律和方针政策，结合本组织实际情况制定的，经本组织的代表大会等形式正式通过生效。章程是一种纲领性的文书，是该组织言行的准则，具有很强的权威性和约束力。章程的使用范围限于政党、组织、社会团体和企事业单位，国家行政机关及其职能部门一般不使用章程。如《中国共产党章程》《××大学校友会章程》等。

（二）规定

规定是国家机关、社会团体、企事业单位对有关事项做出的政策性限定的法规和规章性文书。规定适用范围广泛，它既是一种重要的法规形式，又是企业、事业单位制定内部规章的主要文种。规定按其行文目的可分为政策性规定、管理性规定、实施性规定和补充性规定。如《禁止使用童工的规定》《××大学本科学生学籍管理规定》等。

（三）办法

办法是为处理某项工作或解决某方面问题而制定的原则和办法，它既具有指导原则，又比条例、规定更具具体性和可操作性，因此比较适合各机关、团体、企事业单位使用。办法可以分为实施办法和管理办法两种。实施办法是条例、规定等行政法规的具体化，具有附属性。管理办法由各类单位在自己的管理权限内制定，没有附属性。办法与条例、规定相比所规定的内容更为具体细致，更强调做法和要求。如《××大学2015年教师专业技术职务评聘实施办法》等。

（四）细则

细则是根据上级机关的有关规定或办法，结合本部门本单位的实际情况，制定的详细规则或补充性、辅助性说明的文书。细则通常是为实施“条例”“规定”“办法”所作的详细、具体或补充的规定，对贯彻方针、政策起具体说明和指导的作用。细则具有细致性、实用性和依附性的特征。如《营业性演出管理条例实施细则》《××大学硕士学位授予工作实施细则》等。

（五）规则

规则是国家机关、社会团体、企事业单位对一定范围内的某项工作、某种活动作出规范性要求的文书。规则是为维护工作纪律、公共利益和某种秩序而制定的，它既是一种工作制度，又是一项行为规范。如《羽毛球比赛规则》《××大学党政联席会议议事规则》等。

（六）制度

制度是国家机关、社会团体、企事业单位为了建立正常秩序而对某一工作或某方面活动作出规定，要求所属人员必须遵守的规约性公文。如《安全生产制度》《××公司值班制度》等。

（七）守则

守则是机关、团体、企事业单位在一定范围内为一定的社会成员制定的，要求所属成员严格遵守的行为准则。守则除了用于各行各业人们的道德、行为规范之外，还常常用于机器设备、生产工艺的具体操作规范。如《大学生行为守则》《××公司员工守则》等。

（八）公约

公约是一定范围的社会成员在自愿的基础上经过充分酝酿制定的，并要求共同遵守的行为准则和道德规范。公约一般没有法则，但也具有一定的约束性，一经公布，应自觉遵守。对违约者，订约单位应对其进行劝说、批评、教育，以保持公约的权威性，如《寝室文明公约》等。

三、规章制度的结构和写法

规章制度一般由标题、签署、正文三部分组成。

（一）标题

规章制度的标题通常有以下三种形式。

1. 发文机关（实施范围）＋事由＋文种

规章制度中，发文机关和实施范围往往相同，如《××大学本科学生学籍管理规定》，发文单位和实施范围都是“××大学”。但发文单位和实施范围也有不一致的的情况，如《高等学校学生守则》。发文机关是教育部，而实施对象是高等学校的学生。在此类情况中，标题一般只需出现实施范围。

2. 事由＋文种

如《会议管理办法》《安全生产制度》等。

3. 发文机关（实施范围）＋文种

《中国书法家协会章程》《××公司员工守则》等。

如果该规章制度为“暂行”“试行”或“草案”，也应在标题中标明。

（二）签署

标明发布机关名称和批准或者发布的时间，是规约文书有约束力的标志。有两种方式：一是用括号标于标题之下，二是正文之后。

（三）正文

规章制度的正文通常包括文件的依据、目的、适用范围、主管机关、行为规则以及违规处理、奖励措施、名词界定、解释机关、施行日期等。撰写时，通常采用章条式和条目式结构。

1. 章条式

根据需要将全文分成若干章，每章分列若干条，条目序码不受章的约束，连续编排，称“章断条连”。具体内容由总则、分则、附则组成。

总则主要叙述规章制度的性质、任务、目的、意义等总原则。

分则是规章制度的主体，由具体条款组成，所占篇幅比重大，一般需要分章、分条、分款写出规章制度的具体内容。

附则又称附文，是对主体部分的补充，可以对适用范围、生效日期、修改、解释权限等事项做出说明。

2. 条目式

内容比较单纯的，诸如守则、公约等，可以只分条，不分章。从第一条按顺序排列至最后一条。各条下可列详细条款，也可直接用“一、二、三”的序号标示条目。条款的排列应遵循先原则后措施，先主要后次要，先直接后间接的原则，将一条一款写清楚。

四、 规章制度举要

（一）章程

1. 含义和适用范围

章程是政党、团体、企业等对本组织的性质、宗旨、任务、机构、组织成员及活动规则等作出明文规定的纲领性文件。组织的章程是组织的根本法，对其组织成员有很强的约束力，表述必须具有权威性。章程有约定的写作规范，不可随意缺省关键性条款。

章程可以分为两类。一类是政党、社会团体用以规定组织的性质、纲领、任务、组织原则和成员的权利、义务等的章程，如《中国共产党章程》等。另一类是企事业单位制定的、用以规定业务性质、运作方式、活动制度和行为规范的准则和程序，如《中国盐业总公司章程》等。

2. 章程的写作结构

（1）标题和签署

标题最常规的形式为“章程制定单位的名称＋章程”。

签署标示于标题之下，内容一般为通过该章程的会议名称、通过的时间或发布的日期。

（2）正文

章程的正文一般包括总则、分则、附则三部分。第一章为总则，说明该组织的名称、性质、宗旨、指导思想等。中间各章为分则，组织章程的分则一般要写清楚组织人员、组织机构、组织经费、组织活动和其他事宜等。企业章程的分则一般需写明资本、组织、人事管理、资产管理、业务范畴、运作程序、利润分配等。最后一章为附则，对章程的生效日期、修改、解释权限等事项作出说明。

表述简单的章程也可以直接采用条目式。

【例文 4-3】

北京市社会科学界联合会章程

（北京市社会科学界联合会第五次代表大会部分修改，2007 年 1 月 21 日通过）

第一章　总　　则

第一条　本会定名为“北京市社会科学界联合会”，简称“北京市社科联”。

第二条　本会是北京市社会科学界学术性社会团体的联合组织，是中共北京市委领导下的人民团体，是党和政府联系首都社会科学工作者的桥梁和纽带。

第三条　本会的宗旨是：团结和组织本市哲学社会科学工作者，坚持以马克思列宁主义、毛泽东思想、邓小平理论和“三个代表”重要思想为指导，全面贯彻落实科学发展观和构建社会主义和谐社会战略思想，贯彻党的路线、方针、政策，遵守国家法律、法规，坚持“为人民服务、为社会主义服务”的方向和“百花齐放、百家争鸣”的方针，促进哲学社会科学事业的繁荣与发展，为首都的改革开放和社会主义现代化建设事业服务。

第二章　任　　务

第四条　本会的基本任务是：

1. 依法对北京市的社会科学学术团体、民办社会科学研究机构进行业务指导和管理；

2. 推动和组织哲学社会科学学术团体、研究机构开展学术研究活动，促进国内外学术交流；

3. 促进社会科学学术团体、研究机构与实际工作部门，社会科学界与自然科学界之间的联系和协作；

4. 推动和组织社会科学普及活动；

5. 开展决策咨询服务工作，为党和政府及企事业单位、社会组织的科学决策、民主决策提供智力支持，促进社会科学研究为社会服务；

6. 组织编辑社会科学研究与普及的有关图书、期刊、资料；

7. 反映社会科学界的意见和要求，维护社会科学界的正当权益；

8. 承担北京市邓小平理论和“三个代表”重要思想研究中心日常业务工作；

9. 承担北京市哲学社会科学优秀成果奖评选组织工作；

10. 承担北京市哲学社会科学理论著作出版资助协调工作。

第三章　会　　员

第五条　本会实行团体会员制。凡依法成立并承认本会章程的本市全市性社会科学界学术性社会团体，向本会提出申请，经本会常务委员会讨论通过，即可成为本会团体会员。

第六条　会员的权利

1. 根据本会章程，依法独立自主地开展学术活动；
2. 按照民主程序，推选出席北京市社会科学界联合会代表大会的代表，提名北京市社会科学界联合会委员候选人；
3. 参加本会组织的学术活动；
4. 向本会申请开展学术活动的必要支持和帮助；
5. 对本会工作进行监督，提出批评和建议；
6. 有退出本会的自由。

第七条　会员的义务

1. 遵守本会章程，执行本会决议；
2. 接受并完成本会委托的任务；
3. 积极参加本会组织的活动；
4. 向本会报告工作，提供学术信息和资料，推荐科研成果；
5. 按时交纳会费。

第八条　本会会员违犯国家法律、法规，或违反本会章程，损害本会名誉，或不按其宗旨开展活动，本会常务委员会可视情节轻重，给予批评、警告、限期整顿、除名等处理。

第四章　组织机构

第九条　本会最高权力机关是北京市社会科学界联合会代表大会。出席会议的代表，主要由各团体会员根据北京市社会科学界联合会常务委员会分配的名额推选产生；部分代表由北京市社会科学界联合会常务委员会按照组织程序与有关部门民主协商推选。

第十条　北京市社会科学界联合会代表大会每五年召开一次，其职责是：

1. 制定、修改和通过本会章程；
2. 选举产生北京市社会科学界联合会委员会；
3. 选举产生北京市社会科学界联合会监事会；
4. 审议北京市社会科学界联合会代表大会报告；
5. 审议北京市社会科学界联合会监事会工作报告；
6. 讨论和决定本会的其他重大事项。

第十一条　代表大会闭会期间，由北京市社会科学界联合会委员会领导本会工作。委员会每年召开一次全体会议，听取常务委员会的工作报告，制定年度工作计划，决定本会重大事项。

第十二条　北京市社会科学界联合会委员会选举产生主席一人，副主席若干人、常务委员若干人，组成常务委员会。北京市社会科学界联合会委员会的日常工作由常务委员会负责。

根据主席提名，确定常务副主席一人，协助主席主持日常工作；确定秘书长一人，负责北京市社会科学界联合会委员会秘书处工作。

第十三条　本会设立监事会。监事会设主席一人、副主席二人、监事若干人。监事会由北京市社会科学界联合会代表大会选举产生，向北京市社会科学界联合会代表大会负责。

监事会的主要职责是：依据北京市社会科学界联合会章程，监督北京市社会科学界联合会的各项工作。

第十四条　本会根据需要，可推举名誉主席若干人、顾问若干人。

第十五条　本会常务委员会委员的罢免、增补，由委员会全体会议决定。

第十六条　北京市社会科学界联合会常务委员会根据需要可设立若干个专业工作委员会。各专业工作委员会负责各专业方面的工作，并定期向常务委员会报告工作。

第十七条　北京市社会科学界联合会常务委员会设置办事机构及秘书处，负责处理常务委员会的日常事务。

第五章　资产管理

第十八条　本会经费来源：

1. 北京市财政拨款；
2. 团体会员会费；
3. 社会捐助。

第十九条　北京市社会科学界联合会资产的管理与使用严格执行国家财务管理规定，建立健全财务管理制度，接受财政、审计部门的监督。

第六章　终止程序

第二十条　北京市社会科学界联合会因故终止活动时，须由常务委员会提出终止报告，提交北京市社会科学界联合会委员会通过并提出终止方案，成立处理善后工作机构，负责资产清算，会同有关部门依据有关规定，做好剩余资产处置工作。

第二十一条　北京市社会科学界联合会终止前，须向业务主管部门申报，依法办理注销手续。

第七章　附　　则

第二十二条　本章程经北京市社会科学界联合会代表大会通过后生效。

第二十三条　本章程的解释权属北京市社会科学界联合会常务委员会。

【评析】

本章程标题采用“组织名称＋文种”的形式。正文采用章条式结构，全文共分七章，第一章为总则，说明了组织的名称、性质和宗旨。第二章至第六章为分则，分别为任务、会员、组织机构、资产管理、终止程序。第七章为附则，简要说明了生效和解释权。本章程结构规范、表达严谨，符合章程的写作要求。

(二)办法

1. 含义和适用范围

办法是国家行政机关和企事业单位为实施法规或管理工作的需要而制定的具体法则。根据发布者的权限不同，办法既可以是法规，也可以是规章。与条例行文主体具有限制性不同，各级企事业单位均可使用办法。因此，在实际工作中办法的适用范围非常广泛，人们常常以此作为处理工作和解决问题的规范和依据。

2. 办法的写作结构

办法从类型上分有实施办法和管理办法两种，写作上各有要求。

(1) 标题和签署

标题一般由“事由十文种”组成。如《社会福利机构管理暂行办法》，如果是“试行”或“暂行”的须注明，如果是实施办法也要在标题说明。

签署是办法发生效力的标志，一般标注于标题下面用圆括号括起。通常是办法的制定单位和制定日期。

(2) 正文

通常包括开头、主体和结尾三部分。

①开头

写明制定本办法的目的、依据、缘由。

②主体

主要包括两方面的内容，一是原则性的要求，二是具体的约束措施。

③结尾

交代办法的实施要求，如适用范围、执行日期、解释权限等。

写作模式可以从头到尾以条目方式反映，第一条或前几条为目的、依据，最后一条或几条为结尾。也可以用总则、分则、附则的形式。如2000年发布的《国家行政机关公文处理办法》共有九章，第一章为总则，第二至八章为分则，第九章为附则。还可以开头段以“特制定如下办法”等用语作引导，主体采用条文式，如以下例文。

【例文4-4】

××大学本科学生转专业管理办法

为营造有利于学生个性发展的良好环境，维护学生的权益，依据《××大学本科学生学籍管理规定》，修订本办法。

一、工作原则

(一) 坚持公平、公正、公开原则。

(二) 坚持尊重教育规律的原则。

(三) 坚持以学生发展为本的原则。

(四) 坚持优化教学资源的原则。

二、数额规定

每专业净转入学生数控制在该专业新生入学人数的20%。如教学资源限制，经学校批准，可适当调整比例，但不得少于新生数的10%。

三、申请条件

（一）符合下列情况之一的学生，可申请转专业。

1. 确有专长，转专业更能发挥其专长。

2. 对别的专业有强烈兴趣，并具备相应的学习能力。

3. 患某种疾病或者有生理缺陷，经指定医院检查证明，不能在原专业学习，但尚能在其他专业学习。

4. 确有某种特殊困难或非学生本人原因，不转专业无法继续学习。

（二）有下列情况之一的学生，不得申请转专业。

1. 入学后第三学年及以上。

2. 拟作退学处理。

3. 二次转专业、转学或已获准转专业但自愿放弃。

4. “三升二”“专升本”。

5. 以单招单考或“三位一体”招生方式录取。

6. 不符合招生时学科要求的。

7. 其他无正当理由。

四、工作程序

转专业工作每学期1次，一般于第12周开始，至下学期第1周结束。

（一）第12周，教务处发布工作通知，公布各专业可转入的学生数、专业素质测试要求等。

（二）第13周，学生提出申请，并填写《转专业申请表》。

依据第三条第一点第1、3、4款申请转专业的学生，应提供获奖证书、研究成果等资质证明或者指定医院的医疗证明等材料。其中，依据第三条第一点第3、4款申请转专业的学生，其入学当年高考总分不低于拟转入专业当年在学生所在地招生录取最低分（如转入专业当年在当地无招生，则按照两专业当年在浙江省的最低录取分进行比较）。

（三）第14周，学生所在学院初审，并将相关材料报教务处。

（四）第15周，教务处审核汇总、材料，将转专业申请信息发转入学院。

（五）第16周，转入学院组织专业素质测试，并将测试结果报教务处。

（六）学期末，教务处根据学生学分绩点排名及测试成绩确定转专业名单。具体规则如下。

1. 测试后主动放弃者以及专业素质测试不及格者，不予转专业。

2. 依据第三条第（一）点第1、3、4款申请转专业的学生，可优先转入相应专业。

3. 依据第三条第（一）点第2款申请转专业的学生，按照学期学分绩点排名比（学生课程学分绩点排名除以所在年级专业的总人数）排名，在名额范围内择优录取。

（七）下学期开学，教务处公示转专业结果并发文。

(八) 第1周，学生到转入专业所在学院报到学习，学院做好转专业学生档案等相关材料的交接工作，教务处更新转专业学生学籍及相关信息。

五、相关说明

(一) 学生须按照转入专业对应年级的专业培养方案进行学习，在规定的学习年限内，达到转入专业培养方案的要求，方能取得毕业资格。

(二) 转专业学生课程学分认定按照学校有关规定执行。

(三) 第二学期申请转专业的学生原则上只允许在同年级本学科门类各专业之间互转，转入其他专业原则上应编入下一年级学习；第三、四学期转专业的学生应编入下一年级学习。

(四) 按照专业大类招生的学生，可按照本办法转入大类外其他专业，大类内专业的选择按照大类分流办法操作。

(五) 同一专业师范方向与非师范方向之间转入或转出，视为转专业。

(六) 招生章程有特殊规定的专业，转专业方案按照招生章程执行。

六、适用范围及生效时间

本办法自2015级执行，由教务处负责解释。高职学生转专业可参照执行。

【评析】

本办法由××大学制定，标题由规范对象、事由和文种组成。办法采用条目式，目的、依据在开头段说明。主体分为工作原则、数额规定、申请条件、工作程序、相关说明等五条。第六条为结尾，交代办法的适用范围、解释权限和生效时间。

(三) 公约

1. 含义和适用范围

公约是指一定范围或一定行业的社会成员在自愿基础上经过充分酝酿制定，并要求共同遵守的行为准则和道德规范，多用于公共事业方面的道德和行为规范，尤其是在社会主义精神文明建设方面使用较多。如文明公约、爱国卫生公约等等。广义上的公约概念还包括国际间关于经济、技术或法律等方面专门问题的多边条约。

2. 公约的写作结构

公约是在相关公众自愿酝酿的基础上，由有关人员草拟撰稿，然后交由相关公众讨论、通过、张榜公布、实施。公约的写作结构比较简单。最大的特色是通晓性，读来朗朗上口，便于记忆。

(1) 标题

标题一般由“适用对象+事由+文种”构成，如《绍兴市民文明公约》。

(2) 正文

公约的正文由引言、主体和结尾组成。其中，引言和结尾部分往往可以省略。

①引言

写明制定公约的目的、意义，常套用“为了……特制定本公约”的固定格式。

②主体

条文式写法，将具体内容一一列出。要做到系统完整，层次清楚，言简意明，朴实通畅。

③结尾

用来写执行要求、生效日期等。

【例文 4-5】

上海市民世博文明公约

当好东道主　友善而热情

观博与游览　排队守秩序

驾车及行路　礼让讲文明

维护好环境　垃圾不落地

言语和衣着　礼貌又得体

【评析】

在上海世博会开幕倒计时一个月之际，被视作东道主“待客之道”的《上海市民世博文明公约》正式出台。该公约有着充分的群众基础，上海市文明办集思广益，收到市民的来信来电达 3.5 万件，在此基础上，市文明办先后召开了市民代表座谈会、专家评审会，并再次听取各方意见，形成了征求意见稿，经过网上公示征求意见完善后，正式推出。该公约内容包括待客态度、衣着言语、观博游园、交通出行、维护环境五个方面，均涉及市民网络投票中最为集中并需要倡导的文明行为。该公约语言简练，便于记忆。

五、 规章制度的写作要求

（一）必须符合国家的法律、法令和方针政策

做到内容有据、程序合法。规章制度关系到各方切身利益，必须言出有据，严肃庄重。

（二）行文周密，语言准确

对行文内容要进行反复酝酿和周密考虑，各项条款既不能有疏漏，更不能有差错。同时要用准确、鲜明的语言进行表述，决不允许出现歧义和语义含混的现象。

（三）格式规范，体例稳定

规章制度有稳定的体例格式，每一类规章制度的写作都应该符合其特有的体例，格式上无需求新。

第三节　求职文书

求职文书是指求职者在求职应聘过程中，为获得理想职位而撰写、使用的专用文书。随着求职竞争的日趋激烈，广大求职者的自我推销意识也日益增强，求职方法和技巧不断花样翻新，求职文书作为求职过程中的重要手段，越来越被求职者所重视。

一、求职信

(一) 求职信的含义

求职信是求职者向有关企事业单位介绍自己的基本情况，提出供职请求，并要求对方考虑、答复的文书。

(二) 求职信的基本内容

求职信的格式与一般书信相同，由标题、称呼、问候语、正文、结语、落款等部分组成。

1. 标题

在首行居中位置用较大的字体书写标题，即“求职信”三字。

2. 称呼

标题之下，顶格写明收信人的称呼，如果联系人明确的，可以直接称呼，如“尊敬的王处长”等；如果联系人不明确，可以写用人单位或用人单位人事部门或负责人，如“××公司负责人”等。

3. 问候语

在称呼的下一行空两格写，独立成段，向受信方表示尊重和敬意，问候语要简明得体，不卑不亢，一般写“您好”即可。

4. 正文

正文是求职信的主体，是能否求职成功的关键，正文要写明的主要内容有以下几方面。

(1) 求职的缘起和目标

说明招聘信息的来源（报纸广告登载的、人才市场公布的、他人介绍的），以及自己谋求的具体岗位。

(2) 求职的条件

用充分理由说明自己达到了对方的要求和条件。这部分是核心内容，应从自己的资历、实绩、经验，证明自己胜任未来的工作。还可介绍自己和求职岗位相关的特长和爱好。

(3) 就职的要求

如希望得到的工作岗位、工资报酬、住房条件、科研经费等。

(4) 联系方式

提供的可联系得到的自己的电话号码、邮箱、住址等。

5. 结语

结语往往是一些感谢语和祝词，如此致、敬礼等。

6. 落款

写在结语下边隔一行的右下方，写明求职人的姓名和写信日期。

(三) 求职信写作时的注意事项

与一般书信相比，求职信写作时要注意以下内容。

1. 文字简洁

求职信是自我表白，其目的就是让对方看过信后对自己有个良好的印象，但由于阅信人精力有限，求职信应尽量在一页纸内完成，两页为上限。

2. 要点突出

求职信必须在有限的文字中突出要点，直奔主题，尽可能充分展示自己的才干和专长。

3. 言辞恳切

求职信的表达方式是叙述和说明，要求以中肯、平和、真挚的语言陈述情况，说明诚意，实事求是、彬彬有礼地展现自我。

4. 谨慎仔细

求职信要仔细、反复检查，避免错字和语法错误。每封寄出的求职信都应保留一份副本，以作日后获面试机会时参考。

5. 注重外观

外观格式要整洁，给人一目了然的感觉。除非所申请的是设计、广告等讲求创意的工作，否则版面不宜设计得过于缤纷花俏，最重要是内容充实到位。求职信的署名要用手写。

【例文[①] 4-6】

求职信

尊敬王经理：

您好！我是一名即将毕业的××大学本科生，非常高兴在中华英才网、中国人才指南网和我们的校园网站上看到中国移动广东分公司的招聘信息，特别是看到广州和中山

① 本例文来源于智联招聘网站。

分公司都在其中，如果能在自己的家乡加入移动，对我这个喜爱移动喜爱广州的人来说是绝妙的。

但是您一定有疑虑，因为我这个学旅游酒店管理的人却想应聘市场营销！关于这个问题，我想进行如下说明。

在学科知识上我并不逊于市场营销专业。我们的专业除了学习市场营销的一系列课程外，还专注于消费者心理的研究，正如移动所说“沟通从心开始”，把握消费者心理对于营销策划更为重要。另外，我还广泛阅读了从《定位》到《忠诚的价值》等众多营销论著。

市场营销中许多具有艺术性、技巧性和因地制宜的东西，都不是可以从书上学到的，大卫·奥格威在成为广告教父之前是一个被牛津退学的郁闷厨子，策划狂人史玉柱也不过是一个整天计算数学方程式的四眼学生。在这点上，我已经证明了我的天赋，我的营销案例分析课程是全院最高分 95 分，而且从简历中您能够看到，我曾经成功地参与了企业的策划活动。

在广东移动的业务当中，我很中意 12580 移动秘书服务，我觉得这是一个设计得非常好的增值服务，工作人士以及像我们这样正在找工作的大学生就非常需要此项服务。最关键的问题是如何推广给顾客！假如我有幸能够加入移动，我会采取如下的方法进行推广。

在大学校园设立咨询台进行推广。我们可以联系学校的就业辅导中心，强调我们这项服务可以帮助大学生不错过任何一家企业的面试通知，那么很可能学校会免费提供场地让我们做宣传。

免费免操作为顾客提供半个月的 12580 移动秘书服务，所谓免操作，是指顾客不需要到营业厅办理，不需要自己打 1860 开通，也不需要设立密码，一切都和短信息一样，是自行开通的！顾客对于任何一项服务都是非常非常怕麻烦的，所以我们要把服务做到 0 麻烦！当顾客已经习惯这项服务时，我们就可以要求顾客打电话开通此项业务了！

当然，目前我对于移动的业务完全是门外汉，您可能会对我的幼稚哑然失笑，不过，我只是想让您了解我对通信业务的热情和喜爱！同时我相信自己能够为广东移动的壮大添砖加瓦，和全球通的新广告词一样，“我能”！

感谢您的阅读，忠心期待您的回复。同时祝您身体健康，一切顺意！

××大学

×××

2007 年 9 月 1 日

联系方式：(略)

【评析】

这份求职信强有力地执行了自己的使命：第 1 段，既告诉对方自己如何得知招聘信息，同时表达了自己的热忱。第 2～4 段，把自己最大的优点呈现出来，既然是校园招聘，最有利的证据就是自己的学分，而且是比别的同学都高的学分。事实上，该职位对专业本身并无限制，但郑明明主动地“自暴其短”，说明自己的专业不是市场营销，实际上是想以先抑后扬的手法起到“后来居上”的效果。第 5～8 段，以模拟工作的方法来展现自己对该职位的理解，尽管方案未必能够行得通，但是充分地展示了自己对移动的关注和热诚。第 9 段，再次表示出热诚，以祝福对方的形式收尾。

二、 个人简历

（一）个人简历的含义

个人简历是求职者对自己的教育背景、优点、能力和成果的概括性介绍，它以简洁的形式和文字反映求职者的成长过程和现实情况，给用人单位以明晰的总体印象。个人简历在求职材料中占有重要的地位，值得每一个求职者精心设计。

（二）个人简历的基本内容

标准的求职简历一般由以下内容组成。

1. 应聘的岗位或求职希望

简要表达自己想要应聘的岗位和目标。

2. 基本信息

包括姓名、性别、年龄、籍贯、婚姻状况、政治面貌、健康状况、联系方式（邮寄地址和邮编、联系电话、电子邮箱）等。

3. 教育背景

最高学历，毕业院校，专业；所学的主要课程及其成绩；在校期间参加的各种专业培训。

4. 工作经验和资历

社会实践和从业经历。包括从业单位的名称，担任的职位，任职的时间，离职的原因等。

5. 业绩与成就

在工作中取得的成绩和优异表现。

6. 证明材料的复印件

如获得奖学金、优秀干部、实习鉴定、专业资格证书和发表过的论文的复印件等。

简历的写法比较灵活，可以采用表格式、叙述式等，无论采用哪种形式，都要突出个性，富有创意，给用人单位留下深刻的印象。

（三）写作个人简历注意事项

1. 个人简历写作原则

（1）内容必须真实

不管是知识水平、业务能力，还是工作经历，不管是简历的哪个环节，哪怕是一个细小的部分，都要遵循真实的原则。在招聘过程中，如果一旦被用人单位发现你的简历有造假的现象，应聘者的人品道德就会被质疑，这样的应聘者注定无法找到优秀的雇主。

（2）目标一定要明确

申请职位时，一定要在简历最醒目处，明确表述清楚自己希望工作的“目标部门”以及“目标岗位”。特别是要重视自己理想的职位是什么，然后从专业、技能、经验、兴趣等方面简单分析你胜任目标职位的缘由。有些与申请职位无关的经验和经历，不必一一列举。

（3）表达要求简洁而厚实

一般岗位的简历不需要太花哨，关键要有内容。建议简历张数最好控制在一两张内，最多不要超过3张。人力资源部门负责第一轮筛选简历的人，一般没有太多的精力仔细阅读张数太多的简历。因此要求制作简历时用最小的篇幅承载最大的信息量。

2. 个人简历写作误区

对于应届大学生而言，人力资源部门在招聘时最不希望看到的简历是有以下一些误区。

（1）空洞、缺乏事实和数字支持的简历

对自己进行了全方位的评价但没有适合的数据和材料的支持。与其空洞地评价，还不如写你做过什么学生工作，组织了什么活动，取得了什么成绩，兼职销售过多少产品，拿过什么奖学金等一些事实和数据。

（2）花很多笔墨只介绍学校、专业的简历。详细介绍求职者的毕业学校和专业，列出各门专业课名称但没有求职者的学业成绩，对绝大多数用人单位而言，他们关心的是应聘者个人的特点和能力。

（3）散文式的简历

简历像一篇散文或记叙文，看起来很费力，找不出重点，诗情画意的词很多，表示态度的词很多，而事实和数字很少，条理不清楚。

（4）装帧精美但内容空洞或者是比较模糊的复印件

前者也许可以让人从一堆简历中拿出来看一眼，但结果不能给人留下深刻印象；后者会让人觉得你对应聘单位和岗位不够重视。

【例文4-7】

求职简历

基本信息：

姓名：×××　　性别：女　　年龄：××岁

E-mail：×××××　　联系电话：×××××××××

地址：北京××区××路××楼×号　　邮编：××××××

工作经验：

2010年7月至今　　××××公司北京分公司　　总经理秘书

职责：

处理办公室日常的各项工作和事务

公司各类文件的收、发，档案等资料的管理

协调各兄弟公司的工作，协调各部门之间的合作与沟通

员工出勤情况的管理及档案的管理

协助公司的完成招聘工作及员工在职培训期间的准备工作

负责经理的日常会议安排，并熟练记录会议记要

离职原因：

向往一个更有凝聚力，更能发挥自身潜力的团队

教育背景：

2007 年 9 月—2010 年 7 月　　北京××大学　　工商管理　　本科

职业特长和技能：

熟悉办公室工作流程，具有较强的独立处理事务的能力

易于与人沟通，有很强的团队合作精神

熟练操作电脑，灵活运用各类办公软件，有较强的文字处理能力

全国计算机等级考试二级，全国速记等级考试五级

英语熟练，有全国四级等级证书

自我评价：

三年的秘书工作经验，踏实、细心；为人处事能力强。

职业目标：

寻找一个团结合作的团队，寻找文秘方面的职位。我将充分发挥三年工作中所积累下的丰富知识和技能，我的勤奋与努力会令你刮目相看。

期望工资：

6000 元/月

【评析】

这是一份有工作经历的求职简历，简历岗位目标明确，重点突出，其工作经验和职业特长与应聘岗位密切相关。材料选择合理，充分体现了自己的综合素质和专业特长。语言表述简洁。

【例文 4-8】

求职简历

一、个人基本情况

姓名：吴××　　　　性别：女　　　　籍贯：浙江××市

年龄：22 岁　　　　身高：168 厘米　　　　政治面貌：中共预备党员

毕业学校：绍兴××学院　　学历：本科

主修专业：汉语言文学　　辅修专业：会计学

联系电话：×××××××××　　　　E-mail：××××××

地址：绍兴××学院××楼×号　　　　邮编：××××××

二、教育背景

2006 年 9 月—2010 年 7 月　　绍兴××学院汉语言文学专业

2003 年 9 月—2006 年 7 月　　绍兴市第一中学

三、知识与技能

（一）主修专业主干课程：中国古代文学、中国现代文学、文学理论、外国文学、现代汉语、古代汉语、写作、秘书理论与实务。

（二）辅修专业主干课程：财务会计、管理会计、成本会计、会计电算化

（三）外语能力：通过大学英语六级水平测试，有较强的听说读写能力

（四）计算机能力：通过计算机二级等测试，具备熟练使用普通办公软件的能力

（五）在校期间担任的职务

2007 年 9 月—2008 年 9 月　绍兴××学院人文学院学生会宣传部副部长

2008 年 9 月—2009 年 12 月　绍兴××学院学生会宣传部副部长

（六）社会实践活动及业绩

1. 参与学院演讲比赛的策划和组织

2. 实习期间担任××××公司办公室秘书。主要承担文件收发、会议记录以及其他办公室日常工作

3. 在报刊上公开发表文章 3 篇

四、自我评价

具备团队合作精神，工作作风细致、踏实，有较强的进取心和责任感，有一定的组织能力和协调能力

五、求职意向

办公室文秘职位

【评析】

这是一份应届大学生的求职简历，这是比较规范的个人简历，信息全面，语言简练，符合最普遍的要求，但特色不够鲜明。

三、 毕业生综合自荐材料

（一）综合自荐材料概述

综合自荐材料，是求职者为应对日趋激烈的求职竞争而逐渐完善自身简历所形成的求职自荐的材料体系。它实际上已成为求职者自编的完整个人档案，为用人单位全面了解自己提供翔实的依据。综合自荐材料在内容和形式上不拘一格，为大学毕业生展示才华，表现创意，张扬个性，突显优势提供良好的机会。

（二）综合自荐材料主要内容

综合自荐材料多以小册子形式呈现，主要包括以下内容。

1. 封面

封面的文字由四个部分组成：一是标题，一般以“自荐书”或“自荐材料”作标题，置于显著位置；二是姓名及毕业学校、专业名称；三是求职意向；四是联系办法。

2. 导语

导语应文字精炼，语言出新。可选用名人名言、格言警句或自拟富有特点的题记。

3. 目录

目录是指正文前所载的目次，综合自荐材料的目录是对整个材料组织结构和次序的反映，可以指导阅读，统领全文。

4. 自荐书

自荐书是向学校管理机构或用人单位自荐谋求职位的书信，这里主要是对自己的情况、求职意向等作一个总体介绍。

5. 基本情况

基本情况一般制成表格，使之具有直观性。其内容包括姓名、性别、出生年月、民族、籍贯、政治面貌、爱好特长、家庭地址及主要成员情况等。左上角可贴彩照。

6. 个人简历

个人简历是求职者给招聘单位发的一份简单介绍，主要包括自我评价、工作经历、学习经历、荣誉与成就、求职愿望、对这份工作的简要理解等。

7. 成绩单与实习鉴定

这主要包括每学期的学习成绩表和实习单位的鉴定表。

8. 毕业论文或毕业设计摘要或简介（包括评语）

这主要是为了突出自己的专业能力，可将毕业论文或毕业设计的摘要或简介放在综合自荐材料中供招聘单位参考。

9. 班主任评语、院系组织意见及联系办法

班主任评语、院系组织意见可以提供除自身外相对客观的他人评价。提供联系方式则证明欢迎用人单位询问。

10. 推荐信（附推荐人联系办法）

推荐信是一个人为推荐另一个人获得某个职位或参与某项工作而写的信件，可以请自己的老师、实习单位的领导等对自己作一推荐。

11. 证书

英语级别证书、计算机等级证书、奖学金证书以及教育行政部门、劳动培训部门、行业主管部门颁发的各种上岗证、培训证、技能鉴定合格证，以及普通话等级证书、驾驶证、运动员等级证等与所求职务有关的证书的复印件。

12. 获奖证明

三好学生、优秀学生干部、优秀党（团）员证书，以及工作、学习、劳动、社会实践、文体活动等各方面的奖状的复印件。

13. 社会活动证明材料

参加社会活动的乡镇、街道或有关单位的证明材料、参加青年志愿者活动情况记录、义务（无偿）献血证等的复印件。

14. 本人作品选

发表的科研成果、文学作品以及摄影、美术、书法作品等原件、照片或复印件。

15. 卷末语

卷末语文字应简短而优美，以情动人，自然流露出建功立业的心声。

第四节　礼仪文书

一、欢迎辞和欢送辞

（一）概念

欢迎辞是在迎接宾客的仪式、集会、宴会上主人对宾客的光临表示热烈欢迎的一种礼仪文书。欢送辞是在送客仪式或其他礼仪场合，由主人出面对来宾或郑重出行的有关人员表示欢送的致词。

迎送辞的特点是：（1）单一性。一般用于某些礼仪性场合，内容单一。（2）礼节性。迎送辞一般用于不相隶属单位的社交活动，讲求礼貌性。（3）口语性。迎送辞多是用于口头表达的，使用口语既通俗易懂，又令人感到亲切。

（二）基本格式

迎送辞一般由四部分组成：标题、称谓、正文、落款。

1. 标题

迎送辞的标题一般由致辞人、致辞场合和文种三要素构成，前两个要素根据具体情况可以省略。如《××公司经理在庆典宴会上的欢迎辞》《在校庆100周年纪念大会上的欢迎辞》《欢送辞》等。

2. 称谓

称谓是对出席者的称呼。在第二行顶格书写，后加冒号。有的在名称前加上表示亲切程度的修饰语，如“尊敬的”“敬爱的”“亲爱的”等。称呼根据情况可以具体化，也可以笼统一些。具体化的可以写为“尊敬的××校长及××大学各位同仁”，笼统的可以写为“尊敬的女士们、先生们”。具体的称呼要注意顺序，先宾后主、先主宾后次宾、先上级后下级、先长后幼。

3. 正文

正文是迎送辞的主体部分。

（1）欢迎辞

先介绍来宾访问的背景情况，对客人的来访表示欢迎、问候或致意，如“在这个硕果飘香的季节，我们迎来了××××的客人，请允许我谨代表××对各位嘉宾的到来表示热烈的欢迎！”接着可以简单阐述宾客来访的目的、意义、作用。然后介绍本单位或者本地区的情况。最后，热情地表示良好的祝愿或希望。举例如下。

各位国家元首，政府首脑，国际组织负责人，各位来宾，女士们，先生们，朋友们：

大家晚上好！我谨代表中国政府和人民，代表我夫人，并以我个人名义，对大家出席“一带一路”国际合作高峰论坛表示热烈欢迎！

在座的很多朋友对北京并不陌生，也在这里留下了许多回忆。北京是千年古都，见证了历史的沧桑变迁。北京也是一座现代新城，随着中国发展不断展现新的风貌。北京更是一座国际化大都市，东西方不同文明时时刻刻在这里相遇和交融。

在北京，你可以游览古老的故宫、长城、天坛，也可以参观现代派的鸟巢、水立方、国家大剧院。你能听到中国传统的京剧和相声，也能欣赏来自西方的芭蕾舞和交响乐。你会碰到衣着新潮、穿行在世界名品商店里的中国青年，也能遇见操着流利汉语、在老胡同里徜徉的外国友人。

一滴水里观沧海，一粒沙中看世界。北京从历史上的小城，成为今天的国际化大都市，向我们揭示了一个道理：人类生活在共同的家园，拥有共同的命运，人类历史始终在不同民族、不同文化的相遇相知中向前发展。

2000 多年前，我们的先辈们就是怀着友好交往的朴素愿望，开辟了古丝绸之路，开启了人类文明史上的大交流时代。

今天，我们传承古丝绸之路精神。共商“一带一路”建设，是历史潮流的沿续，也是面向未来的正确抉择。

“一带一路”建设承载着我们对文明交流的渴望，将继续担当文明沟通的使者，推动各种文明互学互鉴，让人类文明更加绚烂多彩。

“一带一路”建设承载着我们对和平安宁的期盼，将成为拉近国家间关系的纽带，让各国人民守望相助，各国互尊互信，共同打造和谐家园，建设和平世界。

“一带一路”建设承载着我们对共同发展的追求，将帮助各国打破发展瓶颈，缩小发展差距，共享发展成果，打造甘苦与共、命运相连的发展共同体。

“一带一路”建设承载着我们对美好生活的向往，将把每个国家、每个百姓的梦想凝结为共同愿望，让理想变为现实，让人民幸福安康。

今天，“一带一路”国际合作高峰论坛高级别会议成功举行，大家讨论热烈、成果丰硕。明天，我们将在雁栖湖畔举行圆桌峰会，共同规划“一带一路”建设合作大计。“一带一路”建设正站在新的起点上，开启新的征程。

我们正走在一条充满希望的道路上。我相信，只要我们相向而行，心连心，不后退，不停步，我们终能迎来路路相连、美美与共的那一天。我相信，我们的事业会像古丝绸之路一样流传久远、泽被后代。

现在，我提议，大家共同举杯，

为“一带一路”建设美好未来，

为各国发展繁荣，

为这次高峰论坛圆满成功，

为各位嘉宾和家人健康，

干杯！

本篇是习近平主席在“一带一路”论坛欢迎宴会上的致辞，既是欢迎辞也是祝酒辞。该篇欢迎辞层次清楚，首先表达对客人的热情欢迎，然后向贵宾们介绍了北京，接着重点阐述了“一带一路”建设的意义所在，最后表达了美好的祝愿。全文主旨清晰、条理清楚、内容丰富、语言精练，富有很强的表现力和感染力。

(2) 欢送辞

主体部分一般都是先回顾和阐述双方在合作或访问相处期间做了哪些事情，取得了哪些成绩，建立了怎样的友谊，陈述双方的合作和交流有怎样深远的历史意义。通常在结尾处再次向来宾表示真挚的欢送之情，并表达期待再次合作或会面的心愿。欢送的场合不同，内容的侧重点可以有所不同。

今天在各位光荣走向前线之际，我有机会来欢送，实在是感铭至深的事。

由于各位勇敢的决意和出色的行动，完全证实你们和我们是全然站在同一条战线上。我们大家受同一脉搏的鼓动，我们大家的血向相同的目标流动，拥护正义，争取真理，在以决死的意志完成作为先驱者的使命的这方面，我们完全是一体同心。

各位前次在桂南战地创立了光辉的业绩。这次到前线，必定会创立同样的光辉的战绩，不仅如此，可能还会创立更光辉的战绩呵！期望倍加努力！

各位出色的行动使我感动。愿我们共同努力！

我没有更好的话赠各位。比起我用语言去鼓励大家，还是最后和大家高呼三个口号：

“打倒日本法西斯军部！”

“日本人民革命胜利万岁！”

“中日两民族的解放万岁！”

本篇欢送辞的作者是郭沫若，欢送对象是日本反战同盟的战友。欢送的场合和对象不同，表达的重点也有所不同，本欢送辞的重点在于对欢送对象的肯定、鼓励以及希望。正文语言简洁、感情饱满，感染力强。

4. 落款

署明致辞单位的名称，致辞者身份、姓名，以及成文日期。用于现场表达的欢迎辞无需署名。

（三）注意事项

1. 篇幅不宜过长，特别是欢送辞

迎送辞属于社交礼仪类文书，行文要求简练，同时要兼顾场合，如果迎送安排在机场、码头，宜简短处理；如果是专门仪式，表达可以充分一些。

2. 语言适度口语化

迎送辞一般比较文雅，但它又是口耳相传的活动，需要考虑听众的接受心理，因此，语言要注意适度的口语化。如多用短句子，适度增加语气词等。

3. 注意文化内涵

写作时注意表现一定的文化内涵，行文中适度穿插一些古诗、名句，可以增加迎送辞的表现力。

二、 贺信和慰问信

（一）贺信和慰问信的概念

贺信是指机关、企事业单位、社会团体或个人向取得突出成绩，或举行重要的庆典、纪念性活动的单位或个人表示祝贺的一种专用礼仪文书。贺信能够恰当地表达对对方的祝贺之意，有助于融洽双方的关系，增进双方的感情，兼有表示慰问和赞扬的功能。贺信以电信的方式传送时，称为贺电。

慰问信是机关、团体、单位在重大节日或遇到重大事件时，向作出贡献的人员或遭受困难的有关单位或个人，表示安慰、问候、鼓励和致意的礼仪文书。它能体现组织的关怀、温暖，朋友、亲人间的深厚友谊，能给人以奋进的勇气、信心和力量。慰问信以电信的方式传送时，称为慰问电。

（二）贺信和慰问信的写作结构

1. 标题

一般以文种为标题，如《贺信》《慰问信》。也可以加上祝贺或慰问对象，如《致×××的慰问信》。有的还可以在标题中出现祝贺或慰问单位，如《×××致×××的慰问信》。

2. 称谓

称谓即被祝贺或慰问对象的名称，顶格写明被祝贺或慰问的单位、个人的名称。写给个人的，要在姓名后加上相应的礼仪名称，如“教授”“女士”等，称呼之后要用冒号。

3. 正文

(1) 贺信

①开头

以简要的篇幅向对方表示热烈祝贺。祝贺原因主要是对方所取得的成就、所作出的贡献、即将召开的会议或面临的喜事。如“值此……之际，谨代表……向……表示热烈祝贺”。

②主体

一是祝贺的内容，可以简要回顾对方取得重大成就的有关背景情况，或者其中某些重要活动成功的前因后果。重点对对方的成绩进行恰当的分析和评价，以此表明祝贺的原因。

二是所贺之事的重大意义。

三是发函者的希望和祝愿。如果是上级写给下级的贺信，可写希望、要求；如果是下级给上级写的贺信，要表示自己的态度和决心；如果是平级之间的贺信，要表示虚心向对方学习。

【例文 4-9】

贺 电

中国体育代表团：

欣闻宜春籍运动员杨文军在刚刚结束的第 29 届奥运会男子双人划艇 500 米决赛中与队友完美合作，顽强拼搏，奋勇争先，成功蝉联该项目冠军，为祖国和家乡人民赢得了荣誉。宜春市委、市政府和 540 万宜春人民向中国体育代表团和杨文军同志表示热烈祝贺！向代表团各位领导、工作人员和中国皮划艇队的全体教练员、运动员致以亲切的慰问！

杨文军和中国体育代表团在本届奥运会上取得的优异成绩，必将激励宜春人民锐意进取，攻坚克难，在各自岗位上为全面建设小康社会、加快推进社会主义现代化作出新的更大贡献！

中共宜春市委、宜春市人民政府

二〇〇年八月二十三日

【评析】

这封贺信是 2008 年北京奥运会期间宜春市委、市政府为祝贺宜春籍运动员杨文军成功卫冕 500 米双人划艇冠军而发给中国体育代表团的。祝贺内容清楚，态度明确，语言简洁。

(2) 慰问信

慰问信的正文由三部分构成：先是说明慰问的背景、缘由和问候语；然后叙述对方取得的成绩或遭受的困难；接着表达对对方的慰问或学习的态度。

不同类型的慰问信正文有以下一些区别。

表彰慰问。正文内容主要是简述先进事迹及其意义，表示赞扬，并鼓励慰问对象再接再厉，争取更大的成绩。开头可用“欣闻……非常高兴，特表示祝贺并致以亲切的慰问”等语；中心段可写成绩是怎样取得的及有怎样的意义，并表示赞扬；最后勉励他们再接再厉，继续前进。

遇灾慰问。正文内容主要对受难者表示同情和安慰。开头可用“惊悉……深表同情，并致以深切的慰问”等语；中心段着重写克服困难，鼓励他们努力奋斗，战胜眼前的困难；最后陈述发信单位的决心及行动，并表示良好的祝愿。

节日慰问。开头概述节日意义及提出问候语；中心段赞扬有关人员所取得的成绩或所作的贡献，同时，联系当前的形势阐述责任和今后的任务；最后提出希望。

【例文 4-10】

慰问信

全国广大教师们：

第二十九个教师节到来之际，我正在遥远的乌兹别克斯坦进行国事访问。首先，我代表党中央、国务院，向全国 1400 万教师，致以诚挚的问候和崇高的敬意！祝大家节日快乐！

长期以来，我国广大教师认真贯彻党的教育方针，默默耕耘、无私奉献，用爱心、知识、智慧点亮学生心灵，培养了一批又一批优秀人才，为我国教育事业发展、为国家发展和民族振兴作出了突出贡献。

百年大计，教育为本。教师是立教之本、兴教之源，承担着让每个孩子健康成长、办好人民满意教育的重任。希望全国广大教师牢固树立中国特色社会主义理想信念，带头践行社会主义核心价值观，自觉增强立德树人、教书育人的荣誉感和责任感，学为人师，行为世范，做学生健康成长的指导者和引路人；牢固树立终身学习理念，加强学习，拓宽视野，更新知识，不断提高业务能力和教育教学质量，努力成为业务精湛、学生喜爱的高素质教师；牢固树立改革创新意识，踊跃投身教育创新实践，为发展具有中国特色、世界水平的现代教育作出贡献。

各级党委和政府要把加强教师队伍建设作为教育事业发展最重要的基础工作来抓，提升教师素质，改善教师待遇，关心教师健康，维护教师权益，充分信任、紧紧依靠广大教师，支持优秀人才长期从教、终身从教。

全社会要大力弘扬尊师重教的良好风尚，使教师成为最受社会尊重的职业。

祝全国广大教师身体健康、工作顺利、生活幸福！

习近平

2013 年 9 月 9 日

【评析】

本文是习近平主席在第 29 个教师节来临之际给全国广大教师的节日慰问信。慰问信主旨明确，格式规范。表达了对广大教师的节日问候，肯定了教师的社会贡献并对老师们提出了希望，同时要求各级党委、政府要关心教师健康，维护教师权益。

4. 结束语

常用“此致”“敬礼”“祝大会圆满成功”等。

5. 落款

在正文右下方署上写慰问信或贺信的单位名称或个人姓名和时间。

（三）贺信和慰问信的写作要求

1. 对象的确指性

慰问或贺信因人因事而定，要根据不同情况和对象来确定写法，要根据不同对象表达不同的感情。

2. 感情真挚

贺信语言要充满热情、庆贺之感，慰问信语言要亲切，让对方从中得到慰藉与鼓励。

3. 语言简洁

要求简练概括，不宜长篇大论。

三、 邀请函

（一）邀请函的概念

邀请函是邀请有关单位或个人出席比较隆重的庆典、较重要的会议或联欢等活动，为表示庄重而使用的礼仪文书。邀请函表示了对被邀请者的尊重，同时具有增进友谊、联络感情、发展业务的作用。邀请函在工作以及日常生活中使用频率高，应用广泛。

（二）邀请函的结构和写法

邀请函有格式化和书信式两种。一般由标题、称谓、正文、敬辞、落款等几个部分组成。其中格式化的邀请函有固定的格式，往往采用统一印刷的文本，这类邀请函也常被称为“请柬”或“请帖”。

1. 标题

邀请函的标题一般只写“邀请函”或“请柬”，位于第一行居中。也可以写明活动名称，如《家居用品展销会邀请函》。

2. 称谓

即被邀请方的单位名称或个人姓名，在标题下第二行左起顶格书写。一般使用尊称，如“尊敬的×××先生/女士：”或“尊敬的×××总经理（局长、教授、主任等）”。

3. 正文

写明活动的目的、名称、时间、地点，并对被邀请方发出热情诚恳的邀请。此外，根据情况，可以对活动费用和被邀请者应准备的材料、文件、发言及其他要求作必要的说明。

结尾一般要写常用的邀请惯用语，如“敬请光临”“欢迎光临指导”等。

必要时可以附上联系人、电话、地址、邮箱等。

4. 落款

落款要写明活动主办单位的全称和发函日期，单位所发的请柬和邀请函要加盖公章。

5. 回执

为了确保礼仪活动的顺利进行和宾主双方在活动期间愉快的交流，邀请函有时需要通过回执来确认被邀请方能否按时参加活动。回执常采用表格的形式。

【例文 4-11】

石油勘探技术服务案例研讨会邀请函

尊敬的××先生/女士：

浙江××科技有限公司是长期专业从事石油勘探技术服务工程系列软件研发、项目服务和行业咨询解决方案的提供商。

为了大力发展我国石油勘探技术，加强项目实践能力，我公司特别邀请到××公司的专家××先生，专门针对某油田勘探做具体的技术分析案例演示和讲解。

通过引进先进技术和推广实践经验，为与会人员架起一座沟通和交流的桥梁。在此，真诚邀请领域内的各位领导、专家、工业客户和生产单位的技术专家，莅临指导交流。我们为您邀请了多位国内油气分析领域的著名专家，同时我们将以小组讨论、业务洽谈等多种形式进行现场交流。为您能够更好地抓住市场机遇，在以后的操作中步步为营做好充分的准备！

一、主办方：浙江××科技有限公司

二、会议主要内容（略）

1. 会议主要议题（略）

2. 分组讨论及业务洽谈

（1）参会人员由到会专家引领分成讨论组，针对大家的提问进行现场解答，并针对市场问题组织讨论

（2）来自企业的代表作为主要的访谈对象，与其他代表就业内问题进行互动交流

三、会议时间：会期为 2011 年 6 月 24—26 日，24 日全天报到，26 日上午离会

四、会议地点：中国，浙江，杭州××大酒店

五、参会企业

1. 生产单位：国内大中型炼化企业，各地方炼厂等石油化工企业

2. 经营单位：汽柴油、液化气、燃料油贸易公司，各石油公司及液化气站、加油站

3. 相关单位：各码头、船运公司、汽火运运输公司

4. 国外代表：国际贸易公司

5. 相关行业代表：石油行业相关的金融机构、投资公司、咨询公司及协会等

6. 媒体代表：各大新闻媒体、行业媒体机构

7. 政府代表：相关政府机构

六、会务费用

1. 会务费：人民币1000元/人，含会务、资料、就餐（6月15日前报名者可享受8折优惠）

2. 不含住宿费用

七、汇款方式

收款单位：浙江××科技有限公司

开 户 行：农业银行

银行账号：略

八、会务联系

联系人：王先生

电　话：略

电子邮件：略

浙江××科技有限公司（盖章）

2011年6月10日

【评析】

这篇邀请函以分条列目的形式告知邀请对象举办案例研讨会的原因、意图、主要内容，交代清楚案例研讨会的地点和时间安排，会务费用、联系人等，内容翔实具体。

【例文4-12】

请　柬

××先生（女士）：

谨定于二〇一一年十二月三十日（星期五）上午九时正，在××学院（××路南××号）俱乐部一楼大厅，举行“××学术研讨会”，恭请拨冗光临！

××学院（盖章）

2011年12月20日

【评析】

本请柬相关要素清楚，用语礼貌恭敬，符合请柬的写作要求。

（三）邀请函的写作要求

1. 语言热情诚恳

邀请函的语言应当热情诚恳、礼貌庄重，多用敬语，突出“邀请”的意思，不宜使用“务必”“必须”等强制性词语。

2. 活动介绍清楚

邀请函正文中应当向对方介绍清楚活动举办的缘由、目的、时间、地点、内容、事项及要求，要求内容明确，不能含混不清。

3. 制作美观大方

邀请函的纸质文本设计要精致美观，质量应有保证，以表示对被邀请者的重视和尊敬。

四、感谢信

（一）感谢信的概念

感谢信是获得某一单位或个人的关心、支持、帮助、慰问、馈赠后，向对方表示感谢的礼仪文书。感谢信可以直接寄给感谢单位或个人，也可以送交报社、电台公开传播，以表达真诚的谢意。

（二）感谢信的结构和写法

感谢信通常由标题、称呼、正文、落款四部分组成。

（1）标题

标题一般只用文种，在第一行居中的位置写上“感谢信”。也可以由受文单位和文种组成，如“致×××的感谢信”。

（2）称谓

标题下方左侧顶格写被感谢的单位名称或个人姓名，后缀“先生（女士）”或“同志”，也可以在称谓前加修饰语，称谓后用冒号。

（3）正文

首先概述对方的先进事迹或优秀品质。在概述对方对自己或本单位的帮助时，一定要把人物、时间、地点、原因、经过和结果叙述清楚，重点说明对方帮助的意义和作用，赞扬对方的好思想、好风格，充分表达自己的感激之情。同时，诚恳地表示向对方学习的态度。感谢信内容要突出重点，篇幅不宜过长。结尾表示祝愿、敬意，按信函格式写上“致以最诚挚的敬礼”一类的敬语。

（4）落款

在正文右下方署上写感谢信的单位名称或个人姓名及时间。

【例文 4-13】

感　谢　信

××公司：

×月×日下午，我公司业务员××在时代百货购买物品时不慎丢失皮包一个，包内有人民币 10000 余元、公司支票一张及发票单据若干。当我们发现后焦急寻找时，贵公司职工×××女士主动将捡到的皮包送到我公司。我们再三感谢并表示要赠送礼金，×××女士却一再婉言谢绝。她这种拾金不昧的高尚品德，使我们公司员工深受感动，纷纷表示要向×××女士学习！在此特对贵公司×××女士和贵公司深表谢意，并建议对

×××女士的高尚行为予以表扬。

此致

敬礼!

××××公司

××××年×月×日

【评析】

这份感谢信正文虽短，但内容完整。先简叙丢失钱物的时间、地点和心态，接着简述×××女士拾金不昧的表现，然后颂扬和评价对方的高尚品德，表示要向对方学习；在感谢的同时，还建议对方公司表扬×××女士。全文格式规范，情感真挚，语言简练。

(三) 感谢信的写作要求

1. 叙事线索要清楚，内容要真实

不能虚构、夸大，有关人物、事件、时间、地点等要交待清楚。

2. 情感要真挚，语言要得体

评价和颂扬对方良好的行为及品德，要有高度，又要适度。

3. 文字要精练，篇幅不宜过长

文字言简意赅，意思表达清晰即可。

实训练习

1. 根据合同的写作要求修改下文。

货物购销合同

立合同人：××服装厂（甲方）

××购物中心（乙方）

经双方协商，签订本合同，以便共同遵守执行。

货物的基本情况及销售总额

品名	牌号	规格	数量	单位	单价（元）	金额（元）
羽绒背心	梅花	90 厘米 95 厘米	500 500	件	80 80	40000 40000

交货期限和地点：20××年，供方仓库

交货方式：需方自提，运费需方自理

产品质量和验收方法：以双方共同封存样品为准，提货时抽样检查

结算方式：付现金提货，货款当面结清。

需方：××购物中心

地址：××路××号

电话：××××××

开户银行和账号：×××××××××

供方：××服装厂

地址：××路××号

电话：××××××

开户银行和账号：×××××××××

2. 根据下述内容，写一份购销合同。

绿色果品商店的代表张三先生，于20××年×月×日与光明农场的代表叶四小姐订了一份合同。双方在协商中提到：绿色果品商店购买光明农场出产的水蜜桃3000斤、鸭梨6000斤和香蕉苹果5000斤。要求每种水果在八成熟采摘后，一星期内分三批交货，由光明农场负责以柳条筐包装并及时运到绿色果品商店；其包装筐费和运输费均由绿色果品商店负担。货款在每批水果交货当日通过银行托付。如因突发的自然灾害不能如数交货，光明农场应及时通知绿色果品商店，并互相协商修订合同。在正常情况下，如果绿色果品商店拒绝收购，应处以拒收部分价款20%的违约金；光明农场交货量不足，应处以不足部分价款30%的违约金。这份合同一式二份，双方各执一份。

3. 分析以下章程，指出其存在的问题并作修改。

××大学校友会章程

本会是××大学校友的群众组织，本会宗旨是遵循党的方针政策，发挥校友作用，倡导民族精神，为学校争光，为四化建设服务。为此，特拟订以下细则。

第一条　活动内容

加强与母校联系，为母校作贡献，为校友知识更新提供方便，创造条件。

密切校友之间的联系，沟通信息，互相协作，提供方便，把各位校友所辖的企业或单位搞得锦上添花。

第二条　会员条件

凡从××学校毕业，并且现在担任领导职务的人，均可加入本会。

第三条　会员义务

遵守本会章程，执行本会决议，完成本会交给的工作；积极参加本会活动，为建设好本会献计献策，出钱出力，充分利用手中权力为本会服务。

第四条　本会最高权力机构是领导小组，由处级以上职务的若干校友组成，职权是审查通过计划、审查工作报告、通过并修改章程。

第五条　会员权力

行使表决权、选举权、被选举权；可优先取得××大学和本会编印的有关学术资料。

第六条　领导小组下设秘书部、信息部，吸收少量未兼领导职务的人做具体工作。

第七条　经费来源

动员领导职务高的会员单位提供赞助，按领导职务大小缴纳会费。

第八条　本章程从领导小组通过之日起实施。

4. M市拟制定《M市公共自行车管理办法》，根据以下材料，由你负责撰写承租人行为规范部分，请借鉴H市的做法，围绕“租车、用车、还车”三个环节，列出承租人行为规范要点。

材料1

城市公共自行车是城市轨道交通和地面常规公交的重要补充和延伸，是为市民提供绿色出行、解决市民“最后一公里”出行的重要公共产品。为进一步完善城市的公共交通体系，M市公共自行车服务系统将于2015年1月1日起开通试运营，采用的是“政府包办、分区运营”模式。这一工作由M市交通局下属的事业单位——公共自行车管理服务中心（以下简称“中心”）负责。

M市公共自行车采取分辖区管理的办法。在城区每个辖区内人流密集处，如公交站、社区门口、学校、商场等设置若干公共自行车服务站点。每个站点配有停车桩和读卡器，并投放10～15辆自行车。诸多站点共同组成一个网络，通过公共自行车租用管理系统来管理。

年龄在16周岁到70周岁的市民，可凭借本人身份证或其他有效证件，由本人到有人工服务的站点或中心办理租车卡。办卡时需填写办卡申请表，签订相关协议，交纳相应保证金。如遇租车卡损坏、遗失或退卡等情况，必须由本人持有效证件，到中心办理相关手续。租车时，市民只需在读卡器上刷一下租车卡，即可取车。在本辖区内任何一个站点，都可刷卡还车。自行车每天使用不限次数，每次2小时内免费，单次超时按1元/小时收取超时费，超过24小时未还车视为违约并追究违约责任。

在试运行的一年时间里，M市累计建成公共自行车服务站点268个，投放公共自行车3750辆，累计发放租车卡2.5万张，日均租借自行车约1万辆次。公共自行车因其低碳环保、节能减排、绿色出行的特点得到了广大市民的支持。该市计划到2018年末，以城区先行，以覆盖全市为目标，实现全市公共自行车全覆盖，全面产成功能完备的公共自行车租用管理系统，更好地服务于M市市民，提升城市形象。

材料2

为了有效提高M市公共自行车管理服务水平，中心工作人员前往H市进行调研。H市人口数量、城市规模、经济发展水平与M市相近。以下是H市公共自行车租用管理的相关情况介绍。

H市拥有国内最完善的城市公共自行车系统。2013年，美国某专业户外活动网站评选出16个全球最好的公共自行车系统，H市名列前茅。到2015年底，H市总计拥有3504个服务站点和8.41万辆公共自行车，平均每万人的公共自行车拥有量达到了121辆。2015年，H市公共自行车的累计租用量超过1亿次，平均日利用率是每辆车3.75次。

H市公共自行车系统由控制中心、信息发布系统、区域调度中心和公共自行车服务站点组成。控制中心主要承担数据的搜集、交换和处理，并通过发布实时数据对各服务站点的车辆进行调度，起到了总体规划的作用。信息发布系统由网站、手机微信、APP平台、广播电台等构成。公众可通过上述媒介，随时了解公共自行车实时可借还数量，合理选择出行方式。区域调度中心根据控制中心指令，实时完成各站点之间的车辆调度。公共自行车服务站点负责提供租还车业务。除了人工服务之外，H市还实现了部分站点自主操作，智能管理。承租人无需工作人员辅助，只需刷IC卡，即可自助完成租、还车业务。另外，该市还设置了24小时服务站点，30分钟内就有工作人员为市民提供帮助。在一些主要站点，还配备了维修调度人员和服务人员，极大提高了自行车的流转率和利用率。H市还为公共自行车配备了高科技、人性化新型防盗装置，有效防止了车辆被盗。

H市制定了相应的规章制度。《H市公共自行车租用服务公约》《H市公共自行车安全骑行要则》和《H市公共自行车损坏、遗失赔偿标准》，对承租者的相关权利和义务都提出了明确的要求。

H市在全市范围内实现了公共自行车的“通租通还”。承租者可以在任意一个服务站点租车、还车。持有公交IC卡的本市市民，可凭借公交IC卡租借公共自行车，无公交IC卡的市民和外地游客，可凭个人身份证和其他有效证件申请Z卡（即新增的公交IC卡卡种），缴纳合理费用后，租借公共自行车。Z卡的整个办理过程快捷方便，前后不到一分钟。

H市形成了规范的租还车管理程序。租车时由工作人员与承租人一起查验车况，包括车身、车架、刹车系统等部件安全性能，确认车况完好后，承租人在租车凭证上签字确认，即可租车。该凭证也作为还车凭证。如果在智能租车点，只需在自行车锁止器上面刷一下IC卡，绿灯亮后即表示借到了车；还车时，也只需先把车推进车况受检区停留约3秒钟，摄录机就会自动给车拍照，检查车辆是否完好，然后把车推入锁止器，即完成了还车程序。

H市还制定了科学合理的收费标准。在该市所有服务站点刷卡租车，实行“阶梯式收费”。使用1小时内免费，1～2小时内收取1元，2～3小时内收取2元，3小时以上每小时收取3元。阶梯式收费方式起到了督促承租人及时还车的作用，能够避免个人长时间无故占用自行车的行为，这样既提高了公共自行车使用效率，又帮助租车的市民养成了“随用随租”的好习惯。

5. 结合自身情况制作求职文书。

6. 根据下列材料，以Y大学历史文化学院院长的名义写一份在开班仪式上的欢迎辞。

材料1

中小学教师国家级培训计划，简称“国培计划”，由教育部、财政部于2010年开始全面实施，是提高中小学教师特别是农村教师队伍整体素质的重要举措。“国培计划”包括中小学教师示范性培训项目和中西部农村骨干教师培训项目。

中小学教师示范性培训项目是由教育部、财政部直接组织实施，面向各省（区、市）中小学教师的示范性培训，主要包括中小学骨干教师培训、中小学远程培训、班主任教师培训、中小学紧缺薄弱学科教师培训等示范性项目，旨在为全国中小学培养教师骨干，作出示范，开发和提供一批优质培训课程教学资源，为中西部农村骨干教师培训项目和中小学教师专业发展提供有力支撑。

中西部农村骨干教师培训项目主要包括农村中小学教师脱产研修、农村中小学教师短期集中培训、农村中小学教师远程培训。该项目是在教育部、财政部的统筹规划和指导下，根据中央财政专项支持中西部省份“国培计划”总体要求，实施的农村义务教育骨干教师培训项目，对中西部农村义务教育教师进行有针对性的培训，同时，引导地方完善教师培训体系，加大农村教师培训力度，提高农村教师的教学能力和专业水平。

材料2

Y大学历史文化学院组建于2003年，现有教授6人、副教授17人，其中，博士生导师13人。该学院现有历史学、历史教育、文化产业管理3个本科专业，已形成中国近现代政治与对外关系史、中国近现代社会与思想文化史、欧洲近现代历史与文化、中国古代经济史、中国古代政治史和政治制度、中国古代社会史、中国史学史和历史文献学、西方古典文明、世界地区国别史、近现代国际关系等相对稳定颇具特色的研究方向。该学院拥有1个一级学科博士学位授权点、5个一级学科硕士学位授权点、1个博士后流动站、1个国家文科人才培养和科学研究基地。获学位授予权20余年来，历史学科已培养了一大批博士硕士研究生，不少毕业的研究生已成为所在单位的学术骨干。

通过参与教育部项目遴选和本省“国培计划”竞争性谈判，Y大学历史文化学院获得了教育部“国培计划”示范性集中培训和省中西部农村中小学骨干教师培训两个项目共6个子项目的培训任务。为此，历史文化学院专门成立了“国培计划”项目领导小组，主要负责培训的日常组织、管理工作。2010年至今，学院承担的“国培计划”项目辐射国内部分省区及全省9个地区，培训中小学骨干教师2786人，顶岗实习生规模近1300人，学科带头人30人。

历史文化学院在“承接国培”计划方面优势明显。第一，学院是培养中学历史师资和传统文化紧缺人才的重要基地，拥有一支专门从事中学历史教学研究的专业队伍，在省内外具有较大影响。第二，学院拥有条件优良的实践基地，在长期的教学实践中与一批中学名校建立了长期友好的合作关系。第三，学院拥有丰富的培训经验，连续四年被评为省“国培计划”实施工作先进单位，2012年6月曾获得示范性项目培训单位资质。

材料3

2014年8月2日，根据《教育部、财政部关于实施中小学教师国家级培训计划的通知》要求及相关文件精神，受省教育厅委托，Y大学历史文化学院承担的“国培计划”——暑期初中历史骨干教师短期培训班如期开班。该班共有165名参训学员，集中培训28天。

该班的培训目标是通过培训促进学员更新教育教学理念，提升理论知识水平，拓宽学术视野，把握初中历史学科新课程实施的最新动态和发展趋势，掌握初中历史学科新课程有效课堂教学、参与式教学以及评价的策略与方法，提高学科课堂教学实践与研究能力，使他们在实施素质教育、推进初中历史新课程改革和初中历史教师培训中发挥骨干示范作用。

本次培训主要分为教育通识、初中历史新课程教学设计和组织实施、初中历史参与式教学组织与实践三个模块。研修主要以问题为中心，以案例为载体，突出参与互动，总结教育教学经验。研修培训主要采取教学核心问题＋经典案例研讨＋专家学员互动＋基地实践研修＋校本主题研修（课题研究）＋反思总结提升＋成功汇报＋考核答辩验收等形式进行，分小组开展研讨活动，重视集中研修后通过网络交流、主题或者课程研究等方式对学员进行跟踪。

本次培训师资队伍由高校学科教学专家（7 人）和中学一线历史教师（4 人）组成，培训师资力量雄厚，授课教师熟悉初中历史教学，理论功底深厚，实践经验丰富。

应用写作综合训练

假如你是和平小学学校办公室工作人员，请根据背景材料完成下列任务。

（1）为解决校门口拥堵问题，学校需要广泛收集信息，请为学校设计问卷，提出 6 个主观问题，能够进一步了解拥堵问题的原因和对策。

（2）座谈会结束后，学校办公室主任要求根据座谈会上代表们的发言，以学校的名义向上级写一份建议性意见。

（3）为缓解高峰期拥堵问题，保障学生安全，学校决定向家长招募一批志愿者组建“护学队”，请起草一份招募启事。

材料 1

和平小学是 A 市城西区教育局下属的重点小学，创立于 1963 年，历经 50 多年的发展，学校现已成为拥有 40 多个教学班、2000 多名学生、近 150 位教职员工的大规模、综合化的小学。

学校坚持正确的办学方向，全面贯彻党的教育方针，全面实施素质教育，在教师队伍建设和学生德育工作、科学教育、艺术教育、健体教育等方面取得了突出的成绩，已形成了自己的办学特色。学校先后成为国家教育部首批命名的现代教育技术实验学校、省基础教育实验学校、省现代教育先进单位、市首批示范性学校；先后荣获“全国少先队红旗大队”“市文明单位”“市学雷锋十佳先进集体”等荣誉称号。

近年来，随着 A 市的经济发展和人口增长，机动车尤其是私家车数量迅速增长，使车均道路资源迅速萎缩，给城市交通带来了很大的压力。和平小学地处城西区红旗街道辖区内，位于建设西路和朝阳路交叉路口的东南角。其所在的建设西路双向六车道，是一条东西向主干道，车流量比较大，尤其到了每天上学和放学时间，校门口就异常拥堵，存在安全隐患。和平小学校门口拥堵问题，近年来已经成为困扰学校和社区居民的一大难题。

材料 2

2015 年 12 月 16 日下午 4：35，正值和平小学放学时间，学生们三五成群地走出校门，接孩子的车辆早把校门口围得严严实实。

这时，校门口西侧正发生着一场“战争”，原来是一个流动小摊贩和一个家长发生了争执。只见现场围了一大群人，里面还有几个人在推推搡搡，地上散落着不少小吃食材和一口摔破的大炸锅，油洒了一地，一辆平板车倒在一边。

学校保安刘军正在传达室里给朋友打电话，商量周末去郊外钓鱼的事。听到外面的吵闹声，从传达室出来到“战争”现场查看情况。发现其中一个当事人是学校退休工人杨大姐，由于家人身体不好，看病导致经济困难，杨大姐退休后靠摆流动小吃摊补贴家用。

“杨大姐，谁欺负你了?”刘军问道。

“小刘啊，你来得太好了！你来帮我评评理，我刚把摊摆好，他就把车停在我的摊子旁边，害得我没法做生意，我让他挪挪车，他就骂我。”

“这可真是恶人先告状！我哪里骂你了，我就是和你理论几句。”正和杨大姐拉扯的一个中年男子喊道。

刘军瞪了男子一眼，说道：“谁问你了？让你说话时再说。杨大姐，你没事吧?”

“我的锅坏了，菜也都脏了。他必须得赔，是他先动的手!”

刘军对男子说：“那你赶紧赔吧。赔完走人，别在这儿给我添乱。”

男子说道：“我凭什么赔啊？情况还没搞清楚呢!”

“那你说说吧！简单点!”刘军厉声对男子说道。

“我是学生家长，等着接孩子，刚把车停下，她就让我把车挪走，说我妨碍她做生意，我说一会儿就走，她就说‘好狗不挡道’，还过来推我。”

“那你就把我的小吃车掀翻啊?”

“是你推我，我才不小心碰翻你的车。”

刘军看到二人还在争吵，不耐烦地说：“好了，好了，别在这儿闹了，有事儿一边吵去，别耽误孩子放学。大伙儿也别看热闹了，有什么好看的咧，该干嘛干嘛去!”

围观的一位老大娘对刘军说道：“你们和平小学真该好好管管校门口秩序了。”

刘军说：“有能耐找校长去，他都管不了，跟我说有什么用啊！我只管学校门里头的事，外面可不归我管。”

接着他又冲着争执不休的二人说：“赶紧走，再不走我就报警了，看他们怎么收拾你们!”说完扭头就走了。

这场“战争”让原本就拥堵不堪的学校门前一片混乱，争吵声、围观群众的起哄声、过往车辆的喇叭声交织在一起。

材料3

2015年12月23日下午，由红旗街道办事处牵头召开“整治和平小学校门口拥堵问题座谈会”在和平小学三楼会议室召开。街道办李主任及相关职能部门负责人、区交警大队史警官、和平小学彭校长、学校办公室林主任和工作人员、家长代表、居民代表、商户代表等20余人参加了座谈会。会上，街道办事处李主任表示，街道对和平小学校门口拥堵问题非常重视，今天召开街校联席座谈会，就是为了倾听大家意见、征集整改方案，希望大家畅所欲言。

和平小学办公室林主任说：“我先介绍一下我们学校周边的情况，由于我们学校地理位置特殊，每到上学、放学时间，接送车、过路车和家长把校门口的道路堵得水泄不通。车经常堵在十字路口，绿灯亮了也过不去，这种交通状况是到了必须整改的时候了。我们做了一下调查，集中拥堵的时段是上午7：20—7：50和下午4：20—5：10。中午因为绝大多数学生都在学校吃饭，所以交通状况较好。我们认为，造成拥堵的最主要原因是家长接送孩子。现在很多家长都是开车接送，每辆车在校门口停靠的时间正常情况下只要30秒就可以，但是因为沿路车道停靠车辆多，有些家长不得不在路中心停车让孩子下来，车辆停靠时间经常要2～3分钟，甚至更长，所以拥堵很厉害。有时整条路成了'死路'，喇叭声此起彼伏。"

商户代表说："我有两个建议，一个是坚决整治学校门口的流动摊贩，摊贩没了，安全、卫生和交通问题就解决了一大半；另一个是坚决禁停，校门口停车，交通怎么可能好?"

家长代表甲说："和平小学门口的拥堵问题确实非常严重，必须加以整改。我非常赞同整治流动摊贩的做法。尤其是放学的时候，很多人推着摊子卖吃的、小玩意儿什么的，不卫生，也不安全。不过，我觉得校门口禁停的做法不现实。"学校周边停车位很少，很多家长送孩子上学，只要在路边停靠一下就走，几千名学生，每天集中送孩子上学的私家车总有好几百辆吧，现在如果校门口禁止停车，就只有开出去几十米再停，最后还是要堵到这里。停车的事情宜疏不宜堵，我记得好像河东区有个学校施行过门口禁停，最后迫于现实，这个禁令完全形同虚设。解决问题真正的办法就是把校门口前坪改造成停车场，校门口离马路还有几十米，这是一块空地，只有几棵树，能不能把它改造成一个停车场，这样的话接送孩子的车辆就可以停在校门口，大大地减轻了交通干道的压力。

和平小学办公室林主任说："这个我先插一句吧，校门口前坪改造成停车场的想法，之前也有家长提过，我们觉得并不太现实，一个是并不能真正缓解建设西路的拥堵，这个前坪只有那么大，怎么也不可能变出上百个车位，变成停车场。虽然可以放进来一部分车，但绝大多数车还是进不来。进不来的车怎么办？不照样停在主干道？更重要的原因是，如果校门口前坪改造成停车场，安全隐患反而加大，因为一、二、三年级这些低年级学生的家长绝大部分都会在门口接送孩子，家长中有很多是老人，让老人、孩子在车与车之间钻来钻去，真说不定会出点儿什么安全事故。我觉得流动摊贩确实要严格管理，这些人烤红薯、炸臭豆腐，既不卫生，又挤占了交通要道。另外，我觉得还要增派交警指挥交通。"

区交警大队史警官说："感谢大家对和平小学门口交通拥堵问题的建议，我简单介绍一下这方面的情况，和平小学门口交通拥堵不是个例，而是全市范围内的普遍情况，现在车实在太多了。2005年，我市市区机动车保有量为42126辆，2014年年底达到94863辆。2014年城区新增汽车39707辆，快抵得上10年前的汽车保有量了。以每辆车车均长度4.8米计算，2014年新增车辆的车身总长达到近20万米，这些车行驶在路上，需要新增200千米的车道长度才能满足需求，道路增加速度远不及机动车增长速度，交通压力与日俱增。目前车辆仍以每个工作日160辆的速度增加，今后道路交通压力进一步加大将是必然的。为了整治我市道路交通，我们交警大队自今年6月份以来持续开展城区道路交通秩序整治行动，每天由值班大队长带领2名值班科长督导检查城区勤务。机关民警在高峰期也上路站岗，各勤务大队领导除留一人上班外，其他领导全部上路带班执勤。和平小学路段是我们的重点监管路段，在我们警力非常有限的情况下，和平小学路段每周一到周五的早上上学和下午放学时段都确保有交警执勤。我们还通过广播电台及时通报交通信息，引导车辆绕行，这对于维护交通秩序、避免交通事故，起到了很大的作用。但是也要承认，在目前情况下，单独靠交警力量还是不够的，需要社区、学校、居民大家一起把交通秩序维持好。”

家长代表乙说：“我认为，要整改交通拥堵现象，除了交警、街道努力外，学校和家长也要做好配合工作，比如社区派出工作人员，协助交警维持上下学的交通秩序，我们家长也可以当志愿者协助维护学校门前秩序，机动车、非机动车有秩序停放，接送孩子即停即走，及时进行疏导分流。还可以提倡孩子们拼车上学，通过家长委员会调查摸底，让住在同一个小区的学生家庭互相联系，大家约定轮流接送，这样既减少车流，低碳出行，又可以促进孩子们之间的交流。”

和平小学彭校长说：“这位家长的建议非常好，我们会尽快与家长委员会沟通。”

居民代表甲说：“如果将公交站点东移200米，减少校门口的人流量，也可以缓解早上的交通拥堵压力。”

家长代表丙说：“但是孩子们就要多走几百米，毕竟搭公交车的孩子还是多些，是不是要考虑大多数孩子的需求?”

居民代表甲说：“虽然有一点点不方便，但只有一两百米，不是什么大困难。公交车进站后停靠时间较久，和接送孩子的车辆挤在一起，不但建设西路走不动，就连南北向的朝阳路也走不动，耽搁的时间更多。最久的一次，不到100米的路，开了整整一个小时。”

街道办事处城管办公室古主任说：“移开公交站点还是有道理的，现在私家车那么多，根本不可能禁止学生家长在校门口停车。当初，公交公司这么设计就是为了照顾学生和老师。当时还有居民反映过，这边居民区多，公交站离居民区稍远了点儿。谁也没想到，这几年路上的私家车增加了这么多。不过呢，这个问题不属于街道的职责，就连区城管也没有权限，这属于市公用事务管理局和市公交公司管。”

居民代表乙说：“我也讲几句吧。其实交通设施的问题，并不仅仅是一个公交站点的事。我觉得学校周边乃至我们街道，基础设施都还很不完善。比如现在车多了，乱停乱放也不仅仅是学校周边的事情，各条道路都或多或少存在。如果向上反映的话，我觉得路边的停车位太少了，车位少，又没有规划好，那车子肯定乱停。车主又不能把车揣到口袋里带走，对吧！所以，我觉得我们街道公共停车位的设计也有问题。”

居民代表丙说：“我也觉得我们的基础设施建设有问题。以红绿灯为例，建设西路是一条主路，朝阳路的车流量要少一些。高峰期，建设西路的车堵得很长，个原因就是建设西路的绿灯时间长短和朝阳路的差不多，可以考虑在高峰时段把建设西路的绿灯时间延长一些，这有利于车流畅通。”

家长代表丙我谈一点看法吧。现在除了家近的孩子走路上学外，其他孩子要么乘公交，要么坐私家车。公交车的路线是固定的，不可能为个别学生专门绕道。私家车确实数量增长太快，而且还在增长，其实在公交和私家车之外，还可以考虑校车。现在学校没有校车，这很不合理。我在美国访学的时候，美国的校车制度就非常合理，个学校，几百个学生，有10来辆校车，每辆校车一条路线，绝大多数学生都是搭校车上学。所以虽然私家车很多，但是因为坐校车的多，并没有交通拥堵的现象。我觉得我们也应当考虑安排校车。如果经费有困难的话，向坐车的学生收点车费，也是可以的。

家长代表：可不是嘛！有的同学住得近，不需要用校车，我们住得远，早就盼看校车呢！

和平小学彭校长：校车确实是一个好想法，它在美国可能效果很好，但在我们这里有很多问题要考虑。现在我们城区的学校基本上没有校车，只有一些幼儿园有校车。在小学推广校车，虽然做起来难度很大，但的确是未来的发展方向，我们下一步会向教育局领导汇报，争取在我们学校做一个试点，当然，这里要考虑的问题确实很多，比如车在哪儿停呢？司机从哪儿来？还有后续的保养问题等。

家长代表甲：其实校车不一定方便，校车往往七拐八弯，照顾不同住址的学生，孩子实际在校车上坐的时间远远多于公交。其实咱们公交这么发达，完全没必要坐校车。

家长代表乙：说到校车，听说外地就有校车超载，遇到突发情况时，一个急刹车，把几个孩子都摔骨折了，学校因此赔了一大笔钱，后来校车就停运了。现在的孩子调皮好动，聚在一起连打带闹的，出事儿了可咋办？

街道办事处李主任：校门口的拥堵不仅仅是一个交通秩序问题，更是一个校园安全问题，所以我们不只是管好车，更要管好人。把人管好了，车相对也容易管一些。在这一方面，我们街道责无旁贷。今天我们城管办、综治办和社区的同志都来了，就是想解决这个问题。大家都谈得很好，提出了许多宝贵的意见和建议。我们会尽快研究讨论，合理可行的将尽快实施。

和平小学彭校长：非常感谢街道办事处就我校门前拥堵问题召开这次座谈会，大家也都提出了非常好的建议。校门前拥堵是一个老大难问题，光靠我们学校一家解决，还真有点儿力不从心。下一步，我们将对各位的建议进行梳理，把我们能做的一定做好！但有些问题还需要其他部门帮助我们协调解决，给我们大力支持。在这里，我代表孩子们谢谢大家了！

参考文献

裴显生．应用写作［M］．北京：高等教育出版社，2005．

杨文丰．现代应用文书写作［M］．北京：中国人民大学出版社，2011．

柳宏．秘书写作［M］．北京：高等教育出版社，2011．

张达芝．应用写作（第六版）［M］．杭州：浙江大学出版社，2005．

霍唤民．应用写作［M］．北京：中央广播电视大学出版社，2002．

竹潜民等．应用写作案例实训教程［M］．杭州：浙江大学出版社，2004．

李斌成、张社国．应用写作学［M］．咸阳：西北农林科技大学出版社，2005．

刘会芹，黄高才．应用写作［M］．咸阳：西北农林科技大学出版社，2009．

范高林．应用写作［M］．北京：电子科技大学出版社，2007．

邹志生．应用写作教程创意新编［M］．武汉：华中科技大学出版社，2006．

龙升芳，钟小安．应用文写作［M］．北京：高等教育出版社，2012．

附录一

党政机关公文处理工作条例

（中办发〔2012〕14 号，2012 年 4 月）

第一章　总则

第一条　为了适应中国共产党机关和国家行政机关（以下简称党政机关）工作需要，推进党政机关公文处理工作科学化、制度化、规范化，制定本条例。

第二条　本条例适用于各级党政机关公文处理工作。

第三条　党政机关公文是党政机关实施领导、履行职能、处理公务的具有特定效力和规范体式的文书，是传达贯彻党和国家方针政策，公布法规和规章，指导、布置和商洽工作，请示和答复问题，报告、通报和交流情况等的重要工具。

第四条　公文处理工作是指公文拟制、办理、管理等一系列相互关联、衔接有序的工作。

第五条　公文处理工作应当坚持实事求是、准确规范、精简高效、安全保密的原则。

第六条　各级党政机关应当高度重视公文处理工作，加强组织领导，强化队伍建设，设立文秘部门或者由专人负责公文处理工作。

第七条　各级党政机关办公厅（室）主管本机关的公文处理工作，并对下级机关的公文处理工作进行业务指导和督促检查。

第二章　公文种类

第八条　公文种类主要有：

（一）决议。适用于会议讨论通过的重大决策事项。

（二）决定。适用于对重要事项作出决策和部署、奖惩有关单位和人员、变更或者撤销下级机关不适当的决定事项。

（三）命令（令）。适用于公布行政法规和规章、宣布施行重大强制性措施、批准授予和晋升衔级、嘉奖有关单位和人员。

（四）公报。适用于公布重要决定或者重大事项。

（五）公告。适用于向国内外宣布重要事项或者法定事项。

（六）通告。适用于在一定范围内公布应当遵守或者周知的事项。

（七）意见。适用于对重要问题提出见解和处理办法。

（八）通知。适用于发布、传达要求下级机关执行和有关单位周知或者执行的事项，批转、转发公文。

（九）通报。适用于表彰先进、批评错误、传达重要精神和告知重要情况。

（十）报告。适用于向上级机关汇报工作、反映情况，回复上级机关的询问。

（十一）请示。适用于向上级机关请求指示、批准。

（十二）批复。适用于答复下级机关请示事项。

（十三）议案。适用于各级人民政府按照法律程序向同级人民代表大会或者人民代表大会常务委员会提请审议事项。

（十四）函。适用于不相隶属机关之间商洽工作、询问和答复问题、请求批准和答复审批事项。

（十五）纪要。适用于记载会议主要情况和议定事项。

第三章　公文格式

第九条　公文一般由份号、密级和保密期限、紧急程度、发文机关标志、发文字号、签发人、标题、主送机关、正文、附件说明、发文机关署名、成文日期、印章、附注、附件、抄送机关、印发机关和印发日期、页码等组成。

（一）份号。公文印制份数的顺序号。涉密公文应当标注份号。

（二）密级和保密期限。公文的秘密等级和保密的期限。涉密公文应当根据涉密程度分别标注“绝密”“机密”“秘密”和保密期限。

（三）紧急程度。公文送达和办理的时限要求。根据紧急程度，紧急公文应当分别标注“特急”“加急”，电报应当分别标注“特提”“特急”“加急”“平急”。

（四）发文机关标志。由发文机关全称或者规范化简称加“文件”二字组成，也可以使用发文机关全称或者规范化简称。联合行文时，发文机关标志可以并用联合发文机关名称，也可以单独用主办机关名称。

（五）发文字号。由发文机关代字、年份、发文顺序号组成。联合行文时，使用主办机关的发文字号。

（六）签发人。上行文应当标注签发人姓名。

（七）标题。由发文机关名称、事由和文种组成。

（八）主送机关。公文的主要受理机关，应当使用机关全称、规范化简称或者同类型机关统称。

（九）正文。公文的主体，用来表述公文的内容。

（十）附件说明。公文附件的顺序号和名称。

（十一）发文机关署名。署发文机关全称或者规范化简称。

（十二）成文日期。署会议通过或者发文机关负责人签发的日期。联合行文时，署最后签发机关负责人签发的日期。

（十三）印章。公文中有发文机关署名的，应当加盖发文机关印章，并与署名机关相符。有特定发文机关标志的普发性公文和电报可以不加盖印章。

（十四）附注。公文印发传达范围等需要说明的事项。

（十五）附件。公文正文的说明、补充或者参考资料。

（十六）抄送机关。除主送机关外需要执行或者知晓公文内容的其他机关，应当使用机关全称、规范化简称或者同类型机关统称。

（十七）印发机关和印发日期。公文的送印机关和送印日期。

（十八）页码。公文页数顺序号。

第十条　公文的版式按照《党政机关公文格式》国家标准执行。

第十一条　公文使用的汉字、数字、外文字符、计量单位和标点符号等，按照有关国家标准和规定执行。民族自治地方的公文，可以并用汉字和当地通用的少数民族文字。

第十二条　公文用纸幅面采用国际标准 A4 型。特殊形式的公文用纸幅面，根据实际需要确定。

第四章　行文规则

第十三条　行文应当确有必要，讲求实效，注重针对性和可操作性。

第十四条　行文关系根据隶属关系和职权范围确定。一般不得越级行文，特殊情况需要越级行文的，应当同时抄送被越过的机关。

第十五条　向上级机关行文，应当遵循以下规则：

（一）原则上主送一个上级机关，根据需要同时抄送相关上级机关和同级机关，不抄送下级机关。

（二）党委、政府的部门向上级主管部门请示、报告重大事项，应当经本级党委、政府同意或者授权；属于部门职权范围内的事项应当直接报送上级主管部门。

（三）下级机关的请示事项，如需以本机关名义向上级机关请示，应当提出倾向性意见后上报，不得原文转报上级机关。

（四）请示应当一文一事。不得在报告等非请示性公文中夹带请示事项。

（五）除上级机关负责人直接交办事项外，不得以本机关名义向上级机关负责人报送公文，不得以本机关负责人名义向上级机关报送公文。

（六）受双重领导的机关向一个上级机关行文，必要时抄送另一个上级机关。

第十六条　向下级机关行文，应当遵循以下规则：

（一）主送受理机关，根据需要抄送相关机关。重要行文应当同时抄送发文机关的直接上级机关。

（二）党委、政府的办公厅（室）根据本级党委、政府授权，可以向下级党委、政府行文，其他部门和单位不得向下级党委、政府发布指令性公文或者在公文中向下级党委、政府提出指令性要求。需经政府审批的具体事项，经政府同意后可以由政府职能部门行文，文中须注明已经政府同意。

（三）党委、政府的部门在各自职权范围内可以向下级党委、政府的相关部门行文。

（四）涉及多个部门职权范围内的事务，部门之间未协商一致的，不得向下行文；擅自行文的，上级机关应当责令其纠正或者撤销。

（五）上级机关向受双重领导的下级机关行文，必要时抄送该下级机关的另一个上级机关。

第十七条 同级党政机关、党政机关与其他同级机关必要时可以联合行文。属于党委、政府各自职权范围内的工作，不得联合行文。

党委、政府的部门依据职权可以相互行文。部门内设机构除办公厅（室）外不得对外正式行文。

第五章 公文拟制

第十八条 公文拟制包括公文的起草、审核、签发等程序。

第十九条 公文起草应当做到：

（一）符合国家法律法规和党的路线方针政策，完整准确体现发文机关意图，并同现行有关公文相衔接。

（二）一切从实际出发，分析问题实事求是，所提政策措施和办法切实可行。

（三）内容简洁，主题突出，观点鲜明，结构严谨，表述准确，文字精炼。

（四）文种正确，格式规范。

（五）深入调查研究，充分进行论证，广泛听取意见。

（六）公文涉及其他地区或者部门职权范围内的事项，起草单位必须征求相关地区或者部门意见，力求达成一致。

（七）机关负责人应当主持、指导重要公文起草工作。

第二十条 公文文稿签发前，应当由发文机关办公厅（室）进行审核。审核的重点是：

（一）行文理由是否充分，行文依据是否准确。

（二）内容是否符合国家法律法规和党的路线方针政策；是否完整准确体现发文机关意图；是否同现行有关公文相衔接；所提政策措施和办法是否切实可行。

（三）涉及有关地区或者部门职权范围内的事项是否经过充分协商并达成一致意见。

（四）文种是否正确，格式是否规范；人名、地名、时间、数字、段落顺序、引文等是否准确；文字、数字、计量单位和标点符号等用法是否规范。

（五）其他内容是否符合公文起草的有关要求。

需要发文机关审议的重要公文文稿，审议前由发文机关办公厅（室）进行初核。

第二十一条 经审核不宜发文的公文文稿，应当退回起草单位并说明理由；符合发文条件但内容需作进一步研究和修改的，由起草单位修改后重新报送。

第二十二条 公文应当经本机关负责人审批签发。重要公文和上行文由机关主要负责人签发。党委、政府的办公厅（室）根据党委、政府授权制发的公文，由受权机关主要负责人签发或者按照有关规定签发。签发人签发公文，应当签署意见、姓名和完整日期；圈阅或者签名的，视为同意。联合发文由所有联署机关的负责人会签。

第六章 公文办理

第二十三条 公文办理包括收文办理、发文办理和整理归档。

第二十四条 收文办理主要程序是：

（一）签收。对收到的公文应当逐件清点，核对无误后签字或者盖章，并注明签收时间。

（二）登记。对公文的主要信息和办理情况应当详细记载。

（三）初审。对收到的公文应当进行初审。初审的重点是：是否应当由本机关办理，是否符合行文规则，文种、格式是否符合要求，涉及其他地区或者部门职权范围内的事项是否已经协商、会签，是否符合公文起草的其他要求。经初审不符合规定的公文，应当及时退回来文单位并说明理由。

（四）承办。阅知性公文应当根据公文内容、要求和工作需要确定范围后分送。批办性公文应当提出拟办意见报本机关负责人批示或者转有关部门办理；需要两个以上部门办理的，应当明确主办部门。紧急公文应当明确办理时限。承办部门对交办的公文应当及时办理，有明确办理时限要求的应当在规定时限内办理完毕。

（五）传阅。根据领导批示和工作需要将公文及时送传阅对象阅知或者批示。办理公文传阅应当随时掌握公文去向，不得漏传、误传、延误。

（六）催办。及时了解掌握公文的办理进展情况，督促承办部门按期办结。紧急公文或者重要公文应当由专人负责催办。

（七）答复。公文的办理结果应当及时答复来文单位，并根据需要告知相关单位。

第二十五条　发文办理主要程序是：

（一）复核。已经发文机关负责人签批的公文，印发前应当对公文的审批手续、内容、文种、格式等进行复核；需作实质性修改的，应当报原签批人复审。

（二）登记。对复核后的公文，应当确定发文字号、分送范围和印制份数并详细记载。

（三）印制。公文印制必须确保质量和时效。涉密公文应当在符合保密要求的场所印制。

（四）核发。公文印制完毕，应当对公文的文字、格式和印刷质量进行检查后分发。

第二十六条　涉密公文应当通过机要交通、邮政机要通信、城市机要文件交换站或者收发件机关机要收发人员进行传递，通过密码电报或者符合国家保密规定的计算机信息系统进行传输。

第二十七条　需要归档的公文及有关材料，应当根据有关档案法律法规以及机关档案管理规定，及时收集齐全、整理归档。两个以上机关联合办理的公文，原件由主办机关归档，相关机关保存复制件。机关负责人兼任其他机关职务的，在履行所兼职务过程中形成的公文，由其兼职机关归档。

第七章　公文管理

第二十八条　各级党政机关应当建立健全本机关公文管理制度，确保管理严格规范，充分发挥公文效用。

第二十九条　党政机关公文由文秘部门或者专人统一管理。设立党委（党组）的县级以上单位应当建立机要保密室和机要阅文室，并按照有关保密规定配备工作人员和必要的安全保密设施设备。

第三十条 公文确定密级前，应当按照拟定的密级先行采取保密措施。确定密级后，应当按照所定密级严格管理。绝密级公文应当由专人管理。

公文的密级需要变更或者解除的，由原确定密级的机关或者其上级机关决定。

第三十一条 公文的印发传达范围应当按照发文机关的要求执行；需要变更的，应当经发文机关批准。

涉密公文公开发布前应当履行解密程序。公开发布的时间、形式和渠道，由发文机关确定。

经批准公开发布的公文，同发文机关正式印发的公文具有同等效力。

第三十二条 复制、汇编机密级、秘密级公文，应当符合有关规定并经本机关负责人批准。绝密级公文一般不得复制、汇编，确有工作需要的，应当经发文机关或者其上级机关批准。

复制、汇编的公文视同原件管理。复制件应当加盖复制机关戳记。翻印件应当注明翻印的机关名称、日期。汇编本的密级按照编入公文的最高密级标注。

第三十三条 公文的撤销和废止，由发文机关、上级机关或者权力机关根据职权范围和有关法律法规决定。公文被撤销的，视为自始无效；公文被废止的，视为自废止之日起失效。

第三十四条 涉密公文应当按照发文机关的要求和有关规定进行清退或者销毁。

第三十五条 不具备归档和保存价值的公文，经批准后可以销毁。销毁涉密公文必须严格按照有关规定履行审批登记手续，确保不丢失、不漏销。个人不得私自销毁、留存涉密公文。

第三十六条 机关合并时，全部公文应当随之合并管理；机关撤销时，需要归档的公文经整理后按照有关规定移交档案管理部门。

工作人员离岗离职时，所在机关应当督促其将暂存、借用的公文按照有关规定移交、清退。

第三十七条 新设立的机关应当向本级党委、政府的办公厅（室）提出发文立户申请。经审查符合条件的，列为发文单位，机关合并或者撤销时，相应进行调整。

第八章　附　则

第三十八条 党政机关公文含电子公文。电子公文处理工作的具体办法另行制定。

第三十九条 法规、规章方面的公文，依照有关规定处理。外事方面的公文，依照外事主管部门的有关规定处理。

第四十条 其他机关和单位的公文处理工作，可以参照本条例执行。

第四十一条 本条例由中共中央办公厅、国务院办公厅负责解释。

第四十二条 本条例自 2012 年 7 月 1 日起施行。1996 年 5 月 3 日中共中央办公厅发布的《中国共产党机关公文处理条例》和 2000 年 8 月 24 日国务院发布的《国家行政机关公文处理办法》停止执行。

附录二

党政机关公文格式
（中华人民共和国国家标准 GB/T 9704—2012）

1. 范围

本标准规定了党政机关公文通用的纸张要求、排版和印制装订要求、公文格式各要素的编排规则，并给出了公文的式样。

本标准适用于各级党政机关制发的公文。其他机关和单位的公文可以参照执行。

使用少数民族文字印制的公文，其用纸、幅面尺寸及版面、印制等要求按照本标准执行，其余可以参照本标准并按照有关规定执行。

2. 规范性引用文件

下列文件对于本标准的应用是必不可少的。凡是注日期的引用文件，仅所注日期的版本适用于本标准。凡是不注日期的引用文件，其最新版本（包括所有的修改单）适用于本标准。

GB/T 148　印刷、书写和绘图纸幅面尺寸

GB 3100　国际单位制及其应用

GB 3101　有关量、单位和符号的一般原则

GB 3102（所有部分）　量和单位

GB/T 15834　标点符号用法

GB/T 15835　出版物上数字用法

3. 术语和定义

下列术语和定义适用于本标准。

3.1

字　word

标示公文中横向距离的长度单位。在本标准中，一字指一个汉字宽度的距离。

3.2

行　line

标示公文中纵向距离的长度单位。在本标准中，一行指一个汉字的高度加 3 号汉字高度的 7/8 的距离。

4. 公文用纸主要技术指标

公文用纸一般使用纸张定量为 60 g/m² ～80 g/m² 的胶版印刷纸或复印纸。纸张白度 80％～90％，横向耐折度≥15 次，不透明度≥85％，pH 值为7.5～9.5。

5. 公文用纸幅面尺寸及版面要求

5.1　幅面尺寸

公文用纸采用GB/T 148 中规定的 A4 型纸，其成品幅面尺寸为：210mm×297mm。

5.2　版面

5.2.1　页边与版心尺寸

公文用纸天头（上白边）为 37mm±1mm，公文用纸订口（左白边）为 28mm±1mm，版心尺寸为 156mm×225mm。

5.2.2　字体和字号

如无特殊说明，公文格式各要素一般用 3 号仿宋体字。特定情况可以作适当调整。

5.2.3　行数和字数

一般每面排 22 行，每行排 28 个字，并撑满版心。特定情况可以作适当调整。

5.2.4　文字的颜色

如无特殊说明，公文中文字的颜色均为黑色。

6. 印制装订要求

6.1　制版要求

版面干净无底灰，字迹清楚无断划，尺寸标准，版心不斜，误差不超过 1mm。

6.2　印刷要求

双面印刷；页码套正，两面误差不超过 2mm。黑色油墨应当达到色谱所标 BL100％，红色油墨应当达到色谱所标 Y80％、M80％。印品着墨实、均匀；字面不花、不白、无断划。

6.3　装订要求

公文应当左侧装订，不掉页，两页页码之间误差不超过 4mm，裁切后的成品尺寸允许误差±2mm，四角成 90°，无毛茬或缺损。

骑马订或平订的公文应当：

a）订位为两钉外订眼距版面上下边缘各 70mm 处，允许误差±4mm；

b）无坏钉、漏钉、重钉，钉脚平伏牢固；

c）骑马订钉锯均订在折缝线上，平订钉锯与书脊间的距离为 3mm～5mm。

包本装订公文的封皮（封面、书脊、封底）与书芯应吻合、包紧、包平、不脱落。

7. 公文格式各要素编排规则

7.1　公文格式各要素的划分

本标准将版心内的公文格式各要素划分为版头、主体、版记三部分。公文首页红色分隔线以上的部分称为版头；公文首页红色分隔线（不含）以下、公文末页首条分隔线（不含）以上的部分称为主体；公文末页首条分隔线以下、末条分隔线以上的部分称为版记。

页码位于版心外。

7.2 版头

7.2.1 份号

如需标注份号，一般用 6 位 3 号阿拉伯数字，顶格编排在版心左上角第一行。

7.2.2 密级和保密期限

如需标注密级和保密期限，一般用 3 号黑体字，顶格编排在版心左上角第二行；保密期限中的数字用阿拉伯数字标注。

7.2.3 紧急程度

如需标注紧急程度，一般用 3 号黑体字，顶格编排在版心左上角；如需同时标注份号、密级和保密期限、紧急程度，按照份号、密级和保密期限、紧急程度的顺序自上而下分行排列。

7.2.4 发文机关标志

由发文机关全称或者规范化简称加“文件”二字组成，也可以使用发文机关全称或者规范化简称。

发文机关标志居中排布，上边缘至版心上边缘为 35mm，推荐使用小标宋体字，颜色为红色，以醒目、美观、庄重为原则。

联合行文时，如需同时标注联署发文机关名称，一般应当将主办机关名称排列在前；如有“文件”二字，应当置于发文机关名称右侧，以联署发文机关名称为准上下居中排布。

7.2.5 发文字号

编排在发文机关标志下空二行位置，居中排布。年份、发文顺序号用阿拉伯数字标注；年份应标全称，用六角括号“〔 〕”括入；发文顺序号不加“第”字，不编虚位(即 1 不编为 01)，在阿拉伯数字后加“号”字。

上行文的发文字号居左空一字编排，与最后一个签发人姓名处在同一行。

7.2.6 签发人

由“签发人”三字加全角冒号和签发人姓名组成，居右空一字，编排在发文机关标志下空二行位置。“签发人”三字用 3 号仿宋体字，签发人姓名用 3 号楷体字。

如有多个签发人，签发人姓名按照发文机关的排列顺序从左到右、自上而下依次均匀编排，一般每行排两个姓名，回行时与上一行第一个签发人姓名对齐。

7.2.7 版头中的分隔线

发文字号之下 4mm 处居中印一条与版心等宽的红色分隔线。

7.3 主体

7.3.1 标题

一般用 2 号小标宋体字，编排于红色分隔线下空二行位置，分一行或多行居中排布；回行时，要做到词意完整，排列对称，长短适宜，间距恰当，标题排列应当使用梯形或菱形。

7.3.2 主送机关

编排于标题下空一行位置，居左顶格，回行时仍顶格，最后一个机关名称后标全角冒号。如主送机关名称过多导致公文首页不能显示正文时，应当将主送机关名称移至版记，标注方法见7.4.2。

7.3.3 正文

公文首页必须显示正文。一般用3号仿宋体字，编排于主送机关名称下一行，每个自然段左空二字，回行顶格。文中结构层次序数依次可以用“一、”“(一)”“1.”“(1)”标注；一般第一层用黑体字、第二层用楷体字、第三层和第四层用仿宋体字标注。

7.3.4 附件说明

如有附件，在正文下空一行左空二字编排“附件”二字，后标全角冒号和附件名称。如有多个附件，使用阿拉伯数字标注附件顺序号（如“附件：1. ×××××”）；附件名称后不加标点符号。附件名称较长需回行时，应当与上一行附件名称的首字对齐。

7.3.5 发文机关署名、成文日期和印章

7.3.5.1 加盖印章的公文

成文日期一般右空四字编排，印章用红色，不得出现空白印章。

单一机关行文时，一般在成文日期之上、以成文日期为准居中编排发文机关署名，印章端正、居中下压发文机关署名和成文日期，使发文机关署名和成文日期居印章中心偏下位置，印章顶端应当上距正文（或附件说明）一行之内。

联合行文时，一般将各发文机关署名按照发文机关顺序整齐排列在相应位置，并将印章一一对应、端正、居中下压发文机关署名，最后一个印章端正、居中下压发文机关署名和成文日期，印章之间排列整齐、互不相交或相切，每排印章两端不得超出版心，首排印章顶端应当上距正文（或附件说明）一行之内。

7.3.5.2 不加盖印章的公文

单一机关行文时，在正文（或附件说明）下空一行右空二字编排发文机关署名，在发文机关署名下一行编排成文日期，首字比发文机关署名首字右移二字，如成文日期长于发文机关署名，应当使成文日期右空二字编排，并相应增加发文机关署名右空字数。

联合行文时，应当先编排主办机关署名，其余发文机关署名依次向下编排。

7.3.5.3 加盖签发人签名章的公文

单一机关制发的公文加盖签发人签名章时，在正文（或附件说明）下空二行右空四字加盖签发人签名章，签名章左空二字标注签发人职务，以签名章为准上下居中排布。在签发人签名章下空一行右空四字编排成文日期。

联合行文时，应当先编排主办机关签发人职务、签名章，其余机关签发人职务、签名章依次向下编排，与主办机关签发人职务、签名章上下对齐；每行只编排一个机关的签发人职务、签名章；签发人职务应当标注全称。

签名章一般用红色。

7.3.5.4 成文日期中的数字

用阿拉伯数字将年、月、日标全，年份应标全称，月、日不编虚位（即1不编为01）。

7.3.5.5 特殊情况说明

当公文排版后所剩空白处不能容下印章或签发人签名章、成文日期时，可以采取调

整行距、字距的措施解决。

7.3.6　附注

如有附注，居左空二字加圆括号编排在成文日期下一行。

7.3.7　附件

附件应当另面编排，并在版记之前，与公文正文一起装订。“附件”二字及附件顺序号用 3 号黑体字顶格编排在版心左上角第一行。附件标题居中编排在版心第三行。附件顺序号和附件标题应当与附件说明的表述一致。附件格式要求同正文。

如附件与正文不能一起装订，应当在附件左上角第一行顶格编排公文的发文字号并在其后标注“附件”二字及附件顺序号。

7.4　版记

7.4.1　版记中的分隔线

版记中的分隔线与版心等宽，首条分隔线和末条分隔线用粗线（推荐高度为 0.35mm），中间的分隔线用细线（推荐高度为 0.25mm）。首条分隔线位于版记中第一个要素之上，末条分隔线与公文最后一面的版心下边缘重合。

7.4.2　抄送机关

如有抄送机关，一般用 4 号仿宋体字，在印发机关和印发日期之上一行、左右各空一字编排。“抄送”二字后加全角冒号和抄送机关名称，回行时与冒号后的首字对齐，最后一个抄送机关名称后标句号。

如需把主送机关移至版记，除将“抄送”二字改为“主送”外，编排方法同抄送机关。既有主送机关又有抄送机关时，应当将主送机关置于抄送机关之上一行，之间不加分隔线。

7.4.3　印发机关和印发日期

印发机关和印发日期一般用 4 号仿宋体字，编排在末条分隔线之上，印发机关左空一字，印发日期右空一字，用阿拉伯数字将年、月、日标全，年份应标全称，月、日不编虚位（即 1 不编为 01），后加“印发”二字。

版记中如有其他要素，应当将其与印发机关和印发日期用一条细分隔线隔开。

7.5　页码

一般用 4 号半角宋体阿拉伯数字，编排在公文版心下边缘之下，数字左右各放一条一字线；一字线上距版心下边缘 7mm。单页码居右空一字，双页码居左空一字。公文的版记页前有空白页的，空白页和版记页均不编排页码。公文的附件与正文一起装订时，页码应当连续编排。

8. 公文中的横排表格

A4 纸型的表格横排时，页码位置与公文其他页码保持一致，单页码表头在订口一边，双页码表头在切口一边。

9. 公文中计量单位、标点符号和数字的用法

公文中计量单位的用法应当符合 GB 3100、GB 3101 和 GB 3102（所有部分），标点符号的用法应当符合 GB/T 15834，数字用法应当符合 GB/T 15835。

10. 公文的特定格式

10.1 信函格式

发文机关标志使用发文机关全称或者规范化简称，居中排布，上边缘至上页边为30mm，推荐使用红色小标宋体字。联合行文时，使用主办机关标志。

发文机关标志下4mm处印一条红色双线（上粗下细），距下页边20mm处印一条红色双线（上细下粗），线长均为170mm，居中排布。

如需标注份号、密级和保密期限、紧急程度，应当顶格居版心左边缘编排在第一条红色双线下，按照份号、密级和保密期限、紧急程度的顺序自上而下分行排列，第一个要素与该线的距离为3号汉字高度的7/8。

发文字号顶格居版心右边缘编排在第一条红色双线下，与该线的距离为3号汉字高度的7/8。

标题居中编排，与其上最后一个要素相距二行。

第二条红色双线上一行如有文字，与该线的距离为3号汉字高度的7/8。

首页不显示页码。

版记不加印发机关和印发日期、分隔线，位于公文最后一面版心内最下方。

10.2 命令（令）格式

发文机关标志由发文机关全称加“命令”或“令”字组成，居中排布，上边缘至版心上边缘为20mm，推荐使用红色小标宋体字。

发文机关标志下空二行居中编排令号，令号下空二行编排正文。

签发人职务、签名章和成文日期的编排见7.3.5.3。

10.3 纪要格式

纪要标志由“×××××纪要”组成，居中排布，上边缘至版心上边缘为35mm，推荐使用红色小标宋体字。

标注出席人员名单，一般用3号黑体字，在正文或附件说明下空一行左空二字编排“出席”二字，后标全角冒号，冒号后用3号仿宋体字标注出席人单位、姓名，回行时与冒号后的首字对齐。

标注请假和列席人员名单，除依次另起一行并将“出席”二字改为“请假”或“列席”外，编排方法同出席人员名单。

纪要格式可以根据实际制定。

11. 式样

A4型公文用纸页边及版心尺寸见图1；公文首页版式见图2；联合行文公文首页版式1见图3；联合行文公文首页版式2见图4；公文末页版式1见图5；公文末页版式2见图6；联合行文公文末页版式1见图7；联合行文公文末页版式2见图8；附件说明页版式见图9；带附件公文末页版式见图10；信函格式首页版式见图11；命令（令）格式首页版式见图12。

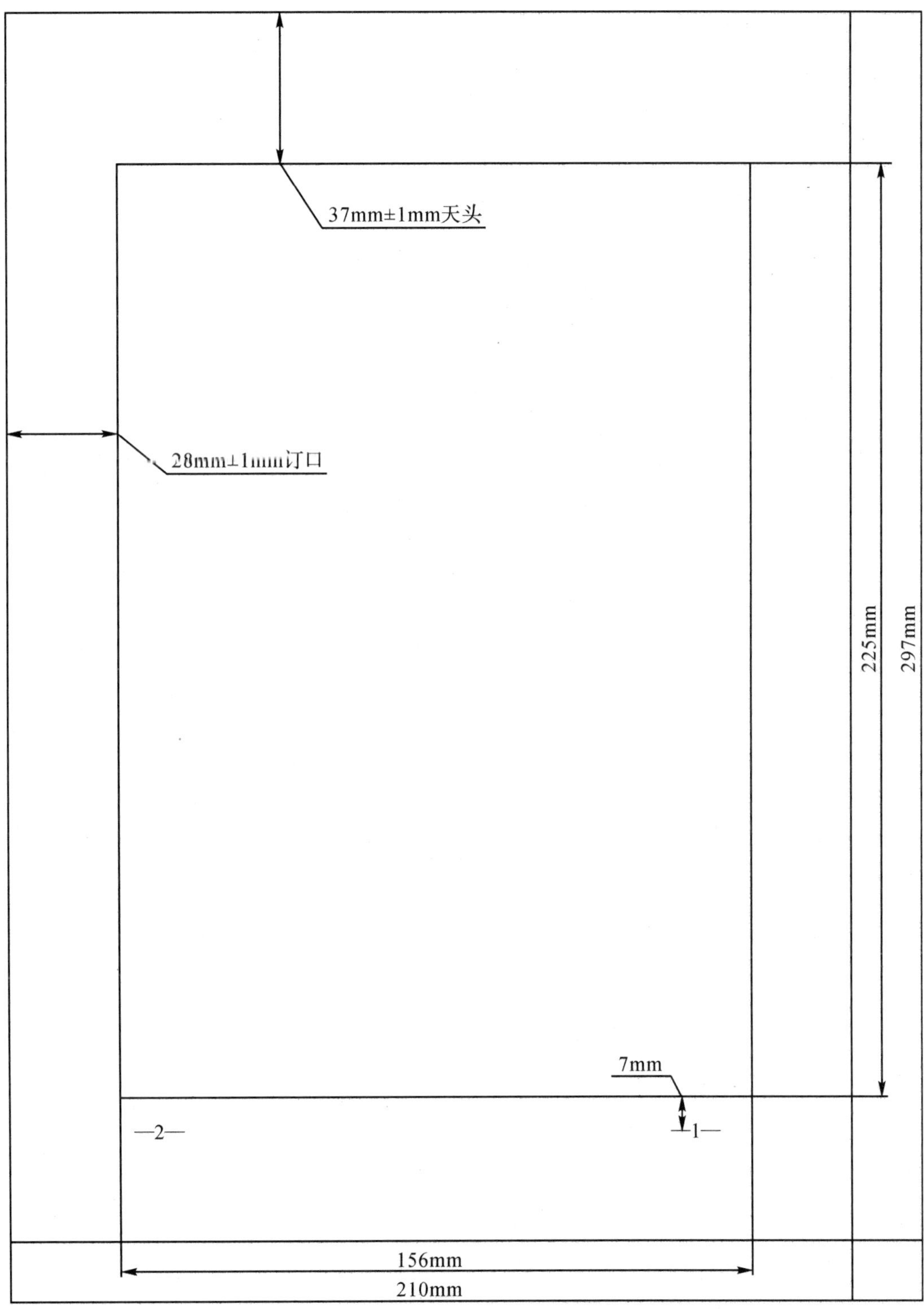

图 1　A4 型公文用纸页边及版心尺寸

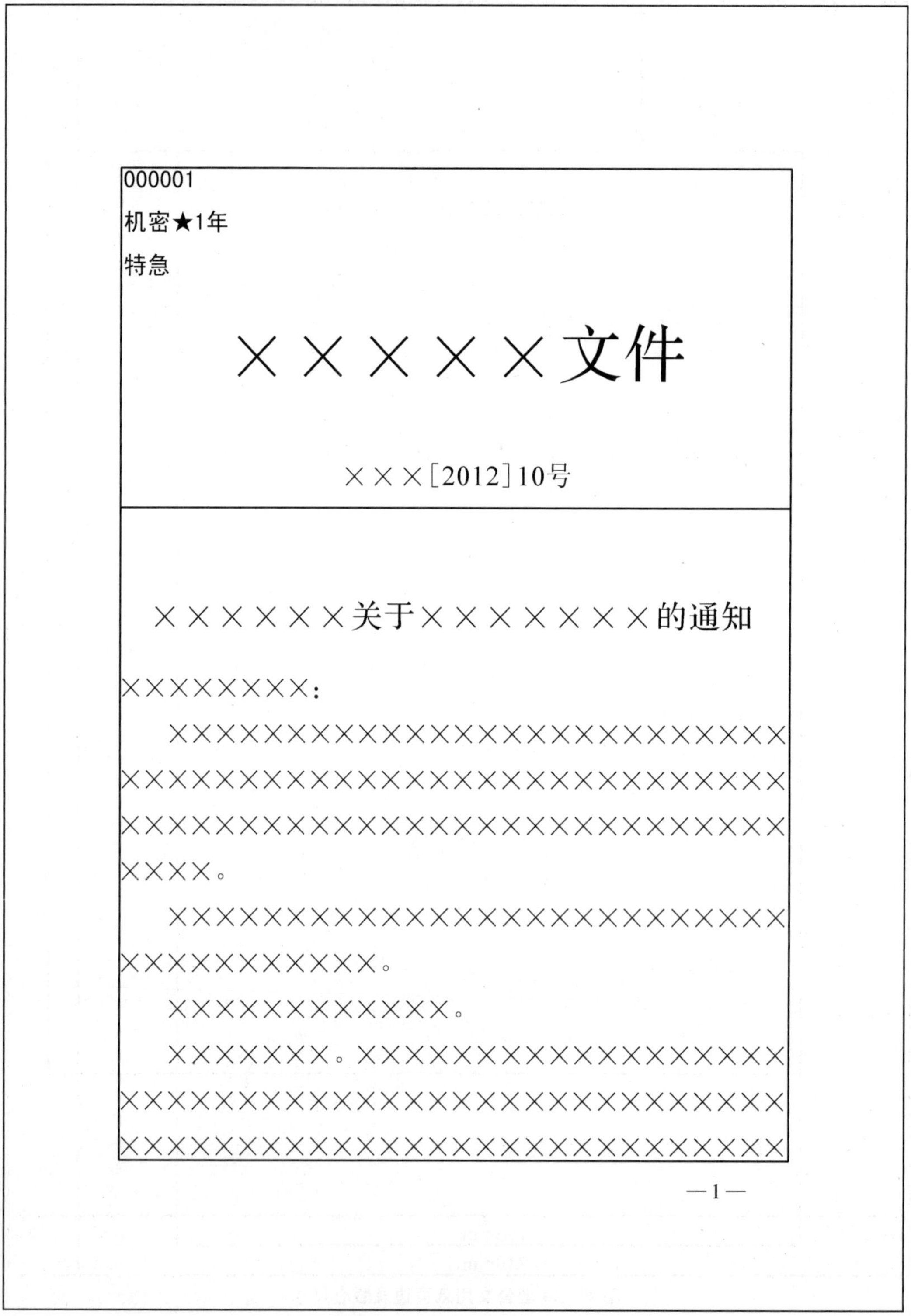

000001

机密★1年

特急

××××××文件

×××〔2012〕10号

××××××关于××××××××的通知

×××××××××：

××。

××。

××××××××××××。

×××××××。×××

—1—

图2　公文首页版心

注：版心实线框仅为示意，在印制公文时并不印出。

000001

机密★1年

特急

×××××××　　×　　×文件

××××××

×××〔2012〕10号

××××××关于×××××××的通知

×××××××××：

××××××××××××××××××××××××××。

×××。

×××××××××××××××××××××××××××

—1—

图3　联合行文公文首页版式1

注：版心实线框仅为示意，在印制公文时并不印出。

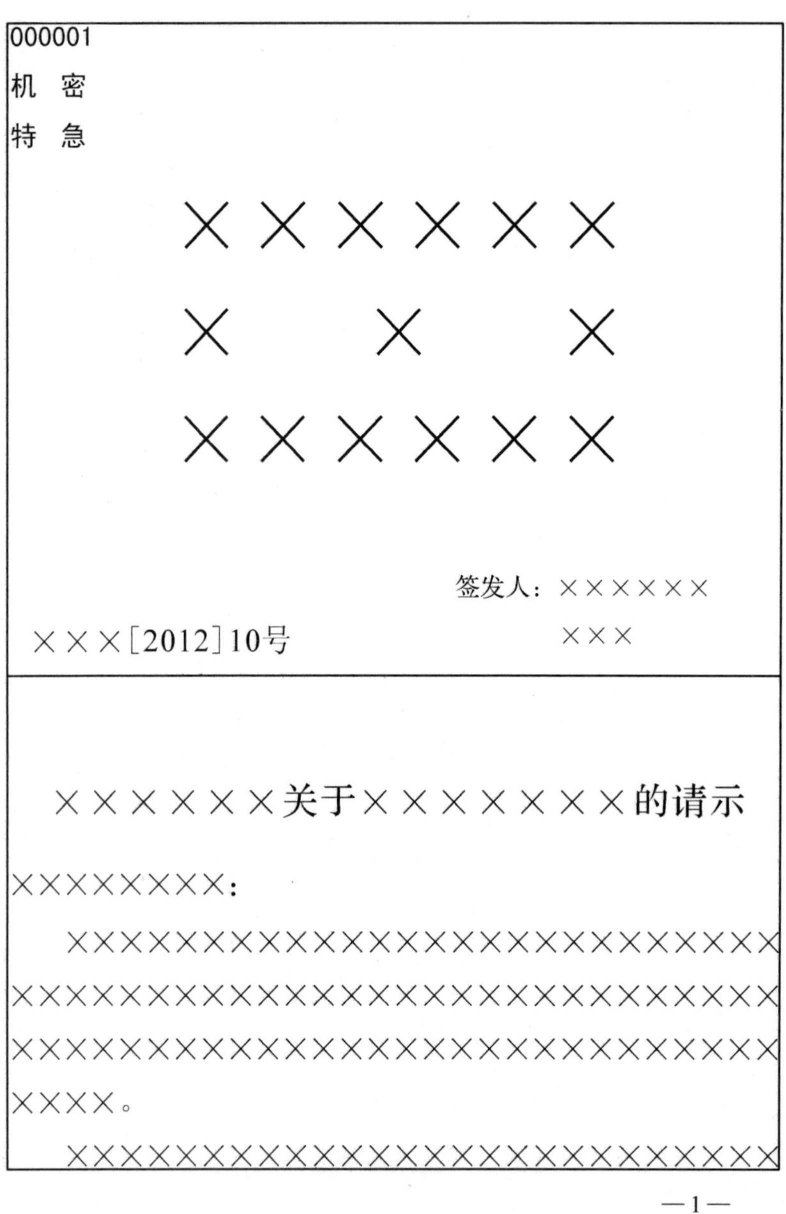

000001
机　密
特　急

××××××
×　×　×
××××××

签发人：××××××
×××

×××〔2012〕10号

××××××关于×××××××的请示

×××××××××：

　　××。

　　××××××××××××××××××××××××××

—1—

图4　联合行文公文首页版式2

注：版心实线框仅为示意，在印制公文时并不印出。

××××××××××××××××：

××。

中华人民共和国××××部

2012年7月1日

（×××××）

抄送：××××××××，××××××，×××××，×××××，×××××。

××××××××××　　2012年7月1日印发

—2—

图5　公文末页版式1

注：版心实线框仅为示意，在印制公文时并不印出。

××××××××××××××××：

××。

× ×

（×××××）

中华人民共和国××××部

2012年7月1日

抄送：×××××××××，××××××，×××××，×××××，×××××。

×××××××××× 2012年7月1日申发

—2—

图6　公文末页版式2

注：版心实线框仅为示意，在印制公文时并不印出。

××××××××××××××××：

××。

中共中央××××××××部　中华人民共和国××××××部

2012年7月1日

（×××××）

抄送：××××××××，××××××，×××××，×××××，×××××。

××××××××××　2012年7月1日印发

—2—

图 7　联合行文公文末页版式 1

注：版心实线框仅为示意，在印制公文时并不印出。

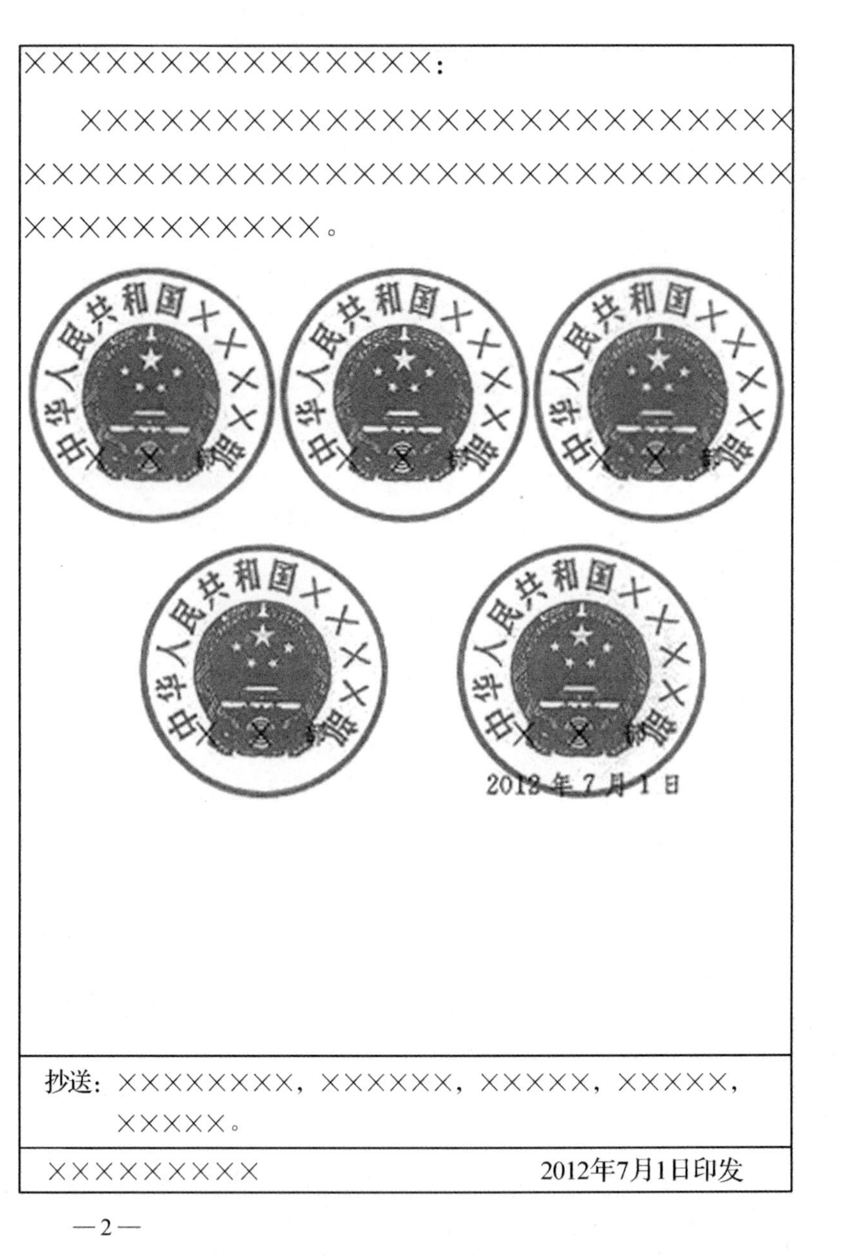

××××××××××××××××：

××。

2012年7月1日

抄送：×××××××××，××××××，×××××，×××××，×××××。	
××××××××××	2012年7月1日印发

—2—

图 8　联合行文公文末页版式 2

注：版心实线框仅为示意，在印制公文时并不印出。

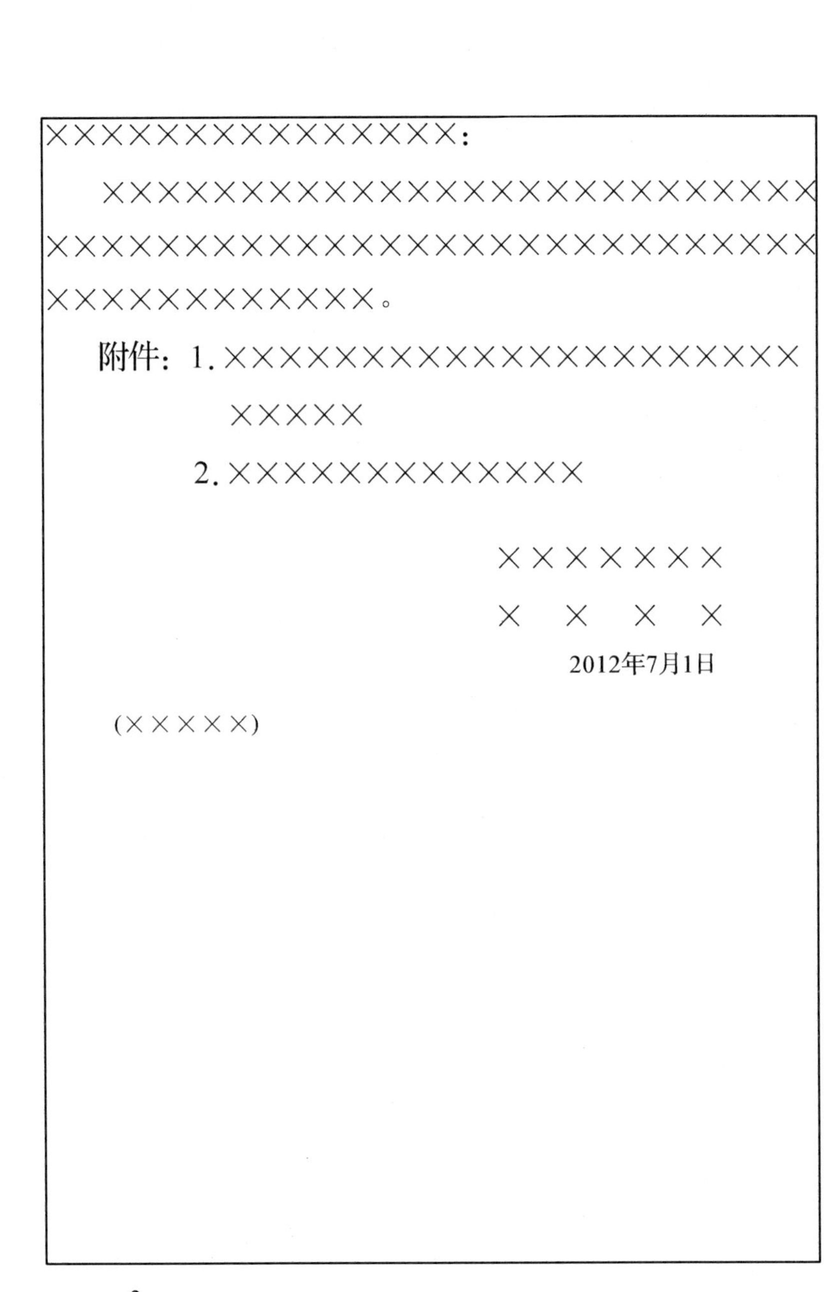
×××××××××××××××：
　　××××××××××××××××××××××××××××
××××××××××××××××××××××××××××
×××××××××××××。
附件：1.×××××××××××××××××××××
　　　　×××××
　　　2.×××××××××××××
×××××××
×　×　×　×
2012年7月1日
(×××××)
—2—

图 9　附件说明页版式

注：版心实线框仅为示意，在印制公文时并不印出。

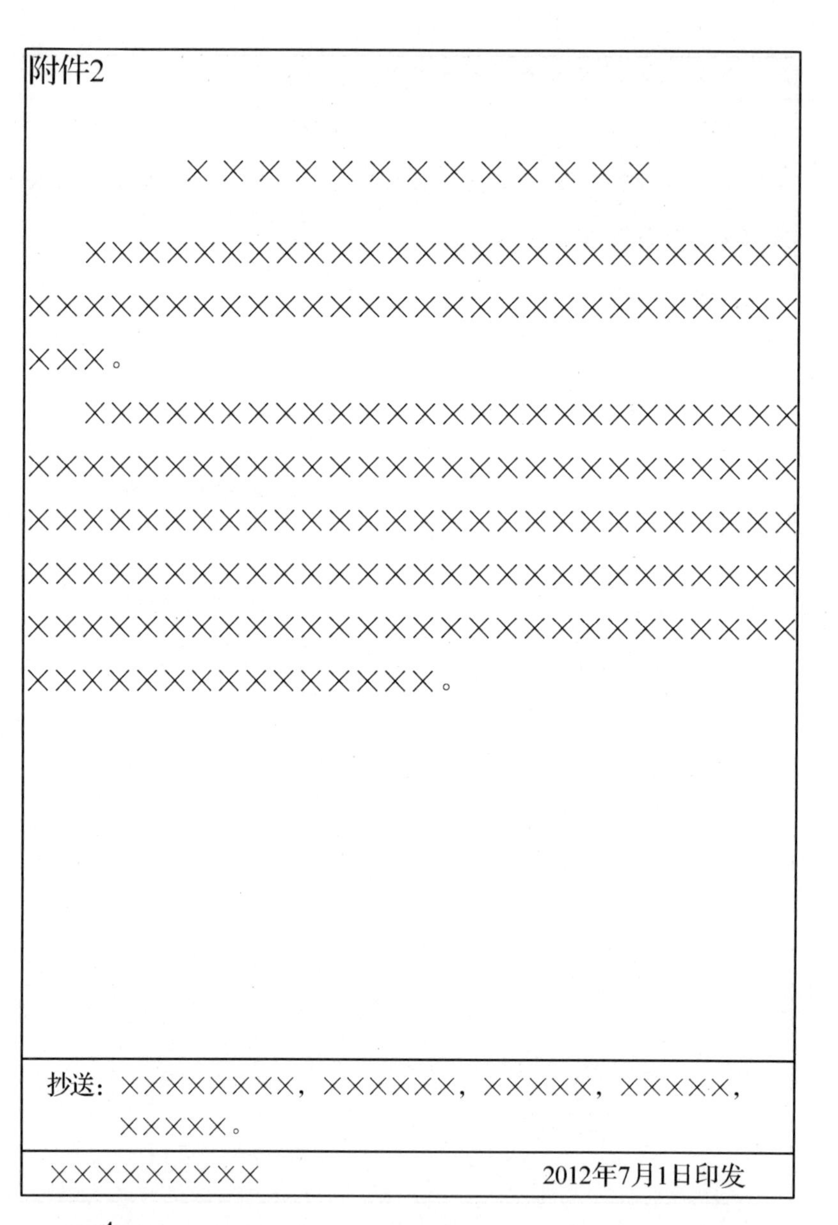
附件2

××××××××××××××

××。

××。

抄送：××××××××，××××××，×××××，×××××，×××××。

×××××××××　2012年7月1日印发

—4—

图10　带附件公文末页版式

注：版心实线框仅为示意，在印制公文时并不印出。

中华人民共和国×××××部

000001　　　　　　　　　　　　×××〔2012〕10号

机　密

特　急

×××××关于××××××××的通知

××××××××：

××。

××。

×××。

图 11　信函格式首页版式

注：版心实线框仅为示意，在印制公文时并不印出。

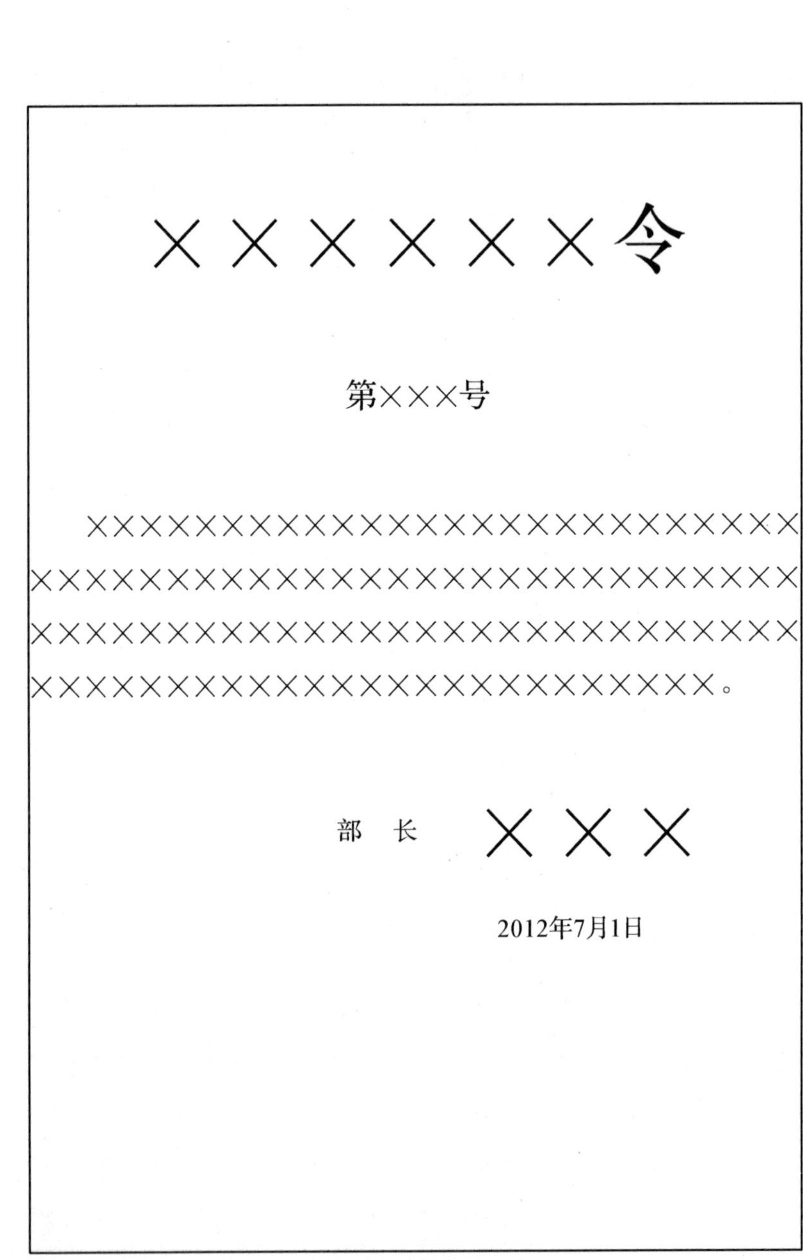

××××××令

第×××号

××××××××××××××××××××××××××
××××××××××××××××××××××××××××
××××××××××××××××××××××××××××
×××××××××××××××××××××××××。

部 长 ×××

2012年7月1日

—1—

图12 命令（令）格式首页版式

注：版心实线框仅为示意，在印制公文时并不印出。